21世纪高职高专能力本位型系列规划教材·财务会计系列

成本会计

主　编　潘素琼
副主编　胡智琦　苏华焕
参　编　李翠凤　胡浪涛

北京大学出版社
PEKING UNIVERSITY PRESS

内 容 简 介

本书以项目任务为单位组织教学，主要包括成本会计基本理论、归集与分配要素费用、综合费用、生产费用，产品成本计算的品种法、分批法、分步法、辅助方法以及成本报表的编制和分析。本书以典型案例为载体，以操作技术为核心，辅以相关专业理论知识，每个知识点或技能点都附有随堂训练，凸显“教、学、做”一体的特色；融课堂与实训基地为一体，培养学生的综合职业能力，满足学生就业与发展的需要。

本书可作为高职高专财务会计类专业教材，也可作为成人高校会计专业教材及会计人员的培训用书。

图书在版编目(CIP)数据

成本会计/潘素琼主编. —北京：北京大学出版社，2013.1

(21 世纪高职高专能力本位型系列规划教材·财务会计系列)

ISBN 978-7-301-21561-6

Ⅰ. ①成…　Ⅱ. ①潘…　Ⅲ. ①成本会计—高等职业教育—教材　Ⅳ. ①F234.2

中国版本图书馆 CIP 数据核字(2012)第 273804 号

书　　　名：成本会计
著作责任者：潘素琼　主编
策 划 编 辑：李　辉
责 任 编 辑：陈颖颖
标 准 书 号：ISBN 978-7-301-21561-6/F·3398
出 版 发 行：北京大学出版社
地　　　址：北京市海淀区成府路 205 号　100871
网　　　址：http://www.pup.cn　新浪官方微博：@北京大学出版社
电 子 信 箱：pup_6@163.com
电　　　话：邮购部 62752015　发行部 62750672　编辑部 62750667　出版部 62754962
印　刷　者：北京鑫海金澳胶印有限公司
经　销　者：新华书店
787 毫米×1092 毫米　16 开本　13.25 印张　300 千字
2013 年 1 月第 1 版　2013 年 1 月第 1 次印刷
定　　　价：27.00 元

前　言

成本会计是高职院校财会专业的专业核心课程，凸显教学的实际操作性，是继基础会计、财务会计课程之后的又一门专业必修课。本书作为成本会计课程的教材，突出理论和实际操作技能的结合，学生通过对本书的学习，不仅能够掌握成本会计的基本方法与技能，还可以为财务管理、财务分析、审计实务、管理会计等后续课程的学习打下良好的基础。

在教育体制改革不断深入的背景下，编者遵循职业教育的特点和“以就业为导向，以教学为中心，以重点培养学生职业技能为出发点”的设计理念，依照“项目为向导，任务为驱动”的工学结合人才培养模式设计了本书内容结构，突出学生职业技能的培养。本书的内容设置打破以知识传授为主要特征的传统教材模式，采用以项目任务的具体分析和解答过程为导向的学习模式。本书规划 9 个项目，每个项目下又分若干任务。

本书学习建议安排 108 课时，具体参照下表：

序号	项目内容	计划课时	
		理论教学	实操训练
1	项目 1　成本会计基本理论	4	2
2	项目 2　归集与分配要素费用	6	4
3	项目 3　归集与分配综合费用	12	8
4	项目 4　归集与分配生产费用	8	4
5	项目 5　应用品种法	6	6
6	项目 6　应用分批法	8	4
7	项目 7　应用分步法	8	8
8	项目 8　应用辅助方法	6	4
9	项目 9　编制和分析成本报表	6	4
合　计		64	44

本书由广州科技贸易职业学院的潘素琼担任主编，并负责拟定编写思路和编写大纲；由胡智琦、苏华焕担任副主编，并由胡智琦协助修改和统稿。具体分工如下：潘素琼编写项目 1；李翠凤编写项目 2；胡智琦编写项目 3 和项目 4；苏华焕编写项目 5～项目 7；胡浪涛编写项目 8 和项目 9。本书由潘素琼审核并总纂。

由于教学改革的探索在不断进行中，尤其是项目教学法下的很多内容尚需进一步的深化，加上写作时间和编者水平有限，本书难免有不足或错漏之处，敬请广大专家和读者批评指正，并将意见和建议及时反馈给我们，以便对本书进行完善、改进。

编　者

2012 年 8 月

目　录

项目 1 成本会计基本理论

知识目标

◆ 理解成本的经济实质
◆ 了解企业成本核算的基本要求和程序
◆ 理解成本费用的不同分类
◆ 正确划分成本费用的界限
◆ 掌握成本核算主要账户的设置

技能目标

◆ 能协调企业生产过程各部门有关成本核算的凭证填制、传递工作
◆ 能设置成本核算的主要账户
◆ 能根据生产情况设计成本核算程序
◆ 能对企业生产经营中发生的各项费用进行正确的划分

重难点提示

◆ 正确理解支出、费用和产品生产成本的关系
◆ 正确划分成本费用的界限
◆ 掌握成本核算的账户设置
◆ 制定正确的成本核算程序

案例导入

小李、小张和小王 3 人是刚毕业的大学生，他们立志自己创业，成就一番事业。经过紧张的筹备，3 个人合办了一家专门从事电脑销售的公司。第一年发生的业务如下：购进电脑 50 万元，购买办公设备 30 万元(当年折旧总额为 5 万元)，日常办公费用 5 万元，房屋租金 10 万元，发放工资 30 万元。截至当年 12 月 31 日，该公司主营业务收入为 100 万元，已销商品成本为 40 万元。小王建议举办元旦联欢会，邀请过去的同窗好友和合作伙伴参加，一来庆祝新年，二来庆贺公司开张之年就获利。小李和小张却不同意，认为公司不但没盈利，反而亏损 25 万元，今年的聚会就不要操办了。小王马上意识到问题出在哪里。

请问，如何能确定该公司当年是盈利还是亏损？通过本项目内容的学习，相信同学们应该能够轻松地解决这个问题。

任务 1.1　了解成本会计的基本内容

1.1.1　成本的经济实质

成本会计是会计学科的一个分支，是运用会计的基本原理和方法，对企业在生产经营过程中各项费用的发生和产品生产成本的形成进行预测、决策、计划、分析和考核的一种管理活动。成本会计是以成本为对象的一种专业会计。要了解成本会计的内容，就必须先了解清楚什么是成本。

以工业企业为例，工业企业的基本生产经营活动是生产和销售产品。在产品的直接制造过程中，即从原材料投入生产到产品制成的整个过程中，一方面制造出产品，另一方面发生各种各样的生产耗费，包括劳动资料和劳动对象等物化劳动耗费和活劳动耗费两大部分。其中，房屋、机器设备等作为固定资产的劳动资料，在生产过程中长期发挥作用，直到报废也不改变其原有实物形态，但其价值则随着固定资产的磨损，通过计提折旧的方式，逐渐地、部分地转移到所制造的产品当中，构成产品生产成本的一部分。而原材料等劳动对象，在生产过程中或者被消耗掉，或者其实物形态被改变，其价值也随之一次性全部转移到所制造的产品当中，构成产品生产成本的一部分。

生产过程是劳动者借助于劳动工具对劳动对象进行加工制造成产品的过程。通过对劳动对象的加工，才能改变原有劳动对象的使用价值，并且创造出新的价值。其中，劳动者为自己劳动所创造的那部分价值，以薪酬的形式支付给劳动者，用于个人消费，这部分薪酬也构成产品生产成本的一部分。具体来说，产品在制造过程中发生的各种耗费主要包括原料及主要材料、辅助材料、燃料动力等支出，生产部门的折旧，生产工人和生产车间管理人员的薪酬及其他支出等。这些耗费的货币表现称为企业的生产费用。企业为生产一定种类、一定数量的产品而发生的各种生产费用的总和，就构成了产品的成本，它是产品价值的一部分。产品的价值由下列 3 部分内容构成：①C——已耗费的生产资料转移的价值；②V——劳动者为自己劳动创造的价值；③M——劳动者为社会劳动所创造的价值。

从理论上讲，上述的前两部分，即 $C+V$，是商品价值中的补偿部分，它构成了商品的理论成本。

综上所述，可将成本的经济实质概括如下：生产经营过程中所耗费的生产资料转移的价值和劳动者为自己劳动所创造的价值的货币表现，也就是企业在生产经营中所耗费的资金总和。这就是理论上所赋予成本的客观内容，这种成本也就是理论成本。

1.1.2　产品成本的确定方法

理论成本是指导人们进行成本会计研究的指南，是实际工作中制定成本开支的范围，考虑劳动耗费的价值补偿尺度的重要依据。但是，社会经济现象纷繁复杂，企业在成本核算和成本管理中需要考虑的因素很多。理论成本是全部物化劳动和活劳动的耗费，而实际工作中的成本开支范围是依据国家会计制度的规定来计算的，两者存在一定的差别。产品成本的确定有全部成本法和制造成本法两种方法。

1. 全部成本法

全部成本法是指将企业生产经营所发生的全部生产费用，即劳动手段、劳动对象和活劳动等方面的费用全部对象化，计入产品成本的成本核算方法。

在我国 1993 年会计制度改革以前，产品的成本一般分为 3 个层次：车间成本、工厂成本、销售成本。产品的车间成本一般指产品在制造过程中的耗费，包括原材料、燃料动力、工资及福利费(职工薪酬)、车间经费(制造费用)，以及制造部门单独核算的废品损失。工厂成本是指在上述车间成本的基础上加上企业的行政管理费用(含管理费用和财务费用)，产品的工厂成本构成产品的存货成本(生产成本)。而销售成本则是在已销产品的工厂成本基础上加销售费用(全部成本)。

【例 1-1】 广州 AA 皮具加工制造厂本月生产经营过程中所发生的全部耗费如下：制造产品耗费原材料 10 000 元，燃料动力 500 元，工人工资及福利费 2 000 元，车间的费用 3 000 元，管理费用及财务费用共 3 000 元。本月产品 300 个皮箱全部完工(月初月末均无在产品)并全部对外销售完，发生销售费用 5 000 元。若采用全部成本法，本月的产品成本如下。

	原材料	10 000
	燃料动力	500
	工资及福利费	2 000
	制造费用	3 000
	车间成本(制造成本)	15 500
加：	企业行政管理费用	3 000
	工厂成本(生产成本)	18 500
加：	销售费用	5 000
	销售成本(全部成本)	23 500(元)

2. 制造成本法

制造成本法又称完全成本法，是指在将企业生产经营中发生的全部劳动耗费，即劳动手段、劳动对象和活劳动等方面的耗费，分为制造成本与非制造成本的基础上，再将制造成本对象化，计算出产品的制造成本(生产成本)，而非制造成本则作为期间费用，直接计入当期损益。

1993 年我国会计制度改革以后，产品成本核算采用制造成本法。在制造成本法下，产品成本只包括为生产产品所发生的直接材料、直接人工和制造费用，也就是说，在制造成本法下，产品成本只计算到车间发生的制造成本为止，制造成本以外的各项费用，包括管理费用、销售费用和财务费用，均作为期间费用，计入当期损益。

【例 1-2】 承例 1-1 资料，若采用制造成本法，则产品成本计算如下。

原材料	10 000
燃料动力	500
工资及福利费	2 000
制造费用	3 000
生产成本(制造成本)	15 500(元)

按照制造成本法，管理费用和财务费用 3 000 元，销售费用 5 000 元，全部计入当期损益，而不计入产品成本。

通过例 1-1 和例 1-2 可以看出，制造成本法下计算的产品成本，小于全部成本法下的工厂成本，更加小于包括销售费用在内的已销产品的销售成本，即计算出的产品成本比真正的成本要小得多。我国现行会计制度规定，产品成本核算采用制造成本法，一方面更加符合产品生产耗费的实际情况，使成本计算更加准确；另一方面也与国际惯例趋同，提高了成本会计信息的可比性。事实上，企业生产经营过程中发生的期间费用与产品生产的制造过程不存在直接的关系，如果只按照某一标准把期间费用也分配计入产品成本，就会导致产品成本计算不准确，因而期间费用直接计入当期损益而不计入产品成本。但是，制造成本法下计算的成本，属于小成本，它不能完全弥补企业在生产经营过程中所发生的全部耗费，作为企业，在制定产品销售价格时，应该把全部成本作为定价的重要依据，而不是以制造成本作为依据。

随堂训练 1-1

假定广州 AA 皮具加工制造厂，本月制造皮包 200 个，全部完工。产品消耗皮料 2 000 元，工人工资 3 000 元，车间间接费用 1 000 元，管理费用 1 500 元，皮包发生销售费用 1 200 元。

要求：

1. 分别用全部成本法和制造成本法计算皮包的单位成本是多少。
2. 确定制定皮包销售价格应依据哪一个单位成本。

1.1.3 成本会计工作的环节与任务

1. 成本会计的工作环节

成本会计的工作环节是指成本会计应该做哪些方面的成本工作。具体来说，成本会计的工作环节主要包括成本预测、成本决策、成本计划、成本控制、成本核算、成本考核和成本分析 7 个环节，如图 1.1 所示。成本会计正是通过这些环节来发挥其应有的作用，并圆满地完成成本会计工作的任务。

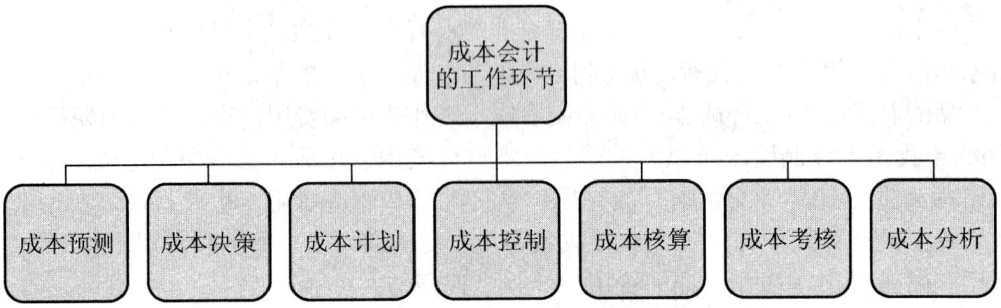

图 1.1 成本会计的工作环节

1) 成本预测

成本预测是指在分析企业现有经济技术、市场状况和发展趋势的基础上，根据与成本有关的数据，采用一定的专门科学方法，对未来的成本水平及其变化趋势做出科学的测算。成本预测是企业进行经营决策和编制成本计划的基础。通过成本预测，可以减少生产管理的盲目性，提高降低成本、费用的自觉性，还有助于企业管理人员了解成本发展前景，挖掘降低成本的潜力。

2) 成本决策

成本决策是根据成本预测提供的数据和其他有关资料，制定出优化成本的各种备选方案，运用决策理论和方法，对各种备选方案进行比较和分析，从中选出最优方案、确定目标成本的过程。进行成本决策，是实现成本事前控制、提高企业经济效益的重要途径。

3) 成本计划

成本计划是在成本预测和成本决策的基础上，为实现成本决策确定的成本目标，确定在计划期内为完成计划任务应发生的生产耗费和各种产品的成本水平，并提出为达到规定的成本水平应采取的具体措施。成本计划是降低成本的具体目标，也是进行成本控制、成本分析和成本考核的依据。

4) 成本控制

成本控制是指针对预先确定的成本标准或成本计划指标，对实际发生的费用进行审核，将其限制在标准成本或计划成本内，并计算出实际费用与标准费用之间的差异，同时对产生差异的原因进行分析，采取各种有效方法，将各项费用限制在计划控制范围之内，以保证成本计划的顺利执行。成本控制对于最大限度地挖掘降低成本的潜力、提高经济效益具有现实意义。

5) 成本核算

成本核算是指运用各种专门的成本计算方法，按一定的对象和规定的有关成本项目及分配标准进行生产费用的归集和分配，计算出各种产品的总成本和单位成本，据以进行账务处理。成本核算是成本会计工作的核心。成本核算可以反映成本计划的完成情况，为编制下期成本计划，进行成本预测和成本决策提供依据。

6) 成本考核

成本考核是指在成本核算的基础上，定期地对成本计划的执行结果进行评价和考核。按成本责任的归属考核各部门及有关岗位人员的成本指标完成情况，并据此进行奖惩，可以客观地评价工作业绩和明确责任，激励企业员工改进工作，充分调动其执行计划成本的积极性，提高企业的整体管理水平和经济效益。

7) 成本分析

成本分析是根据成本核算和成本考核所提供的成本数据及其他有关资料，将本期的实际成本与本期计划成本、上年同期实际成本、本企业历史先进的成本水平，以及国内外先进企业成本等进行比较，确定成本差异，分析形成原因，明确责任，以便采取措施，改进生产经营管理，寻求降低成本的途径，提高经济效益。成本分析可以为未来成本的预测和决策，以及编制新的成本计划提供依据。

2. 成本会计的工作任务

成本会计工作任务是将成本会计工作具体化，也是成本会计工作应达到的目的和要求。成本会计作为会计的一个重要分支，是企业经营管理的一个重要组成部分。因此，成本会计的任务一方面取决于企业经营管理的要求，另一方面受成本会计反映和监督的内容所制约。具体来说，成本会计的任务主要有以下几个。

(1) 进行成本预测和决策，编制成本计划。

(2) 严格审核和控制成本、费用支出，制止各种浪费和损失，节约开支，不断降低成本。

(3) 正确、及时地核算各种产品成本及期间费用，为企业经营管理提供真实、有效的成本信息。

(4) 进行成本分析，考核成本计划的执行完成情况。

1.1.4 成本会计工作的组织

为了充分发挥成本会计的职能作用，圆满完成成本会计的任务，企业必须科学地组织成本会计工作。企业应根据生产经营的特点、规模的大小及成本管理的要求来组织成本会计工作。一般来说，企业应该设置好成本会计机构，配备合适的会计人员，制定科学的成本会计制度等。

1. 成本会计机构的设置

企业在设置成本会计机构时，一般而言，大中型企业应在会计部门中单独设置成本会计机构，专门从事成本会计工作；在规模较小、会计人员不多的企业，可在会计部门中指定专人负责成本会计工作。

在成本会计机构内部，可按成本会计的职能进行分工，并根据其工作职能建立岗位责任制，使每一项成本会计工作都有人负责，成本会计人员都明确自己的工作职责。企业内部各级成本会计机构之间的组织分工可分为集中工作和分散工作两种方式。

1) 集中工作方式

集中工作方式是指企业成本会计工作，如成本预测、决策、计划、控制、核算、考核和分析主要由厂部成本会计机构集中进行；而各生产单位部门的成本会计机构人员只负责原始记录和原始凭证的填制，并对其进行初步的审核、整理和汇总，为厂部成本会计机构进一步工作提供基础资料。这种工作方式的优点是便于厂部成本会计机构及时地掌握整个企业与成本有关的全面信息，便于集中使用电子计算机进行成本数据处理；同时，还可以减少成本会计机构的层次及人员的数量。但是，集中工作方式不便于直接从事生产经营活动的各单位和职工及时掌握本单位的成本信息，从而不利于调动群众参与成本管理的积极性，以及对成本控制的责任制的推行。

2) 分散工作方式

分散工作方式是将成本会计工作分散，由各生产单位和其他有关部门的成本会计人员分别进行。由上一级成本会计机构对下一级成本会计机构逐级进行成本考核。厂部成本会计机构负责对各下级成本会计机构或人员进行业务上的指导和监督，并对全厂的成本进行综合的成本预测、决策、计划、控制、核算、考核和分析及汇总核算。分散工作方式有利于企业内部各单位增强成本意识、加强成本的控制和核算，有利于责任成本的推行，以及提高群众参与成本管理、关注企业经济效益的积极性，但这种工作方式会相应增加成本会计机构和会计人员的数量。

2. 成本会计人员的配备

在成本会计机构中，配备适当数量的思想品格优秀、业务精通的成本会计人员是做好成本会计工作的关键。

为了调动和保护会计人员的工作积极性，国家在有关的会计法规中对会计人员的职责、权限、任免、奖惩及会计人员的技术职称，都做了明确的规定。成本会计人员应该在企业总会计师和会计主管人员的领导下，忠实地履行自己的职责，认真完成成本会计的各项工作和任务，并从降低成本、提高经济效益的角度出发，参与制定企业的生产经营决策。成本会计人员还应刻苦钻研业务，认真学习有关的业务知识和业务技术，不断充实和更新知识，提高自身素质，以适应经济不断发展的新形势要求。

3. 成本会计制度的制定

成本会计制度是成本会计工作的规范，是会计法规和制度的重要组成部分。企业遵循国家有关法律法规和政策，如《中华人民共和国会计法》、《企业会计准则》等有关规定，并适应企业生产经营的特点和管理要求，制定本企业内部成本会计制度，作为企业进行成本会计工作具体和直接的依据。

不同行业的企业由于生产经营特点和管理要求不同，所制定的成本会计制度也有所不同。对于一般工业企业来说，成本会计制度一般应包括以下几方面的内容。

(1) 成本定额制度和成本计划编制方面的制度。

(2) 成本控制方面的制度。

(3) 成本开支范围、成本计算方法等方面的制度。

(4) 成本、费用报表方面的制度。

(5) 企业内部结算价格和内部结算办法方面的制度。

(6) 其他有关方面的制度。

成本会计制度是开展成本会计工作的依据和行为规范，其是否科学、合理会直接影响成本会计工作的成效。因此，成本会计制度的制定是一项复杂而细致的工作。在成本会计制度的制定过程中，有关人员不仅应熟悉国家有关法规、制度的规定，而且还应深入基层做广泛、深入的调查研究工作，了解企业的生产特点和管理要求，在反复试点、掌握充分依据的基础上进行成本会计制度的制定工作。成本会计制度一经制定，就应认真执行。但随着时间的推移，实际情况往往会发生变化，出现新的情况，为适应新的变化了的情况，也应该相应地对成本会计制度进行修订和完善，以保证成本会计制度的科学性和先进性。

1.1.5 成本核算的基本要求

为了充分发挥成本核算的作用，正确核算产品成本，在进行成本核算时，应遵循一些基本的要求，并按照一般的核算程序进行处理。

1. 遵守成本开支范围

为了使各企业能够正确地计算成本，我国有关制度规定了企业的成本开支范围，明确规定了哪些费用应计入成本，哪些费用不应计入成本。这样，可以使产品成本正确地反映企业生产消耗水平，使各企业的成本开支口径一致。因此，企业应严格遵守成本开支范围，认真贯彻会计准则对成本的有关规定，这是做好成本会计工作、保证成本核算质量的重要条件。

1) 我国现行财务制度规定应计入产品成本的项目

(1) 生产经营中实际消耗的原材料、辅助材料、备品配件、外购半成品、燃料、动力、周转材料的耗用等。

(2) 企业直接从事产品生产人员的薪酬费用。

(3) 车间为组织或管理生产发生的全部间接费用，包括管理人员的薪酬、办公费、折旧费、租赁费、水电费、劳动保护费、周转材料消耗的摊销费用，设计制图费、产品试验检验费等。

(4) 因生产原因发生的废品损失，以及季节性和修理期间停工的损失等。

2) 我国现行财务制度规定不应计入产品成本的项目

(1) 企业为组织、管理生产经营活动所发生的管理费用、财务费用、销售费用。

(2) 购置和建造固定资产的支出、购入无形资产和其他资产的支出。

(3) 对外界的投资，以及分配给投资者的利润。

(4) 被没收的财物损失，以及因违反法律而支付的各项滞纳金、罚款或企业自愿赞助、捐赠的支出。

(5) 国家规定不得列入成本的其他支出。

成本核算应根据成本开支范围，对企业的各项费用进行审核和控制，确定是否应该支出。对于已经发生的支出，审核其应该计入费用还是应该计入产品成本。

对于不合理、不合法、不利于提高经济效益的超支、浪费或损失，要严格加以制止。如果已经发生，应追究有关部门或责任人的责任，采取措施以杜绝再发生类似情况；对于定额或计划脱离实际情况而形成的差异，要按规定程序进行修订。

对已经发生并应计入企业费用的耗费要进行归集。生产费用要按产品进行归集，以便为产品成本的定期分析和考核提供数据，从而进一步挖掘降低成本的潜力。

2. 正确划分成本费用的界限

为了正确地进行成本核算，分清生产费用和期间费用，正确地计算产品的实际成本和企业的损益，必须正确划分下列几个方面的费用界限。

1) 正确划分经营性支出与非经营性支出的界限

企业发生的各项支出，必须分清楚是经营性支出还是资本性支出，是与经营直接有关的支出还是与经营没有直接关系的支出。只有与生产经营相关的经营性支出才应计入产品的成本或期间费用。而资本性支出，以及与生产经营没有直接关系的支出，则不应计入产品成本和期间费用。

2) 正确划分各期的费用界限

企业发生的支出，应遵循权责发生制原则进行核算处理。凡是应由本期负担的费用，不管是否已经支付，都应计入本期产品成本和期间费用中；凡是不属于本期负担的费用，即使已经支付，都不应计入本期产品成本和期间费用中，而应分摊到以后或以后各期的成本和费用中。

3) 正确划分生产成本和期间费用的界限

企业生产经营中发生的各项费用，必须分清楚生产费用和期间费用的界限。直接材料费用、直接人工费用、制造费用，以及其他与生产产品相关的直接费用，应作为生产费用计入产品成本当中，在销售产品时得以补偿。销售费用、管理费用和财务费用是与一定会计期间相联系的，应直接计入当期损益，通过当期的收入一次性全部得到补偿。

4) 正确划分各种产品的费用界限

在生产多种产品的企业，为了分析和考核各种产品成本计划或成本定额的完成情况，必须分别计算各种产品的成本。为此，应将计入本月产品成本负担的生产费用在各种产品中进行划分。属于某种产品单独发生或能够分清楚由某种产品负担的就直接计入该种产品成本中；属于几种产品共同发生或不能分清楚由哪一种产品负担的费用，则采用合理的、科学的方法，分配计入各种产品成本中。

5) 正确划分完工产品和在产品之间的费用界限

月末，将各项生产费用计入各种产品之后，如果某种产品全部已经完工，那么该种产品的全部生产费用就是该种产品的完工产品成本。如果某种产品既有完工产品，又有月末尚未完工的在产品，那么就应该先确定完工产品数量与月末在产品的数量，然后采用适当的分配方法，把该种产品归集的全部生产费用在完工产品与在产品之间进行分配。

能否正确划分上述几个方面的费用界限，是成本、费用核算是否正确的关键，也是检验和评价成本、费用核算工作是否合理的重要标准。

3. 做好成本核算的基础工作

为了加强成本审核和控制，正确、及时地计算产品成本和期间费用，企业应该做好下列各项基础工作。

1) 科学地进行定额的制定和修订工作

企业应对生产消耗的材料、动力及工时，制定合理的定额，为编制成本计划、进行成本核算和分析提供重要的依据，促使各个部门有效地使用人力、物力和财力等资源。各种定额制定以后，要认真地贯彻并定期检查执行情况；同时，企业也应该根据条件和技术水平、劳动生产率提高等变化情况，及时地对各项定额做相应的合理的修订，使之具有先进性和可行性，充分发挥定额的作用。

2) 正确确定财产物资的计价和价值结转的方法

工业企业拥有的财产物资绝大部分是生产资料，它们的价值会随着生产经营过程的耗费转移到产品成本和期间费用中。因此，选择不同的财产物资的计价和价值结转的方法，对企业的成本和费用会有较大影响。例如，选择不同的固定资产折旧方法，会直接影响计入当期成本和费用的折旧额；选择不同的存货发出方法，会直接影响计入当期成本和费用的直接材料或物料消耗额。为了正确计算成本费用，企业就应确定合理的、科学的计价和价值结转方法。

3) 建立和健全存货的计量、收发、领退和盘点制度

为了进行成本管理，正确地计算成本，企业必须建立和健全存货的计量、收发、领退和盘点制度。凡是材料物资的收发、领退，在产品、半成品的内部转移，以及产成品的入库等，均需经过严格的计量、验收，并填制相应的凭证，办理审核审批手续。库存的各种实物，车间的在产品、产成品等均应定期地进行盘点，以保证财产物资的安全，保证账实相符，保证成本计算的准确性。

4) 建立和健全原始记录制度

原始记录是对企业生产经营活动的具体事项所做的最初记录，是编制成本计划、进行成本核算、分析消耗定额和成本计划完成情况的依据。因此，企业应制定既符合各方面管理需要，又符合成本核算要求的、真实的且简便易行的原始记录制度。企业应做好原始记录的登记、传递、审核和保管工作，以便正确、及时地为成本核算和其他有关方面提供所需的原始资料。

5) 选择适当的成本计算方法

产品的成本是在生产制造过程中形成的。产品的生产组织和生产工艺过程不同，以及对产品生产的管理要求不同，对产品成本的计算方法也应有所不同。企业应根据生产特点和管理要求，选择不同的成本计算方法。在实际工作中，成本的基本计算方法有品种法、分批法和分步法 3 种，企业应选择合理的、适当的方法进行成本计算。

1.1.6　成本核算的一般程序

成本核算的一般程序又称成本核算流程，是对生产经营过程中发生的各项生产费用和期间费用，按照成本核算的要求，逐步地进行归集与分配，最后计算出各种产品成本和各项期

间费用的基本过程。生产型企业成本核算的一般程序基本上是相同的，可以归纳为图 1.2。

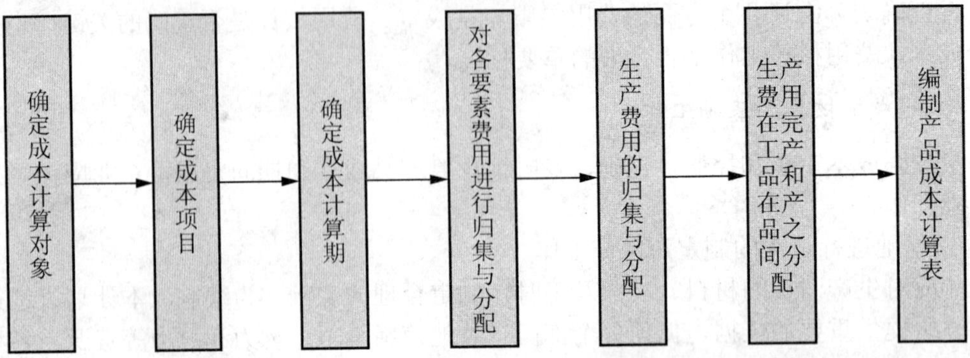

图 1.2　成本核算的一般程序

1. 确定成本计算对象

进行产品成本核算，首先应确定成本对象，就是要分清楚生产费用该归属于谁，通俗地说，就是计算什么的成本。为了进行决策，企业管理者需要知道进行各种经济活动的成本，这些活动就是成本计算对象。成本计算对象可以是一种产品、一项服务、一项作业或一项设计。具体到生产企业，根据其生产特点和管理要求，成本计算对象可以是产品的品种、产品的批别和产品的生产步骤 3 种。

成本计算对象的确定，是设置产品成本明细账、归集生产费用、计算产品成本的前提，也是确定成本计算方法的主要标志。

2. 确定成本项目

确定好成本计算对象后，应根据成本计算对象设置好产品成本明细账，并在明细账内确定成本项目，如直接材料、直接人工、制造费用等，以便归集发生的生产费用。

3. 确定成本计算期

何时计算成本对象的成本，应预先确定。一般来说，以产品品种和产品生产步骤作为成本计算对象的品种法或分步法，可以定期于每月末进行产品成本计算；以产品的批别作为成本计算对象的分批法，则一般不定期地以每批产品的生产周期为成本计算期。

4. 对各项要素费用进行归集与分配

外购材料、外购燃料、外购动力、工资及折旧费等各项要素费用，需先按照经济用途进行分配。分配时，属于期间费用的，计入相应的期间费用中，如行政管理部门消耗的材料、燃料，销售机构人员的工资、利息支出等，应按管理费用、销售费用和财务费用进行归集；属于基本生产费用的，按各种产品的成本项目和车间制造费用进行归集和分配；属于辅助生产成本的各项费用，分别计入相应的辅助生产成本中，月末按受益原则和科学的方法，在各受益的产品或部门之间分配。

5. 生产费用的归集与分配

需要归集与分配的生产费用主要有辅助生产费用、制造费用、废品损失和停工损失。

1) 辅助生产费用

企业辅助生产车间为提供辅助生产服务所发生的各项费用，在“辅助生产成本”中归集，月末，根据接受辅助生产服务的产品或部门，依据受益原则，运用适当的分配方法进行分配后结转计入有关的成本费用中。

2) 制造费用

各基本生产车间为组织和管理生产发生的各项间接费用，通过“制造费用”归集，月末使用合适的方法在所产的各种产品之间进行分配。

3) 废品损失和停工损失

在单独核算废品损失和停工损失的企业，应该通过“废品损失”和“停工损失”归集发生的各项损失，月末再按照一定的标准和方法进行分配，计入有关的产品成本中。

6. 生产费用在完工产品与在产品之间分配

通过前面对有关费用的分配，凡是与产品有关的成本费用都已经归集到了相应的产品明细账对应的项目当中，再逐项与月初在产品成本相加，即得到该种产品的全部成本。如果当月该产品全部完工，那么全部生产成本都是完工产品的成本；如果全部没完工，那么全部生产成本都是在产品的成本；如果既有完工产品又有在产品，那么全部生产成本就需要通过一定的方法在完工产品和在产品之间分配生产成本，计算出完工产品成本和月末在产品成本。

7. 编制产品成本计算表

生产费用在完工产品与在产品之间分配之后，完工产品则应该办理完工入库手续，入库产品需编制产品成本计算表，计算各自的生产总成本和单位成本。完工入库产品成本计算表的格式见表 1-1。

表 1-1　完工入库产品成本计算表

单位：元

项目	A 产品(　　件)		B 产品(　　台)		…	
	总成本	单位成本	总成本	单位成本	总成本	单位成本
直接材料						
直接人工						
制造费用						
…						
合计						

随堂训练 1-2

某制造厂本月生产的 A 产品生产成本明细账和有关数据资料见表 1-2。

要求：

请根据成本明细账中各项内容之间的勾稽关系，计算 A 产品的生产费用合计，以及完工产品成本。

表 1-2　产品生产成本明细账(1)

产品名称：A 产品　　2011 年 9 月　　单位：元

2011 年		摘　要	直接材料	直接人工	制造费用	…	合计
月	日						
9	1	上月结转在产品成本	16 000	14 000	13 000		43 000
	30	本月生产费用	24 000	16 000	17 000		57 000
	30	生产费用合计					
	30	完工产品成本					
	30	月末在产品成本	5 000	3 000	2 000		10 000

任务 1.2　区分费用类别

工业企业在生产经营过程中发生的费用是多种多样的，为了科学地进行成本管理，正确计算产品成本和期间费用，就有必要对种类繁多的费用进行合理的分类。在探讨费用分类之前，必须要先弄清楚支出、费用、成本等概念，以及它们之间的关系。

1.2.1　支出、费用、成本的概念及关系

1. 支出

支出泛指各项资产的减少，企业一切开支及耗费都属于支出。按其性质划分，支出可以分为资本性支出、收益性支出和营业外支出三大类，见表 1-3。

表 1-3　支出分类

序号	支出分类	内　涵
1	资本性支出	效益与几个会计年度有关的支出。这种支出会转化成另一项资产的价值，并在以后资产的使用中按受益情况分别摊销计入各期费用，如购建固定资产的支出、固定资产改良支出、取得无形资产的支出等
2	收益性支出	效益仅与一个会计年度(通常指本会计年度)相关的支出。这种支出直接计入当期费用，从当期的收入中得到补偿，如生产消耗的材料、支付的职工薪酬、支付的日常办公费用等
3	营业外支出	与企业的生产经营活动没有直接联系的支出，罚款支出、赞助支出、违约支出、意外事故造成的损失等

随堂训练 1-3

某企业 2011 年 9 月发生的部分经济业务内容如下：①本月购买原材料 50 000 元；②支付办公费用 5 000 元；③购买会计专用财务软件一套 150 000 元；④发放职工工资及奖金 200 000 元；⑤支付税收滞纳金 1 000 元。

要求：

请判断以上支出分别属于哪一种支出。

2. 费用

费用是指企业生产经营过程中发生的各项耗费，分为生产费用和期间费用。企业的支出中，凡是与企业生产经营活动有关的支出，均属于费用，可直接计入费用(生产费用或期间费用)或者分期转化为费用；而与企业生产经营活动没有直接关系的支出，如赞助支出、罚款支出，则不属于费用，应作为营业外支出直接计入当期损益。

3. 成本

成本是企业为了生产产品或提供劳务而发生的各项耗费或支出，这种耗费或支出是相对于一定主体而言的，即归属于谁的耗费或支出。成本通常仅指生产费用，期间费用不属于成本。

成本是具体对象化的费用。根据权责发生制原则，企业某一期间发生的生产费用与归属产品或劳务的期间并不完全一致，即属于当期成本的生产费用有一部分是当期发生的，有一部分则可能是以前会计期间发生的。归属于本期的生产费用也不一定就属于当期产品的成本，可能会由以后期间生产的产品或劳务负担。

1.2.2　费用按经济内容分类

企业的生产过程是物化劳动和活劳动的耗费过程，因而生产经营过程中发生的费用，按其经济内容分类，可分为劳动对象方面的费用、劳动手段方面的费用和活劳动方面的费用 3 类，这 3 类可以称为费用的三大要素。费用按经济内容的分类就是费用要素，具体可以分为 8 个费用要素，见表 1-4。

表 1-4　8 个费用要素

费用要素	内　涵
外购材料	指企业为生产经营而耗用的一切从外单位购进的原材料、主要材料、半成品、辅助材料、包装物、修理用备件和低值易耗品等
外购燃料	指企业为进行生产经营而耗用的一切外单位购进的各种固体、液体和气体等燃料
外购动力	指企业为进行生产经营而耗用的一切外单位购进的各种动力，如电力
职工薪酬	指企业为获得职工提供的服务而给予各种形式的报酬及其他相关支出。例如，职工工资、奖金、津贴和补贴，职工福利费，医疗保险费、养老保险费、失业保险费、工伤保险费、生育保险费等社会保险费用，住房公积金，工会经费和职工教育经费，非货币性福利，因解除与职工的劳动关系给予的补偿及其他与获得职工提供的服务相关的支出
折旧费	指企业按照规定的固定资产折旧方法计提的折旧费用
利息支出	指企业应计入财务费用的借入款项的利息支出减去利息收入后的净额
税金	指应计入企业管理费用的各项税金，如房产税、车船使用税、土地使用税、印花税等
其他支出	指不属于以上各费用要素，但应计入生产费用或期间费用的支出

按照以上费用要素反映的费用，称为要素费用。将费用划分为若干要素分类核算具有如下作用。

第一，可以反映企业一定时期内在生产经营中发生了哪些费用、数额各为多少，据以分析企业各个时期各种费用的构成水平。

第二，这种分类反映了企业生产经营中外购材料和燃料费用，以及职工薪酬的实际支出。因此，可以为企业核定储备资金定额、考核筹备资金的周转速度，并能为编制材料采购计划和劳动工资计划提供数据资料。

但是，这种分类不能说明各项费用的用途，因而不便于分析各种费用的支出是否节约、合理。

1.2.3 费用按经济用途分类

工业企业在生产经营过程中发生的费用，按经济用途分，可以分为生产费用和期间费用两大类。

1. 生产费用按经济用途的分类

计入产品成本的生产费用在产品制造过程中的用途不尽相同，有的直接用于产品生产，有的间接用于产品生产。为了具体反映计入产品成本的生产费用的各种用途，提供产品成本构成情况的资料，还应进一步将生产费用划分为若干成本项目，即产品的成本项目。由于产品成本明细账需要按照成本项目设置专栏进行登记，为简化核算，应按构成产品成本的若干主要内容分别设置成本项目，见表 1-5。

表 1-5 成本项目

项目名称	内 涵
直接材料	指直接用于产品生产并构成产品实体的原料、主要材料和外购半成品，以及有助于产品形成的辅助材料
燃料和动力	指直接用于产品生产的各种燃料和动力费用
直接人工	指企业直接从事产品生产人员的薪酬费用
制造费用	指企业生产车间为产品生产和提供劳务而发生的各项组织、管理费用，以及一些虽直接用于产品生产，但不便于直接计入产品成本的费用。制造费用包括车间管理人员及非生产人员的薪酬、固定资产折旧、修理费、办公费、水电费、机物料消耗、劳动保护费等
废品损失	指企业生产过程中出现废品造成的损失。在废品较多或废品损失在产品成本中所占比重较大时，可设此项目单独反映
停工损失	指企业因材料不足、停电、非常灾害等原因造成停工而带来的损失。如需要单独核算停工造成的损失，可单独设此项目反映

一般的工业企业，直接材料、直接人工和制造费用是产品成本的三大基本项目，开设生产成本明细账时都必须有这 3 个项目，以登记料、工、费 3 方面的费用支出。其余的几个项目则可视企业的实际情况开设或者不开设。

2. 期间费用按经济用途的分类

企业的期间费用按照经济用途分类，可分为管理费用、销售费用和财务费用。

1) 管理费用

管理费用是指企业行政管理部门为组织和管理生产经营活动发生的各项费用。它包括公司经费、董事会费、咨询费、审计费、诉讼费、修理费、排污费、绿化费、税金、土地使用费、技术转让费、技术开发费、折旧费、无形资产摊销、业务招待费、行政管理部门人员的薪酬，以及其他的管理费用。

2) 销售费用

销售费用是指企业在销售产品和提供有关劳务过程中发生的各项费用，以及专门设置的销售机构的各项经费。包括企业负担的运输费、装卸费、包装费、保险费、广告费、委托代销手续费、产品展览费、租赁费、销售服务费，以及销售机构人员的薪酬、办公费、折旧费、物料消耗、低值易耗品摊销及其他经费。

3) 财务费用

财务费用是指企业为筹集资金而发生的各项费用。包括利息支出(减利息收入)、汇兑损失(减汇兑收益)、金融机构手续费、赊销情况下发生的现金折扣，以及因筹集资金而发生的其他费用。

随堂训练 1-4

某企业 2011 年 9 月发生下列经济业务：①购买材料 100 000 元，用银行存款支付；②生产产品领用材料 20 000 元，行政部门领用修理用备件 1 000 元；③支付工资 100 000 元，其中工人工资 50 000 元，行政人员工资 20 000 元，车间管理人员工资 15 000 元，销售部门人员工资 15 000 元；④车间机器折旧费 12 000 元，行政部门设备折旧费 5 000 元；⑤支付产品广告费 10 000 元；⑥支付短期贷款利息 5 000 元；⑦向地震灾区捐赠 200 000 元。

要求：

请指出上述业务中，计入生产费用和期间费用的金额。

任务 1.3　设置成本核算的主要账户

为了正确核算产品成本和期间费用，企业在进行成本费用的核算时，一般应该设置“基本生产成本”、“辅助生产成本”、“制造费用”、“长期待摊费用”、“销售费用”、“管理费用”、“财务费用”等主要账户。“基本生产成本”和“辅助生产成本”既可作为一级账户设置，也可以在“生产成本”账户下设置成为两个二级账户，企业应该根据自身的实际情况进行选择处理。另外，需要单独核算废品损失和停工损失的企业，可以增设“废品损失”、“停工损失”账户，用来归集企业发生的废品损失和停工损失，然后将这些损失合理地摊入产品成本中。

1.3.1　设置主要总分类账户

1. “基本生产成本”账户

基本生产是指为完成企业主要生产目的而进行的商品产品生产。“基本生产成本”账户是为了归集基本生产所发生的各种生产费用和计算基本生产产品的成本而设立的。借方登记为基本生产而发生的各种费用；贷方登记转出的完工入库产品的成本；余额在借方，表示尚未完工入库的在产品的成本。

“基本生产成本”账户按产品品种或产品批别、产品生产步骤设置明细账。明细账页格式通常采用多栏式，账内按产品成本项目(如直接材料、直接人工、制造费用)分设专栏登记发生的各项费用，期末按一定的科学方法，把归集的生产费用在完工产品与在产品之间进行分配，进而计算出完工产品成本与月末在产品成本。

2. “辅助生产成本”账户

辅助生产是指为基本生产和经营管理服务而进行的生产和劳务供应。“辅助生产成本”账户是为了归集进行辅助生产所发生的各种费用而设立的。借方登记企业为进行辅助生产而发生的各种费用；贷方登记按接受生产服务或劳务的产品、受益部门分担转出的成本；有余额在借方，表示尚未分配转出的辅助生产成本。

“辅助生产成本”账户按辅助生产单位或部门设置明细账(如供水车间、供电车间、运输车间)，明细账页格式采用多栏式，账内按费用项目分设专栏登记发生的各项费用，期末按一定的科学方法，将归集的辅助生产成本在受益产品或劳务及受益部门之间进行分配。

3. “制造费用”账户

“制造费用”账户用来核算企业各生产单位(车间、分厂)为组织和管理生产活动而发生的各项费用，包括车间管理人员及非生产人员的薪酬、固定资产折旧、修理费、办公费、水电费、机物料消耗、劳动保护费、产品设计制图费、季节性和大修期间的停工损失等。该账户借方登记发生的各项制造费用，月末把归集的制造费用通过一定方法分配结转到有关产品当中时，记入贷方；除非是季节性生产企业，该账户一般没有期末余额。

“制造费用”账户按不同的生产车间或部门设置明细账，明细账页格式采用多栏式，账内按费用项目分设专栏登记发生的各项费用。

4. “长期待摊费用”账户

为了正确划分各个会计期间的费用界限，体现权责发生制的原则，企业应该设置“长期待摊费用”账户，用于核算企业已经支付，但应由本期和以后各期成本费用负担的摊销期在一年以上的各项费用。该账户借方登记发生并已实际支付的长期预付费用，贷方登记每期摊销的费用，余额在借方，表示尚未摊销的长期预付费用。

“长期待摊费用”账户按费用种类设置明细账户，明细账页格式一般采用三栏式。

5. “废品损失”账户

凡是内部成本管理上要求单独反映和控制废品损失的企业，会计上可以设置专门的“废品损失”账户。用于核算生产单位生产的各种废品带来的经济损失，包括可修复废品和不可修复废品的净损失。该账户借方登记发生的废品修复费用，贷方登记废品的残值、责任人赔偿款等收入，以及结转记入合格品成本的净损失。结转后一般无余额。

“废品损失”账户一般按产品品种设置明细账。

6. “停工损失”账户

凡是需要单独核算停工损失的企业，可设置“停工损失”账户，用来核算企业生产车间由于计划减产或停电、待料、机器设备故障等原因造成停产所带来的损失。该账户借方登记停工期间应付的工人薪酬、修理故障设备消耗的材料费用等；贷方登记分配结转的停工损失，期末一般无余额。但如果跨月停工，则可能出现借方余额。

“停工损失”账户按车间设置明细账。

7. “销售费用”账户

“销售费用”账户用来核算企业在销售产品、自制半成品和提供工业性劳务过程中发生的各项费用，以及专设销售机构所发生的各项费用。该账户借方登记发生的各项费用，贷方登记期末结转进入“本年利润”的数额，结转后无余额。

“销售费用”账户明细账页格式采用多栏式，账内按费种项目分设专栏登记发生的各项费用。

8. “管理费用”账户

“管理费用”账户用来核算企业行政管理部门为组织管理生产经营活动而发生的各项费用。该账户借方登记发生的各项费用，贷方登记期末结转进入“本年利润”的数额，结转后无余额。

“管理费用”账户明细账页格式采用多栏式，账内按费种项目分设专栏登记发生的各项费用。

9. “财务费用”账户

“财务费用”账户用来核算企业因筹集资金等理财活动发生的各项费用。该账户借方登记发生的各项费用，贷方登记冲减财务费用的利息收入、汇兑收益，以及期末结转进入“本年利润”的数额，结转后无余额。

“财务费用”账户明细账页格式采用多栏式，账内按费种项目分设专栏登记发生的各项费用。

1.3.2　主要明细账户设置举例

企业进行成本、费用的核算，除了要设置总分类账户进行总括反映之外，还应该设置下属的明细分类账户进行详细反映。

(1) 基本生产成本(二级账户)和产品生产成本明细账，账内按产品成本项目设置，其格式见表 1-6～表 1-8。

表 1-6　基本生产成本(二级账户)

车间：一车间　　　　2011 年 9 月　　　　单位：元

2011 年		摘　要	直接材料	直接人工	制造费用	…	合计
月	日						
9	1	上月结转在产品成本	10 000	6 000	4 000		20 000

表 1-7　产品生产成本明细账(2)

产品名称：A 产品　　　　2011 年 9 月　　　　单位：元

2011 年		摘　要	直接材料	直接人工	制造费用	…	合计
月	日						
9	1	上月结转在产品成本	6 000	4 000	3 000		13 000

表 1-8　产品生产成本明细账(3)

产品名称：B 产品　　　　2011 年 9 月　　　　单位：元

2011 年		摘　　要	直接材料	直接人工	制造费用	…	合计
月	日						
9	1	上月结转在产品成本	4 000	2 000	1 000		7 000

(2) 制造费用明细，账内按费种专项设置，其格式见表 1-9。

表 1-9　制造费用明细账

车间：一车间　　　　2011 年 9 月　　　　单位：元

2011 年		摘　　要	办公费	薪酬费用	水电费	物料消耗	折旧费	…	合计
月	日								

(3) 辅助生产成本明细账，账内按费种专项设置，其格式见表 1-10。

表 1-10　辅助生产成本明细账

辅助车间：供水　　　　2011 年 9 月　　　　单位：元

2011 年		摘　　要	物料消耗	燃料动力	修理费	薪酬费用	折旧费	…	合计
月	日								

项目要点归纳

本项目主要从理论上阐述成本的经济实质；通过介绍制造成本法和全部成本法的核算原理，揭示成本会计的内容，为制定产品销售价格提供依据；阐述成本会计工作环节及成本核算基本要求等。这些理论对后面各项目的学习和任务的开展有重要的指导意义。因此，必须充分理解和熟练掌握上述理论；另外，要着重掌握成本核算主要账户的设置与运用。

案例分析

北方机械厂会计核算岗位设置

【背景】

2010年8月，应届毕业生吴东应聘到北方机械厂当成本会计员。财务部成本核算科刘科长向吴东介绍了厂里的有关情况，北方机械厂的基本情况如下。

(1) 产品情况：该厂主要生产大型重型机械，用于矿山等企业，是国内矿山企业的龙头企业。

(2) 车间设置情况：北方机械厂设有7个基本生产车间，分别生产矿山大型机械的各种零部件及零部件的组装；另外还设有4个辅助生产车间，为基本生产车间和其他部门提供劳务。

(3) 成本核算现状：该厂财务部现有会计人员36人，其中成本核算科有成本会计人员8人。由于该厂规模大，现实行两级成本核算体制，厂部和车间分别设置有关的成本费用明细账户进行核算。

【讨论】

刘科长让吴东在了解企业成本核算及其他方面的情况后，书面回答如下几个问题。

(1) 根据本厂的具体情况应该采取哪种核算体制(一级还是二级核算)?

(2) 厂部和车间应该设置哪些成本会计核算岗位?

(3) 厂部和车间应该设置哪些成本会计核算的总账和明细账?

(4) 成本费用应按什么程序进行归集和分配?

【案例解析】

吴东在花了几天时间较详细地了解了企业成本核算及其他方面的情况后，向刘科长提出了一些自己的意见。

(1) 由于工厂规模较大、生产车间较多，为了加强成本的核算和管理，应该采用二级成本核算的管理体制。这样，可以有效地组织成本核算工作、提高成本核算的工作效率。如果采用一级成本核算体制的话，则会使成本核算管理工作高度集中于厂部，不利于提高各个生产车间降低成本的积极性，也不利于成本核算工作的效率。

(2) 吴东经过自己的调查了解，认为厂部应设置的成本核算工作岗位包括材料成本核算、费用核算、工资薪酬核算、产品成本核算等岗位。

(3) 厂部应该设置的成本核算总账和明细账。

总账：生产成本、制造费用、库存商品、管理费用、销售费用、财务费用。

二级明细账：基本生产成本、辅助生产成本、制造费用明细账、管理费用明细账、销售费用明细账、财务费用明细账。

各基本生产车间设置的明细账：基本生产成本明细账(按7个基本生产车间分别设置，登记本车间生产的全部产品成本，属于车间产品成本的大类账)、产品成本明细账(各车间按成本计算对象设置)。

各辅助生产车间设置的明细账：辅助生产成本明细账(按4个辅助生产车间分别设置)。

(4) 成本核算程序：①进行各种要素费用的归集和分配；②进行各辅助生产车间的费用归集，然后按受益原则进行辅助生产费用的分配；③进行制造费用的归集和分配；④将生产费用在完工产品和在产品之间进行分配，计算出完工产品成本和在产品成本。

职业能力训练

一、单项选择题

1. 构成商品理论成本的是(　　)。

A. 已耗费的生产资料转移的价值 C

B. 劳动者为自己劳动所创造的价值 V

C. 劳动者为社会劳动所创造的价值 M

D. 所耗费的生产资料转移的价值和劳动者为自己所创造的价值 $C+V$

2. 成本的经济实质是(　　)。

A. 已耗费的生产资料转移的价值和劳动者为自己劳动所创造价值的货币表现

B. 企业在生产经营中所支出的生产费用

C. 劳动者为社会劳动所创造价值的货币表现

D. 劳动者为自己劳动所创造价值的货币表现

3. 成本开支范围与理论成本包括的内容是有一定差别的。实际工作中的成本开支范围一般由(　　)。

A. 企业结合自身的经营特点来界定

B. 企业与国家有关部门共同协商界定

C. 国家通过有关法规制度来界定

D. 国家同意企业结合自身经营特点研究决定

4. 把企业生产经营中所发生的全部费用对象化，计入产品成本的方法是(　　)。

A. 制造成本法　　B. 作业成本法

C. 全部成本法　　D. 标准成本法

5. 企业制定产品销售价格的重要成本依据是(　　)。

A. 制造成本　　B. 期间费用

C. 全部成本　　D. 制造费用

6. 成本会计工作的核心是(　　)。

A. 成本预测　　B. 成本控制

C. 成本核算　　D. 成本分析

7. 产品成本从耗费角度看是指商品生产中所消耗的物化劳动和活劳动中必要劳动的价值。根据这个定义，下列不属于产品成本内容的是(　　)。

A. 生产用设备的折旧　　B. 生产工人工资

C. 原材料的耗费　　D. 向银行短期借款发生的利息支出

8. 下列不表现或不转化为产品成本的是(　　)。

A. 为生产产品购进的原材料　　B. 为组织和管理生产而发生的费用

C. 管理不善造成的非常损失　　D. 生产设备的折旧费

9. 成本这种资金耗费，是相对于(　　)而言的。

A. 一定对象　　B. 一定时期

C. 一个单位　　D. 一个企业

10. 生产费用的发生总与一定的(　　)相关。
A. 期间　　B. 产品
C. 企业　　D. 经济活动

二、多项选择题

1. 理论成本是指产品在生产过程中耗费的(　　)的货币表现。
A. 物化劳动　　B. 部分物化劳动
C. 活劳动　　D. 部分活劳动
2. 下列各项中属于成本会计工作环节的有(　　)。
A. 成本预测　　B. 成本决策
C. 成本核算　　D. 成本计划　　E. 成本控制
3. 下列各项支出中，应明确计入产品成本的支出有(　　)。
A. 生产设备的折旧费　　B. 职工薪酬
C. 生产工人的工资　　D. 生产工人的福利费用
4. 期间费用包括(　　)。
A. 销售费用　　B. 人工费用
C. 管理费用　　D. 财务费用
5. 下列内容中属于工业企业产品成本的是(　　)。
A. 生产产品领用的外购材料
B. 生产工人的薪酬费用
C. 生产部门为组织和管理生产发生的其他费用
D. 为销售产品发生的广告费用
6. 成本会计的组织分工应考虑(　　)。
A. 企业规模的大小　　B. 企业内部管理的要求
C. 成本会计人员的数量　　D. 成本会计人员的素质
7. 成本会计的组织工作主要包括(　　)。
A. 设置成本会计机构　　B. 配备成本会计人员
C. 建立成本会计制度　　D. 进行成本预测和决策
8. 下列应计入产品成本的支出包括(　　)。
A. 产品生产工人工资和车间管理人员工资
B. 购建固定资产、无形资产的支出
C. 生产车间的劳动保护费支出
D. 捐赠、赞助支出
9. 企业的生产经营管理费用包括(　　)。
A. 生产费用　　B. 销售费用
C. 管理费用　　D. 财务费用
10. 为了正确划分费用与成本的界限，企业不得将(　　)。
A. 应计入产品成本的生产费用列为期间费用
B. 制造费用计入产品成本
C. 期间费用计入产品成本
D. 生产费用计入产品成本

11．正确划分各种产品成本的生产费用是指(　　)。

A．能直接计入某种产品成本的生产费用，应当直接计入

B．不能直接计入某种产品成本的生产费用，应当分配计入

C．各种费用均应直接计入该种产品成本

D．制造费用均不能直接计入产品成本

12．下列不应计入产品成本或期间费用的支出包括(　　)。

A．为筹集资金而支付的利息

B．购买会计人员办公用的电脑

C．违反税收规定而支付的罚款

D．给灾区的捐款

13．企业内部各级成本会计机构之间的组织分工的基本形式有(　　)。

A．自由工作方式　　B．集中工作方式

C．分散工作方式　　D．领导与被领导工作方式

14．全部成本法下，下列应计入产品成本的是(　　)。

A．原材料　　B．生产人员薪酬

C．折旧费　　D．销售费用

15．我国现行制度规定，产品成本计算采用制造成本法。下列应计入产品成本的是(　　)。

A．产品耗用的原材料　　B．生产人员薪酬

C．管理费用　　D．制造费用

三、判断题

1．产品成本是指企业在一定的时期内,为生产一定数量的产品而发生的各项生产费用。(　　)

2．成本是一种补偿价值，需要补偿的是一定期间内企业发生的全部支出额。(　　)

3．费用包括生产费用和期间费用，生产费用同产品生产有直接关系，生产费用是产品成本的基础。(　　)

4．企业本期发生的生产费用全部计入本期产品成本。(　　)

5．成本经济实质是生产经营过程中所耗费的生产资料转移价值的货币表现。(　　)

6．产品成本应当包括生产和销售过程中发生的各种费用，产品成本也称为产品制造成本。(　　)

7．产品成本是相对于一定成本计算对象而言的。(　　)

8．成本预测是成本决策的结果，正确的成本决策是进行成本预测的前提。(　　)

9．在实际工作中，成本的开支范围是由企业结合自身生产经营的特点来界定的。(　　)

10．实际成本有时与理论成本相背离。(　　)

四、实务训练题

AA制造厂2011年9月为生产经营活动发生下列业务：耗用外购材料中原料及主要材料200 000元、辅助材料90 000元、周转用材料80 000元，耗用外购燃料20 000元。其中，生产产品耗用主要材料160 000元、辅助材料50 000元、燃料15 000元，周转材料30 000元，生产工人工资80 000元；车间一般耗用主要材料10 000元、辅助材料20 000元、周转材料

50 000 元、车间设备折旧费 12 000 元，车间管理人员工资 60 000 元；厂部管理人员工资 100 000 元、设备折旧费 50 000 元、办公费等 10 000 元。该企业本月根据福利费用实际开支情况，依据工资总额的 15%计提了福利费用。

要求：

1．计算费用要素外购材料、外购燃料、折旧费、职工薪酬的金额。

2．计算产品成本项目：直接材料、燃料动力、直接人工、制造费用的金额。

项目 2　归集与分配要素费用

知识目标

- 了解各种费用要素的特点
- 掌握各项要素费用的归集和分配方法
- 掌握成本项目的确定
- 了解各项要素费用相关的政策制度

技能目标

- 能填制各种要素费用的分配表
- 能根据生产情况设置产品的成本项目
- 能确定各种费用要素归属的成本项目
- 在要素费用核算过程中能遵守相关成本制度

重难点提示

- 材料费用的核算与分配
- 薪酬费用的核算与分配
- 包装物、低值易耗品的核算与分配
- 折旧费用的核算与分配

案例导入

毕业生何云是某工业企业的会计人员，负责材料、薪金等要素费用的核算。那么企业的要素费用到底包含哪些内容呢？如何核算与分配呢？例如，购进一批材料，有些直接用 A、B 产品的生产，有些又是这两种产品混合使用，还有一些用于基本生产车间、机修车间和管理部门，那么到底应如何计算和分配材料费用？再如，企业的各项资产，怎样确定应计提的折旧？诸如此类的问题，何云刚开始有点不知所措。通过学习本项目的内容，希望你能帮助何云解决这些问题。

任务 2.1　归集与分配材料及外购动力费用

在进行正式内容讲解之前，先简单了解一下要素费用分配的基础。

工业企业的生产费用多种多样。生产费用的合理分类是按照管理的要求核算生产费用，是正确计算产品生产成本的重要条件。生产过程中发生的生产费用按经济内容可分为劳动对象方面的费用、劳动手段方面的费用和活劳动方面的费用三大类。在此基础上，可将生产费用划分为若干要素费用，见表2-1。

表2-1　要素费用

要素费用	内　涵
材料费用	指企业为生产产品而耗用的原料及主要材料、半成品、辅助材料、各周转材料等
燃料费用	指企业为生产产品而耗用的各种固体、液体和气体燃料
外购动力	指企业为生产产品而耗用的从外单位购进的各种动力
职工薪酬	指企业应计入生产费用的职工工资和按工资一定比例提取的职工福利费等
折旧费	指企业直接用来生产产品的固定资产和车间管理用固定资产提取的折旧费用
其他生产费用	指不属于以上各要素费用但应计入产品生产成本的生产费用，如利息费用、税金、差旅费及保险费等

工业企业的产品成本是由材料费用、工资费用、动力费用及其他费用等要素费用构成的，所以进行产品成本的核算必须从材料费用、工资费用、动力费用、折旧费用及其他费用等要素费用分配的核算开始。这里对要素费用进行核算，主要学习将发生的要素费用如何归类、如何合理地分配计入产品成本或期间费用中。

企业发生的各种要素费用应按其受益对象、发生的部门(或地点)或用途进行合理的分配，应注意如下几方面的问题。

1. 要素费用的分配去向

1) 基本生产部门发生的费用

基本生产部门发生的费用按用途可分为直接用于产品生产的费用和用于生产部门组织和管理生产的费用(包括间接用于产品生产的费用)两部分。

(1) 直接用于产品生产的费用，如构成产品实体的原材料或从事产品生产工人的工资费用，应记入基本生产成本总账和该种产品的基本生产成本明细账的“直接材料”或“直接人工”成本项目。

(2) 用于生产部门组织和管理生产的费用，对于基本生产部门组织和管理生产发生的各种费用(包括间接用于产品生产的费用)，则记入制造费用总账和所属明细账进行归集。月末分配记入基本生产成本总账和该种产品的基本生产成本明细账的“制造费用”成本项目。

2) 辅助生产部门发生的费用

对于辅助生产部门发生的各种费用，也可按用途分为直接用于辅助产品生产(或劳务)的费用和用于辅助生产部门组织和管理生产的费用两部分。对辅助生产有以下两种处理方法。

(1) 直接用于辅助产品生产(或劳务)的费用，应记入辅助生产成本总账和相应产品或劳务的明细账的“直接材料”或“直接人工”成本项目。用于辅助生产部门组织和管理生产的费用则先记入制造费用总账和所属明细账进行归集。月末分配记入辅助生产成本总账和所属明细账的“制造费用”成本项目。

(2) 如果辅助生产不对外提供商品产品，而且辅助生产车间规模较小，辅助产品或劳务单一，为了简化核算工作，不设“制造费用”账户，辅助生产部门发生的费用直接全部记入辅助生产成本总账和相应的明细账。

(3) 销售机构、行政管理部门及筹集资金发生的费用。在生产经营过程中发生的用于产品销售的费用、行政管理部门发生的费用及筹集资金发生的费用，应分别记入营业费用、管理费用、财务费用总账和所属明细账，作为期间费用转入“本年利润”账户，冲减当期损益。

2. *要素费用的分配方法*

发生的费用，若是直接用于产品生产的，应直接记入基本生产成本总账和相应的明细分类账；若是几种产品共同耗用的间接计入费用，则应采用适当的分配方法分配计入基本生产成本总账和各自的明细分类账。这里所说的分配方法如下。

首先，选用适当的分配标准，常见的分配标准主要有 3 类：①成果类，如产品的重量、体积、面积、产量、产值等；②消耗类，如生产工时、机器工时、原材料的消耗量、原材料费用等；③定额类，如定额消耗量、定额费用、定额工时等。

其次，计算分配率。费用分配率的计算公式为

$$费用分配率＝拟分配的数/所选择的标准之和 \tag{2-1}$$

最后，按各自的分配标准计算应分配的金额。费用分配额的计算公式为

$$某分配对象应分配的费用＝该对象的分配标准额×费用分配率 \tag{2-2}$$

2.1.1 归集与分配材料费用

企业生产经营过程中领用的各种材料，无论是外购材料或是自制材料，都应根据审核后的领、退料凭证，按照材料的用途分配材料费用，分别计入各种产品成本、各种期间费用及相关对象中。

产品成本中的原材料费用所占比重较大，所以在产品成本总账和明细账中设有专门的成本项目：“原材料”或“直接材料”。“原材料”成本项目是指直接用于产品生产、构成产品实体的原料及主要材料、外购半成品，以及有助于产品形成的辅助材料等费用。

构成产品实体的原料及主要材料，如纺织用棉、冶炼用矿石和制造机械用钢材等，通常是按照产品品种(或成本计算对象)分别领用，属于直接计入费用，应根据领料凭证直接计入各种产品成本的“原材料”成本项目；若不能按照产品品种(或成本计算对象)分别领用，如化工生产行业几种产品共同耗用的原料，属于间接计入费用，则需要采用既合理又简单的分配方法，在这几种产品之间进行分配，然后计入各产品成本的“原材料”成本项目。

所谓分配方法的合理，是指方法所采用的分配标准与所应分配的费用大小要有比较密切的联系，如铁铸件所用的生铁，其耗用量的大小与铁铸件的重量有联系，因而分配标准可采用铁铸件的重量。因此，要选择合理的分配标准。原材料费用的分配标准很多，可以按照产品的重量、体积分配，在材料消耗定额比较准确的情况下，也可按照产品的原材料定额消耗量的比例或原材料定额费用的比例分配。按定额消耗量比例分配的计算公式分别为

$$某种产品原材料定额消耗量＝该种产品实际产量×单位产品原材料定额消耗量 \tag{2-3}$$

$$原材料消耗量分配率＝原材料实际消耗总量/各种产品原材料定额消耗量之和 \tag{2-4}$$

$$某产品应分配的材料实际消耗量＝该种产品的原材料定额消耗量×原材料消耗量分配率 \tag{2-5}$$

$$某产品应分配的实际原材料费用＝该种产品应分配的原材料实际消耗量×材料单价 \tag{2-6}$$

【例 2-1】 领用某种原料 6 000 千克，单价 2.8 元，生产甲产品 1 200 件，乙产品 800 件。甲产品消耗定额为 3 千克，乙产品消耗定额为 1.5 千克。分配计算如下。

甲产品原料定额消耗量＝1 200×3＝3 600(千克)

乙产品原料定额消耗量＝8 00×1.5＝1 200(千克)

原料消耗量分配率＝6 000/(3 600＋1 200)＝1.25

甲产品应分配的原料数量＝3 600×1.25＝4 500(千克)

乙产品应分配的原料数量＝1 200×1.25＝1 500(千克)

甲产品应分配的原料费用＝4 500×2.8＝12 600(元)

乙产品应分配的原料费用＝1 500×2.8＝4 200(元)

采用上述方法，先分配材料实际消耗量，再乘以单价，来分配材料费用，可以考虑材料消耗定额的执行情况，有利于加强成本管理。为了简化核算工作，也可以采用按定额消耗量的比例直接分配材料费用的方法，分配如下。

原材料费用分配率＝(6 000×2.8)/(3 600＋1 200)＝3.5

甲产品应分配的原料费用＝3 600×3.5＝12 600(元)

乙产品应分配的原料费用＝1 200×3.5＝4 200(元)

上述两种方法计算结果相同，第二种方法的计算简化了，但不能提供各种产品原料实际消耗量资料，不利于加强原材料消耗的实物管理。

原材料费用的分配按受益对象来记入相关账户，其中直接用于产品生产的各种原材料费用，应记入产品的基本生产成本总账及其所属明细账借方的“原材料”成本项目；用于辅助生产的原材料费用，应记入辅助生产成本总账及其所属明细账借方的相应成本项目；用于基本生产车间管理的原材料费用，应记入“制造费用”账户的借方；用于厂部组织和管理生产经营活动等方面的原材料费用，应记入“管理费用”账户的借方；用于产品销售的原材料费用，应记入“营业费用”账户的借方等。已领用的各种原材料费用总额，同时应记入“原材料”账户的贷方。

在实际工作中，各种材料费用的分配是通过编制材料费用分配表进行的，材料费用分配表是按车间、部门和材料的类别，根据归类后的领、退类凭证和其他有关资料编制的。原材料费用分配表的格式及举例见表2-2。

表2-2　原材料费用分配表

车间或部门名称：　　　　　　　　2010年××月

应借科目		直接计入金额/元	分配计入		合计/元
			定额消耗量/千克	分配金额/元	
基本生产成本	甲产品	3 040	3 600	12 600	15 640
	乙产品	1 480	1 200	4 200	5 680
	小计	4 520	4 800	16 800	21 320
辅助生产成本	供电车间	1 000			1 000
	供水车间	1 300			1 300
	小计	2 300			2 300
制造费用		400			400
管理费用		600			600
营业费用		500			500
合计		8 320		16 800	25 120

根据原材料费用分配表编制会计分录，然后据以登记有关总账和明细账。会计分录如下。

借：基本生产成本　　21 320
　　辅助生产成本　　2 300
　　制造费用　　400
　　管理费用　　600
　　营业费用　　500
　　贷：原材料　　25 120

上述材料费用的分配是按实际成本进行核算分配的，若材料费用按计划成本进行核算分配，则计入产品成本和各期间费用的材料费用是计划成本，还需要对材料成本差异进行分配。

随堂训练 2-1

某企业 12 月生产甲乙两种产品，共耗用原材料 10 000 千克，每千克 5 元，本月产量为甲产品 300 件，乙产品 200 件。原材料消耗定额为甲产品 8 千克、乙产品 5 千克。

要求：

按原材料定额消耗量比例分配计算甲乙产品实际耗用的原材料费用。

2.1.2 归集与分配燃料费用

若燃料费用在产品成本中比重较大时，可以与动力费用一起专设“燃料及动力”成本项目，还应增设“燃料”账户，以便单独核算燃料的增、减变动和结存情况，以及燃料费用的分配情况。总的来说，燃料费用分配的程序和方法，与上述材料费用分配的程序和方法大致相同。直接用于产品生产的燃料费用，应记入基本生产成本总账的借方及其所属明细账的“燃料及动力”成本项目。若是分产品领用，属于直接计入费用，直接计入各产品成本明细账的“燃料及动力”成本项目；若不能分产品或是几种产品共同领用，属于间接计入费用，则应采用适当的分配方法，分配计入各产品成本明细账的“燃料及动力”成本项目。燃料费用的分配标准一般有产品的重量、体积、所耗原材料的数量或费用，以及按燃料的定额消耗量或定额费用比例等。辅助生产、车间管理、厂部、销售机构等相关部门消耗的燃料费用应分别记入“辅助生产成本”、“制造费用”“管理费用”、“营业费用”等账户的借方及所属明细账有关项目。已领用的燃料总额，应同时记入“燃料”账户的贷方。燃料费用分配表的格式及举例见表 2-3。

表 2-3　燃料费用分配表

车间或部门名称：　　2010 年××月　　单位：元

应借科目		直接计入金额	分配计入		合计
			定额燃料费用	分配金额(分配率 1.1)	
基本生产成本	甲产品		3 500	3 850	3 850
	乙产品		1 100	1 210	1 210
	小计			5 060	5 060
辅助生产成本	运输车间	1 600			1 600
合计		1 600		5 060	6 660

根据上述费用分配表，编制会计分录如下。

借：基本生产成本　　5 060
　　辅助生产成本　　1 600
　　贷：燃料　　6 660

2.1.3　归集与分配外购动力费用

外购动力费用是指从外部购买的各种动力，如电力、蒸汽等所支付的费用。按外购动力的受益对象，一般直接借记有关成本、费用账户，贷记“银行存款”账户。但为贯彻权责发生制原则，可将本月所支付的外购动力费用暂借记“应付账款”账户，月末分配动力费用时再贷记“应付账款”账户。

外购动力有的直接用于产品生产，如生产工艺用电力；有的间接用于产品生产，如生产照明用电力；有的则用于经营管理，如企业行政管理部门照明用电力等。这些动力费用的分配，在有计量仪器记录的情况下，直接根据仪器所示的耗用动力的数量及动力单价计算；在没有仪表的情况下，可按生产工时的比例、机器工时的比例或定额消耗量的比例分配。

直接用于产品生产的动力费用，应记入基本生产成本总账和所属明细账的“燃料及动力”成本项目；直接用于辅助生产的动力费用，应记入辅助生产成本总账和所属明细账的“燃料及动力”成本项目；用于车间管理、厂部管理、销售机构等的动力费用，应分别记入“制造费用”、“管理费用”、“营业费用”账户。外购动力费用总额应根据有关凭证记入“应付账款”或“银行存款”账户的贷方。外购动力费用分配表的格式及举例见表2-4。

表2-4　外购动力费用分配表

车间或部门名称：　　　　2010年××月

应借科目		成本或费用项目	生产工时/小时 (分配率：0.6)	度数/度 (分配率0.4)	合计/元
基本生产成本	甲产品	燃料及动力	45 000		27 000
	乙产品	燃料及动力	30 000		18 000
	小计		75 000		45 000
辅助生产成本	供电车间	燃料及动力		5 000	2 000
	供水车间	燃料及动力		3 000	1 200
	小计			8 000	3 200
制造费用		燃料及动力		7 000	2 800
管理费用		燃料及动力		5 000	2 000
营业费用		燃料及动力		4 000	1 600
合计			75 000	24 000	54 600

动力费用分配率＝45 000/(45 000＋30 000)＝0.6

甲产品动力费用＝45 000×0.6＝27 000(元)

乙产品动力费用＝30 000×0.6＝18 000(元)

根据上述费用分配表，编制会计分录如下。

借：基本生产成本	45 000
辅助生产成本	3 200
制造费用	2 800
管理费用	2 000
营业费用	1 600
贷：银行存款(或应付账款)	54 600

随堂训练 2-2

某企业 12 月 20 日通过银行存款支付外购电费 30 000 元。月末查明本月电费共 34 000 元。其中，基本生产车间共耗电 30 000 度，其中车间耗电 5 000 度，其余为 A、B 产品耗用；辅助生产车间耗电 10 000 度，企业行政管理部门耗电 4 000 度。

要求：

1. 按所耗电度数分配电力费用，A、B 产品按生产工时分配电费，A 产品生产工时为 15 000 小时，B 产品生产工时为 10 000 小时；编制分配电费的会计分录。

2. 编制该月相关会计分录。

任务 2.2 归集与分配薪酬费用

应付职工薪酬是指企业为获得职工提供的服务而以各种形式给予的报酬，以及其他的相关支出。职工薪酬的内容包括以下几方面。

(1) 职工工资、奖金、津贴和补贴。

(2) 职工福利费。

(3) 医疗保险费、养老保险费、工伤保险费、失业保险费、生育保险费等社会保险费。

(4) 住房公积金。

(5) 工会经费、职工教育经费。

(6) 非货币性福利。

(7) 辞退福利。

(8) 其他与获得员工提供服务相关的支出。

为了如实反映职工薪酬的提取、分配和发放的情况，企业应设置应付职工薪酬总账进行核算，并按该项科目的类别设置工资、职工福利、社会保险费、工会经费等明细账进行明细分类核算。这里主要介绍工资费用和职工福利费用。

2.2.1 归集与分配工资费用

1. 工资总额的组成

工资总额是指企业在一定时期(一般以年计算)内直接支付给本企业全部职工的劳动报酬的总额。由国务院批准、国家统计局发布的《关于工资总额组成的规定》对企业的工资总额组成做了明确规定。工资总额由 6 部分组成，具体见表 2-5。

表 2-5 工资总额的组成

组成部分	内 涵
计时工资	指按计时工资标准和工作时间支付给劳动者个人的劳动报酬。工资标准是指每一职工在单位时间内应得的工资额
计件工资	指对已完成的工作按计件单价支付的劳动报酬。计件单价是指完成单位工作应得的工资额。计件单价可根据完成单位工作所需的工时定额，乘以从事该种工作所需要的那一等级工人的每小时工资标准(即小时工资率)计算确定
奖金	指支付给职工的超额劳动报酬和增收节支的劳动报酬等。包括生产奖、节约奖、劳动竞赛奖、机关事业单位的奖励工资、企业支付的其他奖金等
津贴和补贴	指为了补偿职工特殊或额外的劳动消耗和因其他特殊原因支付给职工的津贴，以及为了保证职工工资水平不受物价影响支付给职工的物价补贴
加班、加点工资	指对法定节假日和休假日工作的职工，以及在正常工作日以外延长工作时间的职工按规定支付的工资(实行不定时工作制的劳动者除外)
特殊情况下支付的工资	指根据国家法律、法规和政策规定，对劳动者因病假、婚假、丧假、产假、工伤及定期休假等原因支付的工资及附加工资、保留工资等

在进行工资费用核算时，应划清工资总额组成与非工资总额组成的界限。例如，为生产工人购买的劳动保护用品的支出，属于劳动保护费，应作为制造费用计入产品成本；职工出差的伙食补助和误餐补助，以及职工市内交通补助，属于差旅费，应作为管理费用开支等，这些款项有时随同工资发放，但都不属于工资总额的组成内容，不应计入工资费用。

2. 工资费用的核算

1) 工资费用的原始记录

进行工资费用核算，必须有一定的原始记录作为依据，不同的工资制度所依据的原始记录不同。计算计时工资费用，应以考勤记录中的工作时间记录为依据；计算计件工资费用，应以产量记录中的产品数量和质量记录为依据。因此，考勤记录和产量记录是工资费用核算的主要原始记录。

(1) 考勤记录。考勤记录是登记出勤和缺勤时间等情况的原始记录。考勤记录不仅可以为计算计时工资费用提供依据，对于提高出勤率和劳动生产率、加强企业管理，也具有重要的作用。

在考勤记录中，应登记企业内部每一单位、每一职工的出勤和缺勤的时间，并对这些时间进行归类汇总。考勤记录一般可采用考勤簿或考勤卡片形式，由专人负责。月末考勤人员应将经过各车间、各部门负责人检查、签章后的考勤记录送交会计部门审核，即可以此作为计算每一职工的工资。

(2) 产量记录。产量记录是登记工人或生产小组在出勤时间内完成产品的数量、质量和生产产品所用的工时数量的原始记录。产量记录不仅可以为计算计件工资费用提供依据，还可以为在各种产品之间分配与工时有关的费用提供合理的依据。

由于生产特点和劳动组织形式不同，产量记录的内容和格式也有所不同，但一般应包括产品名称、编号、生产车间名称、操作工人的姓名、所用机器设备的编号、收到加工的材料的名称和数量、完成产品数量、废品数量、实用工时和定额工时等。会计部门应对产量记录进行审核，经过审核过的产量记录即可作为计算计件工资的依据。

2) 工资费用的计算

(1) 计时工资的计算。计时工资是根据考勤记录登记的每一位职工出勤或缺勤的天数，按照规定的计算工资的标准来计算应付工资总额。一般来说，按计算的时间不同可分为月薪制、日薪制和小时工资制等。企业一般实行月薪制，但临时的职工可按日薪或小时来计算。实行月薪制的企业，不管每月是多少天，都是按固定的月薪来计算。

应付职工工资的标准就是月基础工资，在此基础上扣除缺勤应扣的工资，就是本月的应付工资。其计算公式为

月应付工资＝(月基础工资－旷工、事假、病假等应扣工资)＋计入工资总额的奖金、补贴、津贴＋加班工资＋其他工资　　(2-7)

在实际工作中，计算计时工资时，对于旷工、事假、病假等应扣工资，并没有统一规定，在不违反《中华人民共和国劳动法》的规定下，由企业自行决定扣除比例。

在计算时有两种方法，一种是按每月固定 30 天来计算，可先将月基础工资除以 30 天，换算成每日的工资标准，即日工资率，再乘以旷工、事假、病假的天数及扣除比例。日工资率的计算公式为

日工资率＝月基础工资/30(天)　　(2-8)

另一种是按每年的实际工作天数除以 12 个月，得出平均每月的工作天数。其计算方法为一年 365 天减去 104 个双休日和 11 个国家法定的节假日，即

平均月工作天数＝(365－104－11)/12＝20.83(天)

日工资率＝月基础工资/20.83　　(2-9)

【例 2-2】 某企业职工的月工资标准为 1 800 元。8 月某职工请病假 2 天，事假 4 天。根据企业规定病假工资按工资标准的 80%计算，该职工 8 月应发的标准工资如下。

第一种方法：

日工资率＝1 800/30＝60(元)

应扣缺勤病假工资＝2×60×20%＝24(元)

应扣缺勤事假工资＝4×60＝240(元)

应付工资＝1 800－(24＋240)＝1 536(元)

第二种方法：

日工资率＝1 800/20.83＝86.41

应扣缺勤病假工资＝2×86.41×20%＝34.56(元)

应扣缺勤事假工资＝4×86.41＝345.64(元)

应付工资＝1 800－(34.56＋345.64)＝1 419.8(元)

企业实际采用什么方法计算工资由企业在不违反相关法律规定的条件下自行决定。

(2) 计件工资的计算。计件工资是根据职工完成的合格产品的产量和规定的计件单价计算的工资。实际工作中有个人计件工资和集体计件工资两种。

个人计件工资是以每个人完成的产量和规定的计件单价来计算工资，凡能个人独立完成操作，并能计算个人的产品数量和质量的，一般实行个人计件工资形式。其计算公式为

$$应付计件工资=合格产品产量\times产品单件工资 \tag{2-10}$$

产品的计件单价一般是根据企业单位产品所需要的工时定额和该级工人每小时的工资率计算的。

【例 2-3】 某甲产品的工时定额为 30 分钟，五级工人的小时工资率为 1 元，该产品的计件工资单价计算如下。

甲产品的计件单价＝1×30/60＝0.5(元)

若该五级工人共加工甲产品 5 000 件，该工人的应付工资如下。

应付工资＝5 000×0.5＝2 500(元)

集体计件工资大致与个人计件工资相同，不同之处在于集体计件工资是由整个集体共同完成，作为整体先计算出工资，然后在集体内部各工人之间按照合理的方法进行分配。

3. 工资费用的归集与分配

为了如实地反映出企业工资总额的构成，便于进行工资费用分配的核算，会计部门应根据计算出的职工工资，按照车间部门分别编制工资结算单和工资汇总表，工资结算单中填列应付每一位职工的各种工资、代发款项、代扣款项和应发金额，作为发放职工工资的依据，工资结算单中应付工资的总额也是进行工资费用分配的依据。

企业进行工资分配时，应按照工资的用途分别记入有关的成本和费用账户。按照现行会计制度的规定，生产车间职工工资应计入产品生产成本，其中，生产工人的工资借记“生产成本”账户，车间管理管理人员工资借记“制造费用”账户；企业行政管理人员、销售人员的工资分别借记“管理费用”、“营业费用”等账户；6 个月以上病假人员工资作为劳动保险费，借记“管理费用”账户，应付职工的工资总额贷记“应付职工薪酬——工资”账户。

直接进行产品生产的生产工人的计件工资，以及只生产一种产品的生产工人的计时工资，属于直接计入费用，应根据工资结算凭证直接计入某种产品成本的“直接人工”成本项目；若同时生产多种产品的生产工人计时工资，则属于间接计入费用，应按照产品的生产工时比例等分配标准，分配后再计入各种产品成本明细账的“直接人工”成本项目。以生产工时或其他分配标准分配工资费用的计算公式为

$$工资费用分配率=某车间生产工人计时工资总额/该车间各种产品生产工时总数 \tag{2-11}$$

$$某产品应分配计时工资=该产品生产工时\times工资费用分配率 \tag{2-12}$$

【例 2-4】 某公司生产甲乙两种产品，采用计时工资，共计 50 000 元，甲、乙两种产品的生产工时分别为 2 000 小时和 8 000 小时。按生产工时比例分配工资费用如下。

工资费用分配率＝50 000/(2 000＋8 000)＝5

甲产品应分配的工资费用＝2 000×5＝10 000(元)

乙产品应分配的工资费用＝8 000×5＝40 000(元)

工资费用的分配过程是通过编制工资费用分配表来进行的，据以编制会计分录，登记总账和相关明细分类账。工资费用分配表应根据工资结算单等有关原始资料编制，工资费用分配表的格式及举例见表 2-6。

表 2-6 工资费用分配表

日期： 年 月 日

应借科目		成本或费用项目	直接计入/元	分配计入		工资费用合计/元
				生产工时/小时	分配金额/元(分配率 5)	
基本生产成本	甲产品	工资及福利费	32 000	2 000	10 000	42 000
	乙产品	工资及福利费	15 000	8 000	40 000	55 000
	合计		47 000	10 000	50 000	97 000
辅助生产成本	机修车间	工资及福利费	8 000			8 000
制造费用		工资及福利费	12 000			12 000
管理费用		工资及福利费	30 000			30 000
营业费用		工资及福利费	15 000			15 000
合计			112 000	10 000	50 000	162 000

根据上列工资费用分配表，编制如下会计分录。

借：基本生产成本　　97 000
　　辅助生产成本　　8 000
　　制造费用　　12 000
　　管理费用　　30 000
　　营业费用　　15 000
　　贷：应付职工薪酬——工资　　162 000

2.2.2 核算职工福利费

职工福利是指企业除支付职工工资以外，还应按照国家的规定对职工进行一定的福利补助，如洗理费、医疗费、独生子女保健费、困难职工生活补助费等。根据我国的有关规定，企业应按照职工工资总额的一定比例提取应付福利费。

一般来说，计提的应付福利费的分配与工资的分配是一样的，按用途和发生部门进行归集和分配，借记“基本生产成本”、“辅助生产成本”、“制造费用”、“管理费用”、“销售费用”、“在建工程”等账户，贷记“应付职工薪酬——职工福利”账户。但是按照医务及福利部门人员工资比例计提的福利费，应记入“管理费用”账户。

职工福利的分配过程是通过编制职工福利费分配表来进行的，据以编制会计分录、登记总账和明细分类账。

职工福利费用分配表的格式及举例见表 2-7(本例按工资总额的 14%计提)。

表 2-7 职工福利费用分配表

日期： 年 月 日　　单位：元

应借科目		成本或费用项目	工资总额	职工福利费(14%)
基本生产成本	甲产品	工资及福利费	42 000	5 880
	乙产品	工资及福利费	55 000	7 700
	合计		97 000	13 580

续表

应借科目		成本或费用项目	工资总额	职工福利费(14%)
辅助生产成本	机修车间	工资及福利费	8 000	1 120
制造费用		工资及福利费	12 000	1 680
管理费用		工资及福利费	30 000	4 200
营业费用		工资及福利费	15 000	2 100
合计			162 000	22 680

根据上列工资费用分配表，编制如下会计分录。

借：基本生产成本　13 580
　　辅助生产成本　1 120
　　制造费用　1 680
　　管理费用　4 200
　　营业费用　2 100
　　贷：应付职工薪酬——职工福利　22 680

在实际工作中，为了减少编制的工作量，也可以将工资费用分配表和职工福利费分配表合并编制。

职工福利费主要用于职工洗理费、医疗费、独生子女保健费、困难职工生活补助费，以及幼儿园、理发室、职工医务部门等生活福利部门职工的工资等，由于已经计提了职工福利费，因此，在实际使用时，应在计提的应付福利费中开支，实际支付时会计分录如下。

借：应付职工薪酬——职工福利
　　贷：库存现金(或银行存款)

随堂训练 2-3

某企业12月31日结算工资如下：生产甲产品工人工资50 000元，生产乙产品工人工资38 000元，甲乙两产品共同耗费工人工资20 000元，车间人员工资10 000元，行政管理部门人员工资45 000元，基建工程人员工资30 000元。

要求：

1. 按甲乙两种产品的产量来分配工人工资，甲产品产量为 3 000 件，乙产品产量为 2 000 件。
2. 编制分配工资的会计分录。
3. 按工资的14%计提职工福利费，并编制会计分录。

任务 2.3　归集与分配周转材料

周转材料是指企业能够多次使用逐渐转移其价值，但仍保持原有形态，不确认为固定资产的材料，包括包装物和低值易耗品等。

2.3.1 归集与分配低值易耗品费用

低值易耗品是指不作为固定资产核算的各种劳动手段，包括工具、管理用具、玻璃器皿，以及在生产经营过程中周转使用的包装容器等各种用具物品。

低值易耗品的日常核算与原材料一样，设置低值易耗品总账或周转材料总账，比照原材料的明细核算，设立明细账，按照低值易耗品的类别、品种、规格进行数量和金额的明细核算。低值易耗品的价值转移方式与原材料不同，作为劳动资料，其价值是逐渐转移到产品成本或转化为期间费用的。低值易耗品价值的转移，会计上称之为摊销，产品生产用的低值易耗品摊销额记入“制造费用”账户，厂部管理用低值易耗品的摊销额记入“管理费用”账户。

低值易耗品摊销的核算，会计上对其采用了相对简化的处理方法，通常有一次摊销法、五五摊销法。

1. 一次摊销法

采用这种方法，在领用低值易耗品时，将其价值一次计入当月成本、费用等，即借记“制造费用”、“管理费用”等账户，贷记“低值易耗品”账户。报废时，报废的残料价值作为当月摊销额的减少，冲减有关的成本、费用账户，即借记“原材料”等账户，贷记“制造费用”、“管理费用”等账户。

【例 2-5】 某工业企业对领用工具采用一次摊销法。本月车间领用一批工具，其实际成本为 3 400 元，以前月份领用的另一批工具在本月报废，其实际成本为 5 000 元，报废时，残料验收入库，计价 100 元。编制会计分录如下。

领用工具时：

借：制造费用　　3 400

　　贷：低值易耗品　　3 400

报废回收残料时：

借：原材料　　100

　　贷：制造费用　　100

低值易耗品也可按计划成本核算，领用时的会计分录按其计划成本编制，月末，还应调整领用的低值易耗品的成本差异，即借记“制造费用”、“管理费用”等账户，贷记“材料成本差异——低值易耗品成本差异”账户(若为节约差异则为红字)。

【例 2-6】 承上例，若采用计划成本核算，假设本月低值易耗品的成本差异率为节约 3%。编制相应会计分录如下。

领用工具时：

借：制造费用　　3 400

　　贷：低值易耗品　　3 400

报废回收残料时：

借：原材料　　100

　　贷：制造费用　　100

月末调整当月所领用工具的成本节约差异＝3 400×(－3%)＝－102(表示实际成本小于计划成本)时：

借：制造费用　　[102]

　　贷：材料成本差异——低值易耗品成本差异　　[102]

一次摊销法的核算简便，但由于低值易耗品的使用期一般不止一个月，因而采用这种方法会使各月成本、费用负担不太合理。它一般适用于单位价值较低、使用期限短或容易破损的低值易耗品。

2. *五五摊销法*

采用这种方法，低值易耗品在领用时摊销其价值的一半，在报废时摊销剩余的一半价值。为了核算在用低值易耗品的价值和低值易耗品的摊余价值，应在低值易耗品总账下，设“在库低值易耗品”、“在用低值易耗品”和“低值易耗品摊销”3 个二级账。在领用时，应按其价值借记“低值易耗品——在用低值易耗品”账户，贷记“低值易耗品——在库低值易耗品账户；同时，按其价值的一半进行摊销，借记“制造费用”、“管理费用”等账户，贷记“低值易耗品——低值易耗品摊销”账户；在报废时，应按收回残料的价值借记“原材料”等账户，按报废的低值易耗品价值的剩余一半减去残料价值后的差额，借记“制造费用”、“管理费用”等账户，按报废的低值易耗品价值的剩余一半，贷记“低值易耗品——低值易耗品摊销”账户；最后注销报废低值易耗品的价值及其累计摊销额，借记“低值易耗品——低值易耗品摊销”账户，贷记“低值易耗品——在用低值易耗品”账户。

【例 2-7】 某工业企业行政管理部门领用一批管理工具，采用五五摊销法核算，其实际成本为 2 000 元，报废一批管理用具，其实际成本为 1 500 元，报废时，残料回收计价 60 元。编制相应会计分录如下。

领用管理用具时：

借：低值易耗品——在用低值易耗品　　2 000

　　贷：低值易耗品——在库低值易耗品　　2 000

摊销所领用低值易耗品价值的剩余一半时：

借：管理费用　　1 000

　　贷：低值易耗品——低值易耗品摊销　　1 000

摊销报废管理用具时：

借：原材料　　60

　　管理费用　　690

　　贷：低值易耗品——低值易耗品摊销　　750

注销报废低值易耗品的价值及其累计摊销额时：

借：低值易耗品——低值易耗品摊销　　1 500

　　贷：低值易耗品——在用低值易耗品　　1 500

低值易耗品如果按计划成本核算，在领用月份的月末，同时应调整低值易耗品的成本差异。

五五摊销法的优点：首先，低值易耗品在报废以前账面上一直保留一半价值，因而便于对低值易耗品进行价值监督；其次，低值易耗品的价值分两次摊销，对于成本、费用的负担比一次转销法合理。五五摊销法的缺点：其核算工作量比一次转销法大。因此，该方法适用每月领用、报废比较均衡，且需要按车间、部门进行数量和金额明细核算的低值易耗品的核算。

2.3.2　归集与分配包装物

包装物是指企业为了包装本企业产品、商品并准备随同产品一同出售，或在销售过程中借给或租给购货单位使用的各种包装容器，如箱、桶、坛、袋等。具体来说，包装物包括以下内容。

(1) 生产过程中用于包装产品作为产品组成部分的包装物。

(2) 随同产品出售而单独计价的包装物。

(3) 随同产品出售而不单独计价的包装物。

(4) 出租或出借给购买单位使用的包装物。

包装物按核算原理来说，属于材料的一个重要组成部分，但其用途和性质与材料并不相同。为了对包装物进行单独核算，应设置包装物或周转材料总账，并按包装物的种类进行明细核算。包装物与原材料一样，既可以按计划成本核算，也可以按实际成本核算。

包装物在领用后，其价值应摊销计入相关成本、费用中。包装物价值的摊销按其数量多少和金额的大小，可采用不同的摊销方法核算，主要有一次摊销法和五五摊销法两种，这两种方法的具体核算步骤在低值易耗品的核算中已做介绍，这里不再重述。

随堂训练 2-4

某企业采用计划成本法进行包装物的核算，包装物采用一次摊销法摊销。某月发生有关包装物的业务如下：①生产领用一批包装物，其计划成本为 2 000 元；②企业销售产品时，领用不单独计价的包装物，其计划成本为 1 000 元；③企业销售产品时，领用单独计价的包装物，其计划成本为 500 元，收到包装物的现金 600 元；④出租一批包装物，收到租金 500 元，其计划成本为 2 000 元；⑤月末按－6%的差异率计算结转本月包装物的差异。

要求：

根据以上经济业务编制相关会计分录。

任务 2.4　归集与分配其他要素费用

2.4.1　归集与分配折旧费用

企业的固定资产在长期使用过程中，虽然保持着原有的实物形态，但其价值会随着固定资产的损耗而逐渐减少。固定资产由于损耗而减少的价值就是固定资产的折旧。固定资产折旧应该作为折旧费用计入产品成本或期间费用。要进行固定资产折旧费用的核算，首先要计算折旧费用，然后再分配折旧费用。

1. 折旧费用的计算

1) 计算固定资产折旧的考虑因素

(1) 应计提折旧总额。固定资产在全部使用年限内的应计折旧额，并不是固定资产的全部原值，因为固定资产在报废清理时会有残值收入，如残余材料、拆下的零件器材等，在报废清理时也可能会发生一些清理的费用，所以应计提折旧总额是指固定资产原值减去预计净残值(预计的残值收入减去清理费用)后的净额。在实际工作中，往往是根据各类固定资产的历史资料或技术测定资料来确定预计净残值率，即预计净残值与原值的比率，然后根据预计净残值率确定预计净残值。其计算公式分别为

$$预计净残值率=预计净残值/原值 \tag{2-13}$$

$$预计净残值=原值\times预计净残值率 \tag{2-14}$$

$$固定资产应计折旧额=固定资产原值-预计净残值 \tag{2-15}$$

(2) 预计使用年限。是指固定资产的经济使用年限。一般来说，预计使用年限的上下限由国家统一规定，各企业在其范围内确定本企业各类固定资产的预计使用年限。

(3) 预计工作总量。是指固定资产从开始使用至报废清理的全部使用年限内预计完成的工作总量，一般由各企业根据各项固定资产具体情况自行确定。

2) 固定资产折旧的方法

目前我国常用的固定资产折旧方法主要有以下4种方法。

(1) 直线法。是指按照固定资产预计使用年限平均计提折旧的方法，采用这种方法计算的每期折旧额均是相等的。其计算公式为

$$\begin{aligned}年折旧额&=应计提折旧额/预计使用年限\\&=(固定资产原值-预计净残值)/预计使用年限\end{aligned} \tag{2-16}$$

$$月折旧额=年折旧额/12 \tag{2-17}$$

在实际工作中，采用此方法时，折旧额是根据固定资产原值乘以折旧率来计算的。固定资产折旧率是指一定时期内固定资产折旧额与固定资产原值的比率，即

$$\begin{aligned}年折旧率&=年折旧额/原值\times100\%\\&=原值\times(1-预计净残值率)/预计使用年限\times原值\times100\%\\&=(1-预计净残值率)/预计使用年限\times100\%\end{aligned} \tag{2-18}$$

$$月折旧率=年折旧率/12 \tag{2-19}$$

折旧率计算确定以后，不应任意变动。每月计算折旧额时，只需以固定资产原值乘以月折旧率即可，即

$$月折旧额=原值\times月折旧率 \tag{2-20}$$

【例2-8】 某企业固定资产原值为2 000 000元，预计净残值率为3%，该资产预计使用年限为20年。其折旧率和月折旧额计算如下。

年折旧率$=(1-3\%)/20\times100\%=4.9\%$

月折旧率$=4.9\%/12=0.4\%$

月折旧额$=0.4\%\times2\,000\,000=8\,000$(元)

为了简化折旧的计算工作，当月开始使用的固定资产，当月不计算折旧，从下月起计算折旧；月份内减少或停用的固定资产，当月仍计算折旧，从下月起停止计算折旧。也就是说，每月折旧额按月初固定资产的原值和规定的折旧率计算即可。

(2) 工作量法。是指根据实际工作量平均计提固定资产折旧额的一种方法。这种方法是按固定资产完成的工作量来计算折旧，先确定固定资产单位工作量折旧额，然后用固定资产每月的工作量乘以单位工作量，即

$$\begin{aligned}单位工作量折旧额&=应计折旧额/预计总工作量\\&=原值\times(1-预计净残值率)/预计总工作量\end{aligned} \tag{2-21}$$

$$固定资产月折旧额=该项固定资产当月工作量\times单位工作量折旧额 \tag{2-22}$$

【例2-9】 某工业企业运输汽车一辆，原值200 000元，预计净残值率为4%，预计行驶里程为80 000千米，某月行驶5 000千米。其单位工作量折旧额和该月的折旧额计算如下。

单位工作量折旧额$=200\,000\times(1-4\%)/800\,000=0.24$

该月折旧额$=0.24\times5\,000=1\,200$(元)

该方法适用于单位价值较高，各月的工作量不很均衡的固定资产，如大型精密设备和运输设备等。

(3) 双倍余额递减法。是指不考虑固定资产残值的情况下，根据每期期初固定资产账面净值和双倍的直线法折旧率来计算折旧额的一种方法。其计算公式为

年折旧率＝2/预计使用年限×100%　(2-23)

月折旧率＝年折旧率/12　(2-24)

月折旧额＝每月初固定资产年初账面净值×月折旧率　(2-25)

采用该方法时，由于每期期初固定资产账面净值没有扣除预计净残值，因此，在计算固定资产折旧额时，一般应在其折旧年限到最后两年内，将固定资产账面净值扣除净残值后的余额平均摊销。

【例 2-10】 A 公司的一项固定资产的原值为 50 000 元，预计使用年限为 5 年，估计的净残值为 200 元。该公司的固定资产的折旧额计算见表 2-8。

年折旧率＝2/5＝40%

表 2-8　A 公司的固定资产折旧额

年次	固定资产原值/元	年折旧率	年折旧额/元	累计折旧/元	折余价值/元
1	50 000	40%	20 000	20 000	30 000
2	50 000	40%	12 000	32 000	18 000
3	50 000	40%	7 200	39 200	10 800
4	50 000		5 300	44 500	5 500
5	50 000		5 300	49 800	200
合计			49 800		

(4) 年数总和法。是指将固定资产原值减去预计净残值后的余额乘以一个逐年递减的分数计算每年的折旧额，这个分数的分子代表固定资产尚可使用的寿命，分母代表预计使用寿命逐年数字总和。其计算公式为

年折旧率＝(预计使用年限－已使用年限)/预计使用年限的年数总和　(2-26)

月折旧率＝年折旧率/12　(2-27)

月折旧额＝(固定资产原值－预计净残值)×月折旧率　(2-28)

采用双倍余额递减法和年数总和法计提固定资产折旧，统称为加速折旧法，主要特点是在固定资产使用初期计提折旧较多而在后期计提折旧较少，从而相对加速折旧。

【例 2-11】 以例 2-10 的 A 公司为例，采用年数总和法计算该公司的固定资产的折旧额，见表 2-9。

表 2-9　采用年数总和法计算的 A 公司的固定资产折旧额

年次	固定资产原值/元	净残值/元	应计折旧总额/元	年折旧率	年折旧额/元
1	50 000	200	49 800	5/15	16 600
2	50 000	200	49 800	4/15	13 280
3	50 000	200	49 800	3/15	9 960
4	50 000	200	49 800	2/15	6 640
5	50 000	200	49 800	1/15	3 320
合计			49 800		

2. 折旧费用的分配

企业根据确定的折旧计算方法和范围计提折旧。一般来说，固定资产折旧是按月计提，当月增加的固定资产，当月不计提折旧，从下月开始计提折旧；当月减少的固定资产，当月仍计提折旧，从下月起不计提折旧。此外，已经提足折旧超龄使用的固定资产不再计提折旧；未使用和不需用的固定资产，以及以经营租赁方式租入的固定资产不计提折旧。

折旧费用按照固定资产使用的车间、部门进行汇总，与生产车间、部门的其他费用一起分配计入产品成本和期间费用，即借记“制造费用”、“管理费用”等账户，贷记“累计折旧”账户。折旧费用的分配是通过编制折旧费用分配表来进行的。固定资产折旧费用分配表的格式及举例见表2-10。

表2-10 固定资产折旧费用分配表

2010年××月 单位：元

应借科目	部门	上月折旧额	上月增加的固定资产折旧额	上月减少的固定资产折旧额	本月折旧额
制造费用	基本生产车间	20 000	3 000	5 000	18 000
辅助生产成本	辅助生产车间	3 000	1 000	100	3 900
管理费用	行政管理部门	7 000			7 000
合计		30 000	4 000	5 100	28 900

编制相应会计分录如下。

借：制造费用 18 000
　　辅助生产成本 3 900
　　管理费用 7 000
　　贷：累计折旧 28 900

随堂训练2-5

某企业固定资产原值为80 000元，其中，基本生产车间使用60 000元，企业行政管理部门使用20 000元，净残值率为10%，平均使用年限为5年。

要求：

1. 采用直线法计算当期应计提的折旧。
2. 采用双倍余额递减法计算当期应计提的折旧。
3. 采用年数总和法计算当期应计提的折旧。
4. 按直线法的金额编制分配折旧额的会计分录。

2.4.2 核算利息费用

要素费用中的利息费用不属于产品成本的组成部分，而是期间费用中财务费用的一个费用项目。

在实际工作中，短期借款的利息一般是按月预提，按季结算支付，也可在发生的当月直接计入当期财务费用，借记“财务费用”账户，贷记“银行存款”账户。长期借款利息费用一般是按年计提应付利息，到期一次还本付息，计提时借记“财务费用”账户，贷记“应付利息”账户，还本付息时借记“应付利息”账户，贷记“银行存款”账户。长期借款的利息核算还应按相关准则规定，符合资本化条件的利息费用计入资本性支出，符合费用化条件的利息费用直接计入当期损益。

【例 2-12】 某公司以银行存款支付当月利息 2 000 元。编制相应会计分录如下。

借：财务费用	2 000	
贷：银行存款		2 000

2.4.3 核算费用性税金

要素费用中的税金不属于产品成本的组成部分，而是期间费用中管理费用的组成部分，如房产税、印花税、车船使用税、土地使用税等。一般在管理费用中单独设置税金费用项目。在实际工作中，有的税金，如房产税、车船使用税、土地使用税等，需预先计提应交税金，然后再去交纳。因此，计提时借记“管理费用”账户，贷记“应交税金”账户，实际交纳时借记“应交税金”账户，贷记“银行存款”账户。有的税金，如印花税等，可在发生时直接交纳税金。因此，发生时借记“管理费用”账户，贷记“银行存款”账户。

【例 2-13】 某企业计提本月应交房产税 5 000 元。编制相应会计分录如下。

借：管理费用	5 000	
贷：应交税费——应交房产税		5 000

【例 2-14】 该企业开出转账支票交纳房产税。编制相应会计分录如下。

借：应交税费——应交房产税	5 000	
贷：银行存款		5 000

2.4.4 核算其他费用

要素费用中的其他费用指除上述各项费用之外的其他费用支出，如修理费、差旅费、保险费、水电费、办公费、运输费、排污费、职工技术培训费、图书报刊杂志费等。这些费用发生时，按实际发生的部门和用途进行归类，分别借记“制造费用”、“辅助生产成本”、“管理费用”、“销售费用”等账户，贷记“银行存款”、“库存现金”等账户。

【例 2-15】 某公司以银行存款支付本月发生的固定资产修理费，其中，基本生产车间 5 000 元，辅助生产车间 2 000 元，行政管理部门 1 500 元。编制相应会计分录如下。

借：制造费用	5 000	
辅助生产成本	2 000	
管理费用	1 500	
贷：银行存款		8 500

项目要点归纳

本项目主要介绍了构成产品成本的各要素费用。主要阐述了各要素费用的理论知识，以及在实际工作中归集与分配的操作方法。重点阐述了材料费用、工资费用、动力费用、周转材料及其他费用等的构成内容及计算分配方法、会计处理等。本项目是进行工业企业产品成本核算的基本内容，也是学习本书以后各项目的重要基础，要求重点理解和掌握各要素费用的分配方法。

案例分析

大远设备制造厂的材料费用分配

【背景】

张娟于2008年7月从某大学会计学专业毕业，应聘到大远设备制造厂从事会计工作。该厂第二年9月开始生产甲、乙、丙3种产品，共同耗用A材料。该厂以前采用按产品的产量比例对材料费用进行分配。

财务部张经理向张娟详细介绍了本企业生产产品使用的材料和产品的情况。经过调查，张娟发现，甲、乙、丙3种产品消耗A材料的成本与产品的重量有重要关系，产品越重，消耗的材料就越多。而该企业的定额资料也不稳定和完善。本月共使用A材料300 000千克，有关资料见表2-11。

表2-11 产品消耗相关资料

单位：千克

产品名称	按产品产量比例分配	按产品重量比例分配	按材料定额消耗量比例分配
甲产品	300 000	300 000	216 000
乙产品	900 000	500 000	486 000
丙产品	1 500 000	1 900 000	1 998 000
合计	2 700 000	2 700 000	2 700 000

【讨论】

(1) 本企业目前材料费用的分配方法是否合适？

(2) 本月开始生产的新产品应采用什么方法分配材料费用？

【案例解析】

适当的费用分配方法要求费用分配所依据的标准与所分配对象有比较密切的联系，因而分配结果比较合理，而且分配标准的资料比较容易取得，计算比较简便。分配间接计入费用的标准一般有3类：①成果类，如产品的重量、体积、产量、产值等；②消耗类，如生产工时、生产工资、机器工时、原材料消耗量或原材料消耗费用等；③定额类，如定额消耗量、定额费用等。

对于材料费用来说，其分配方法主要有按照产品重量(体积、面积、产量、产值等)比例分配法、定额消耗量(或定额费用)比例分配法、标准产量分配法等。具体选择哪种方法取决于所分配费用与分配标准之间的关系是否密切，材料费用分配方法选择不当将会严重影响材料成本的合理、正确计算。因此，张娟得出如下结论。

(1) 因为甲、乙、丙3种产品消耗A材料的成本与产品的产量没有太大的关系，所以本企业材料费用目前采用的按产量来分配是不合适的。

(2) 因为甲、乙、丙3种产品消耗A材料的成本与产品的重量有重要关系，产品越重，消耗的材料就越多，而与产品的产量没有太大的关系，并且该企业的定额资料也不稳定和完善，所以应按重量比例分配A材料费用。

职业能力训练

一、单项选择题

1．按医务及生活福利部门人员工资的一定比例计提的职工福利费应借记的账户是(　　)。

A．“应付职工薪酬”　　B．“生产费用”

C．“管理费用”　　D．“营业费用”

2．当月应计算折旧费用的固定资产是(　　)。

A．以经营租赁方式租入的房屋　　B．当月内购进的机器设备

C．未使用的设备　　D．当月减少的设备

3．生产车间领用的直接用于产品生产、有助于产品形成的辅助材料，应借记的账户为(　　)。

A．“基本生产成本”　　B．“制造费用”

C．“辅助生产成本”　　D．“原材料”

4．在企业设置“燃料及动力”成本项目的情况下，生产车间发生的直接用于产品生产的燃料费用，应借记的账户是(　　)。

A．“基本生产成本”　　B．“原材料”

C．“燃料”　　D．“制造费用”

5．当月计提的利息费用计入(　　)。

A．营业费用　　B．管理费用

C．生产费用　　D．财务费用

6．在企业生产产品成本中“直接人工”项目不包括(　　)。

A．直接参加生产工人工资　　B．按生产工人工资计提的福利费

C．直接参加生产工人的计件工资　　D．企业行政管理人员工资

7．某企业采用使用直线法计提折旧。某类固定资产的月折旧率为3%，该类固定资产的月初原值为3 000万元，当月增加固定资产的原值为100万元，当月减少固定资产原值为200万元，则当月该类固定资产应计提的折旧费为(　　)万元。

A．29　　B．30

C．32　　D．33

8．月末进行工资费用分配时，基建工程人员的工资应借记的账户是(　　)。

A．“应付职工薪酬”　　B．“在建工程”

C．“管理费用”　　D．“营业费用”

9．生产车间耗用的材料，应借记的账户是(　　)。

A．“基本生产成本”　　B．“辅助生产成本”

C．“制造费用”　　D．“管理费用”

10．产品生产领用低值易耗品，应记入(　　)账户。

A．“制造费用”　　B．“基本生产成本”

C．“管理费用”　　D．“辅助生产成本”

二、多项选择题

1．发生下列各项费用时，可以直接借记“基本生产成本”账户的有(　　)。
A．车间照明用电费　　B．构成产品实体的原材料费用
C．车间管理人员工资　　D．车间生产工人工资
E．车间办公费

2．下列项目中，属于工资总额组成内容的有(　　)。
A．产假工资　　B．节约奖
C．技术性津贴　　D．市内交通补助
E．洗理费

3．下列各项中，属于当月应计提折旧的固定资产有(　　)。
A．闲置的厂房　　B．以经营租赁方式租入的设备
C．超龄使用的设备　　D．月份内报废的设备
E．未使用和不需用的设备

4．工业企业各种要素费用中的其他费用包括(　　)。
A．邮电费　　B．印刷费　　C．保险费
D．筹集资金的费用　　E．差旅费

5．下列固定资产中不计提折旧的有(　　)。
A．未使用的房屋和建筑物　　B．不需用的固定资产
C．提前报废的固定资产　　D．当月停用的设备
E．以融资租赁方式租入的固定资产

6．计入产品的工资，按其用途应分别借记(　　)账户。
A．“基本生产成本”　　B．“制造费用”
C．“管理费用”　　D．“辅助生产成本”
E．“营业费用”

7．低值易耗品的摊销方法有(　　)。
A．一次摊销法　　B．约当产量法　　C．工作量法
D．五五摊销法　　E．定额摊销法

8．企业支付(　　)时，应借记“管理费用”账户，贷记“银行存款”或“现金”账户。
A．房产税　　B．土地使用税　　C．印花税
D．车船使用税　　E．营业税

9．职工薪酬的内容包括(　　)。
A．职工工资、奖金、津贴和补贴　　B．辞退福利
C．住房公积金　　D．职工福利费　　E．非货币性福利

10．固定资产计提的折旧有(　　)。
A．年限法　　B．双倍余额递减法
C．年数总和法　　D．工作量法　　E．定额法

三、判断题

1．工业企业的生产费用按经济内容分类，可分为直接费用、间接费用。　　(　　)

2．计提的固定资产折旧费用全部计入制造费用。（　）

3．医疗保险费、养老保险费、工伤保险费、失业保险费、生育保险费等社会保险费，属于职工薪酬的内容。（　）

4．期间费用按经济用途可分为管理费用、销售费用和财务费用。（　）

5．燃料及动力费用与材料一样，按受益对象分别记入不同的账户。（　）

6．包装物不属于周转材料。（　）

7．低值易耗品的摊销有一次分摊法和五五摊销法。（　）

8．企业计入管理税费用的税金包括增值税、房产税、印花税等。（　）

9．职工福利费一般是按照工资的一定比例计提。（　）

10．材料费用指企业为生产产品而耗用的各主要材料、半成品、辅助材料，不包括耗用的周转材料。（　）

四、实务训练题

某工业企业下设基本生产车间和辅助生产车间，主要是生产 A、B 两种产品。12 月发生以下经济业务。

(1) 领用一批原材料，其中，直接用于生产 A 产品的 5 000 元，生产 B 产品的 7 000 元，A、B 两种产品共同耗用 10 000 元，基本生产车间耗用 2 000 元，辅助生产车间耗用 3 000 元，行政管理部门耗用 1 000 元。

(2) 结算本月工资费用如下：生产 A 产品的工人工资 20 000 元，生产 B 产品的工人工资 15 000 元，A、B 两种产品共同耗费工人工资 18 000 元；基本生产车间工人工资 8 000 元，辅助生产车间工人工资 5 000 元，行政管理部门人员工资 25 000 元。

(3) 按工资总额的 14%计提职工福利费。

(4) 计提固定资产折旧费共 10 000 元，其中，基本生产车间资产折旧 5 000 元，辅助生产车间资产折旧 3 000 元，行政管理部门资产折旧 2 000 元。

(5) 以银行存款支付水电等其他费用共 6 000 元，其中基本生产车间 3 000 元，辅助生产车间 2 000 元，行政管理部门 1 000 元。

(6) 以银行存款支付当月的贷款利息 1 000 元。

(7) 本月车间领用一批低值易耗品，价值 3 000 元(该企业对低值易耗品采用一次摊销法)。

要求：

1．计算 A、B 两种产品应负担的材料费用(共同耗用材料费用按产品的数量进行分配，A 产品 2 000 件，B 产品 3 000 件)。

2．计算 A、B 两种产品应负担的工资费用(共同耗费的工人工资按两种产品的生产工时标准分配，A 产品生产工时 4 000，B 产品生产工时 2 000)。

3．编制以上经济业务的会计分录。

项目3 归集与分配综合费用

知识目标

◆ 掌握辅助生产费用的分配方法
◆ 清楚辅助生产费用分配方法的特点及适用范围，并能合理选择
◆ 掌握制造费用的归集与分配方法，并能合理选择
◆ 明确废品损失与停工损失的含义，并掌握其核算方法

技能目标

◆ 能分清辅助生产费用分配方法的特点及适用范围
◆ 能正确运用辅助生产费用的分配方法
◆ 能合理选择制造费用分配的合适方法

重难点提示

◆ 辅助生产费用的分配方法
◆ 辅助生产费用分配方法的特点及适用范围
◆ 制造费用的归集与分配方法
◆ 废品损失与停工损失的核算方法

案例导入

光明工厂本月共用电 80 000 度，每度电费为 1.00 元，共发生电费 80 000 元。该企业各部门均安装有电表，电表显示各部门的用电情况如下：基本生产车间生产产品用电 65 000 度；照明用电 4 000 度，其中，一车间用电 1 800 度，二车间用电 2 200 度；辅助生产车间用电 6 000 度；企业管理部门用电 5 000 度。该企业生产甲、乙两种产品。这两种产品是否需要分摊本月发生的电费？如果要分摊，应该按照什么方法来分配呢？分摊电费的结果又应该如何进行会计核算呢？通过本项目内容的学习，同学们应该能够轻松地解决这些问题。

任务 3.1　归集与分配辅助生产费用

3.1.1　归集辅助生产费用

辅助生产是指为基本生产行政管理部门服务而进行的产品生产和劳务供应。辅助生产所进行的产品生产主要包括工具、模具、修理用备件、零件制造等；辅助生产所进行的劳务供应主要包括运输、修理、供水、供电、供气、供风等服务。辅助生产部门在进行产品生产和劳务供应时所发生的各种费用就是辅助生产费用。

为了归集所发生的辅助生产费用，应设置辅助生产成本总账，按辅助生产车间及其生产的产品、劳务的种类进行明细核算。辅助生产成本明细账的设置与基本生产成本明细账相似，一般应分车间、按新产品或劳务设备，明细账内再按规定的成本项目设备专栏。对于规模较小，发生的制造费用不多，也不对外销售产品或劳务的车间，为了简化核算工作，辅助生产车间的制造费用可以不单独设置制造费用——辅助生产车间明细账，而直接记入辅助生产成本总账及其明细账。这时辅助生产成本明细账应按成本项目与费用项目相结合的方式设置专栏。日常发生的各种辅助生产费用分配表登记，待分配费用小计就是这些费用之和，是有待分配转出的辅助生产费用。

3.1.2　分配辅助生产费用

辅助生产车间所生产产品和提供劳务的种类不同，其转出分配的程序也不同。辅助生产车间所生产产品应在完工入库时，从“辅助生产成本”账户的贷方转入“周转材料”或“原材料”等账户的借方；提供劳务的辅助生产部门所发生的费用，要在各受益单位之间按照所耗数量或其他比例进行分配。分配时，应从“辅助生产成本”账户的贷方转入“基本生产成本”、“制造费用”、“销售费用”、“管理费用”和“在建工程”等账户的借方。

辅助生产费用的分配应通过辅助生产费用分配表进行。分配辅助生产费用的方法很多，主要有直接分配法、交互分配法、代数分配法、计划成本分配法和顺序分配法。

1. 直接分配法

直接分配法是指不计算辅助生产车间相互提供产品和劳务的费用，直接将辅助生产车间发生的实际费用分配给辅助生产车间以外的各受益对象。其计算公式为

$$\text{某辅助生产车间费用分配率}=\frac{\text{某辅助生产车间待分配费用总额}}{\text{辅助生产车间对外提供劳务数量之和}} \tag{3-1}$$

$$\begin{aligned}\text{某受益对象应负担的劳务费用}=&\text{某受益对象耗用的劳务数量}\times\\&\text{辅助生产费用分配率}\end{aligned} \tag{3-2}$$

【例 3-1】 光明工厂设有供电、运输两个辅助生产车间，根据表 3-1、表 3-2 可知，供电车间直接发生的待分配费用为 93 260 元，运输车间直接发生的待分配费用为 62 280 元，两个车间本月提供劳务量见表 3-3。

表 3-1 供电车间费用

单位：元

月	日	摘要	直接材料	直接人工	燃料及动力	折旧费	修理费	保险费	水电费	报刊费	其他	合计
×	31	原材料费用分配表	34 800									34 800
	31	燃料费用分配表			21 500							21 500
	31	职工薪酬计算表(合计数)		29 016.93								29 016.93
	31	固定资产折旧计算表				3580						3 580
	31	保险及报刊费用分配表						600				600
	31	保险及报刊费用分配表								150		150
	31	固定资产修理费用分配表					2 754.07					2 754.07
	31	其他费用汇兑表							859			859
	31	待分配费用小计	34 800	29 016.93	21 500	3 580	2 754.07	600	859	150		93 260
	31	分配转出	34 800	29 016.93	21 500	3 580	2 754.07	600	859	150		93 260
	31	本月合计	34 800	29 016.93	21 500	3 580	2 754.07	600	859	150		93 260

表 3-2 运输车间费用

单位：元

月	日	摘要	直接材料	直接人工	燃料及动力	折旧费	修理费	保险费	水电费	报刊费	其他	合计
×	31	原材料费用分配表	15 610									15 160
	31	燃料费用分配表			5 000							5 000
	31	外购动力费用分配表			6 000							6 000
	31	职工薪酬计算表(合计数)		25 769.11								25 769.11
	31	固定资产折旧计算表				2 800						2 800
	31	保险及报刊费用分配表						480				480
	31	保险及报刊费用分配表								120		120
	31	固定资产修理费用分配表					3 625.89					3 625.89
	31	其他费用汇兑表							2 875			2 875
	31	待分配费用小计	15 610	25 769.11	11 000	2 800	3 625.89	480	2 875	120		62 280
	31	分配转出	15 610	25 769.11	11 000	2 800	3 625.89	480	2 875	120		62 280
	31	本月合计	15 610	25 769.11	11 000	2 800	3 625.89	480	2 875	120		62 280

表 3-3　供电、运输车间本月提供劳务量表

受益车间		供电数量/度	运输距离/公里
辅助生产车间	供电车间		500
	运输车间	6 500	
基本生产车间	甲产品耗用	30 000	
	乙产品耗用	35 000	
	一车间一般消耗	8 000	3 000
	二车间一般消耗	6 000	2 200
管理部门		16 000	1 800
合　　计		101 500	7 500

根据例 3-1 资料，编制直接分配法的辅助生产费用分配表，见表 3-4。

表 3-4　辅助生产费用分配表(1)

(直接分配法)

项　　目		供电车间			运输车间		
		供应数量/度	分配率	分配金额/元	供应数量/公里	分配率	分配金额/元
对外分配劳务量与费用		95 000	0.981 7	93 260	7 000	8.897 1	62 280
对外部分配	甲产品	30 000		29 451			
	乙产品	35 000		34 359.50			
	一车间	8 000		7 853.60	3 000		26 691.30
	二车间	6 000		5 890.20	2 200		19 573.62
	管理部门	16 000		15 705.70	1 800		16 015.08
合　　计		95 000		93 260	7 000		62 280

注：分配率计算到小数点后 4 位数，尾差计入管理费用。

根据表 3-4，应编制如下会计分录。

借：基本生产成本——甲产品　　29 451.00
　　　　　　　　——乙产品　　34 359.50
　　制造费用——一车间　　34 544.90
　　　　　　——二车间　　25 463.82
　　管理费用　　31 720.78
　　贷：辅助生产成本——供电车间　　93 260.00
　　　　　　　　　　——运输车间　　62 280.00

采用直接分配法，各辅助生产车间的待分配费用只对其以外的单位分配一次，计算工作简便；但由于各辅助生产车间包括的费用不全，如例 3-1 供电车间的费用不包括所发生的运输费，运输车间的费用不包括所耗电费，因而分配结果不够正确。直接分配法一般适宜在辅助生产车间内部相互提供劳务不多，不进行费用的交互分配，对辅助生产成本和企业产品影响不大的情况下采用。

思考

1. 在直接分配法下计算分配率时，分母要扣除辅助生产车间所耗用的劳务量，为什么？

2. 分母做了扣除后，辅助生产车间所耗用的劳务量成本应由谁承担？

2. 交互分配法

采用交互分配法，应先根据各辅助生产车间、部门相互提供劳务的数量和交互分配前的费用分配率(单位成本)，进行一次交互分配；然后交各辅助生产车间、部门交互分配后的实际费用(即交互分配前的费用加上交互分配转入的费用，减去交互分配转出的费用)按对外提供劳务的数量，在辅助生产车间、部门以外的各受益单位之间进行分配。其有关计算公式为

$$辅助生产车间交互分配率=\frac{待分配费用总额}{提供劳务总量} \tag{3-3}$$

$$某辅助生产车间应负担其他辅助生产费用=该辅助生产车间耗用其他辅助生产车间劳务量\times交互分配率 \tag{3-4}$$

$$辅助生产车间对外分配率=\frac{待分配费用+交互分配转入的费用-交互分配转出的费用}{对外提供的劳务总量} \tag{3-5}$$

$$某受益对象应负担的辅助生产费用=该受益对象耗用的劳务数量\times对外费用分配率 \tag{3-6}$$

沿用例3-1资料，编制交互分配法的辅助生产费用分配表，见表3-5。

表3-5　辅助生产费用分配表(1)

(一次交互分配法)

项　目		供电车间			运输车间		
		供应数量/度	分配率	分配金额	供应数量/公里	分配率	分配金额
交互分配前		101 500	0.918 8	93 260	7 500	8.304 0	62 280
交互分配	分配转入	—	—	+4 152.00	—	—	+5 972.20
	分配转出	−6 500	0.918 8	−5 972.20	−500	8.304 0	−4 152.00
交互分配后		95 000	0.962 5	91 439.80	7 000	9.157 2	64 100.20
对外分配	甲产品	30 000		28 875			
	乙产品	35 000		33 687.50			
	一车间	8 000		7 700	3 000		27 471.60
	二车间	6 000		5 775	2 200		20 145.84
	管理部门	16 000		15 402.30	1 800		16 482.76
对外分配合计		95 000		91 439.80	7 000		64 100.20

注：分配率计算到小数点后4位数，尾差计入管理费用。

在表3-5中，待分配费用除以劳务总量，即为费用分配率。表3-5中对外分配的待分配费用的算式为

供电车间＝93 260＋4 152－5 972.20＝91 439.80(元)

运输车间＝62 280＋5 972.20－4 152＝64 100.20(元)

对外分配的劳务数量的算式为

供电车间＝101 500－6 500＝95 000(度)

运输车间＝7 500－500＝7 000(公里)

根据表 3-5，应编制下列会计分录。

交互分配的会计分录如下。

借：辅助生产成本——供电车间	4 152.00	
——运输车间	5 972.20	
贷：辅助生产成本——供电车间		5 972.20
——运输车间		4 152.00

对外分配的会计分录如下。

借：基本生产成本——甲产品	28 875.00	
——乙产品	33 687.50	
制造费用——一车间	35 171.60	
——二车间	25 920.84	
管理费用	31 885.06	
贷：辅助生产成本——供电车间		91 439.80
——运输车间		64 100.20

采用交互分配法，由于辅助生产内部相互提供劳务进行了交互分配，因而提高了分配结果的正确性。但由于各种辅助生产费用都要计算两个费用分配率，进行两次分配，特别是在辅助生产车间较多的情况下，加大了分配的工作量，因此，这种方法适用于辅助生产部门之间相互提供产品和劳务的数量较多的情况。

思考

1. 直接分配法与交互分配法在分配率的计算上有何区别？
2. 为什么说交互分配法比直接分配法分配结果更准确？
3. 请比较两种分配方法的账务处理有什么不同。

3. 代数分配法

代数分配法是根据代数中建立多元一次方程组的方法，计算出各辅助生产车间提供产品或劳务的单位成本，然后再按各车间、部门(包括辅助生产内部和外部单位)耗用量计算应分配的辅助生产费用的一种方法。

仍以例 3-1 资料为例。

假设 X＝每度电的成本，Y＝每公里的运输成本。

应设立的联立方程式为

$$93\,260+500Y=101\,500X \qquad (1)$$

$$62\,280+6\,500X=7\,500Y \qquad (2)$$

将(1)式移项：

$$500Y=101\,500X-93\,260$$

$$Y=\frac{101\,500X-93\,260}{500}$$

将 Y 代入(2)式：

$$62\,280+6\,500X=7\,500\times\frac{101\,500X-93\,260}{500}$$

化简，得 $X=0.963\ 839\ 1$(元)

将 $X=0.963\ 839\ 1$ 代入(2)式：

$$62\ 280+6\ 500\times 0.963\ 839\ 1=7\ 500Y$$

化简，得 $Y=9.139\ 327\ 2$(元)

这样，计算出每度电的成本为 0.963 839 1 元，每公里的运输成本为 9.139 327 2 元。根据计算结果，编制代数分配法的辅助生产费用分配表，见表 3-6。

表 3-6　辅助生产费用分配表(1)

(代数分配法)

项　目		供电车间			运输车间		
		供应数量/度		分配金额/元	供应数量/公里		分配金额/元
待分配劳务量与费用		101 500		93 260	7 500		62 280
求解后分配率		0.963 839 1			9.139 327 2		
项　目		分配数量/度	分配率	分配金额/元	分配数量/公里	分配率	分配金额/元
费用分配	供电车间				500		4 569.66
	运输车间	6 500		6 264.96			
	甲产品	30 000		28 915.17			
	乙产品	35 000		33 734.37			
	一车间	8 000		7 710.71	3 000		27 417.98
	二车间	6 000		5 783.03	2 200		20 106.52
	管理部门	16 000		15 421.43	1 800		16 450.79
合　计		101 500		97 829.67	7 500		68 544.95

根据表 3-6，应编制如下会计分录。

借：辅助生产成本——供电车间	4 569.66	
——运输车间	6 264.96	
基本生产成本——甲产品	28 915.17	
——乙产品	33 734.37	
制造费用——一车间	35 128.69	
——二车间	25 889.55	
管理费用		
贷：辅助生产成本——供电车间		97 829.67
——运输车间		68 544.95

采用代数分配法分配辅助生产费用，分配结果最准确。但在分配时要解联立方程，如果辅助生产车间、部门较多，未知数较多，则计算工作就比较复杂，因而这种方法在计算工作已经实现电算化的企业中采用比较适宜。

思考

1. 辅助生产费用分配方法中，代数分配法是最准确的，你同意吗？请说明理由。

2. 代数分配法会计分录的借、贷方金额合计为 166 374.62 元，与供电、运输两个辅助生产车间待分配费用之和 155 540 元相比，多出 10 834.62 元，你知道这是为什么吗？

4. 计划成本分配法

计划成本分配法是指在分配辅助生产费用时，根据事先确定的产品、劳务的计划单位成本和各车间、部门实际耗用的数量，计算各车间、部门应分配的辅助生产费用的一种方法。

按计划成本分配法分配辅助生产费用的步骤如下。

第一，按预先制定的辅助生产劳务的计划单位成本计算各受益对象(包括辅助生产车间、部门)应分担的辅助生产费用。

第二，计算各辅助生产车间实际发生的费用(辅助生产车间直接发生的费用＋分配转入的费用)。

第三，计算各辅助生产车间的成本差异(实际发生的费用－按计划成本分配的费用)并进行处理。这种成本差异从理论上讲应在各受益部门之间进行分配，为了简化分配工作，可直接列入管理费用科目。如果是超支差异，应增加管理费用；如果是节约差异，则应冲减管理费用。

现仍以例 3-1 资料为例，编制计划成本分配法的辅助生产费用分配表，见表 3-7。

表 3-7　辅助生产费用分配表(1)

(计划成本分配法)

项　目		供电车间		运输车间	
		供应数量/度	分配金额/元	供应数量/公里	分配金额/元
待分配劳务量与费用		101 500	93 260	7 500	62 280
计划单价/元		0.98		9	
按计划价分配费用	供电车间			500	4 500
	运输车间	6 500	6 370		
	甲产品	30 000	29 400		
	乙产品	35 000	34 300		
	一车间	8 000	7 840	3 000	27 000
	二车间	6 000	5 880	2 200	19 800
	管理部门	16 000	15 680	1 800	16 200
按计划成本分配合计		101 500	99 470	7 500	67 500
实际辅助生产费用			97 760		68 650
辅助生产成本差异			－1 710		＋1 150

在表 3-7 中，辅助生产实际成本的算式为

供电车间实际成本＝93 260＋4 500＝97 760(元)

运输车间实际成本＝62 280＋6 370＝68 650(元)

根据表 3-7，应编制如下会计分录。

借：辅助生产成本——供电车间　　4 500.00
　　　　　　　　——运输车间　　6 370.00
　　基本生产成本——甲产品　　29 400.00
　　　　　　　　——乙产品　　34 300.00
　　制造费用——一车间　　34 840.00
　　　　　　——二车间　　25 680.00

管理费用　　　　31 880.00

　贷：辅助生产成本——供电车间　　　　99 470.00

　　　　　　　　　——运输车间　　　　67 500.00

将辅助生产成本差异计入管理费用：

借：管理费用　　　　560.00

　贷：辅助生产成本——供电车间　　　　1 710.00

　　　　　　　　　——运输车间　　　　1 150.00

采用计划成本分配法，各种辅助生产费用只分配一次，而且劳务的计划单位成本是早已确定的，不必单独计算费用分配率，因而简化了计算工作；通过辅助生产成本差异的计算，还能反映和考核辅助生产成本计划的执行情况；由于辅助生产的成本差异全部计入管理费用，各受益单位所负担的劳务费用都不包括辅助生产差异的因素，因而还便于分析和考核各受益单位的成本，有利于分清企业内部各单位的经济责任。这种分配方法适合，辅助生产劳务的计划单位成本比较准确、基本工作较好的企业采用。

随堂训练 3-1

某企业供电、供水两个辅助生产成本账户的有关数据如下(单位：元)。

辅助生产成本——供电车间		辅助生产成本——供水车间	
实际发生 10 000 转入水费________ 结转差异________	计划转出 12 000(其中转给供水车间 2 000；其余转给甲产品)	实际发生 5 000 转入电费________	计划转出 4 000(其中转给供电车间 1 000；其余转给甲产品) 结转差异________
期末余额 0		期末余额 0	

要求：请根据上述丁字账进行如下操作。

(1) 完成辅助生产各账户有关数据“________”的填列。

(2) 根据辅助生产成本各账户的相关数据编制“计划转出”和“结转差异”的会计分录。

5. 顺序分配法

顺序分配法是根据辅助生产车间受益多少的顺序，将辅助生产车间、部门进行排列。受益少的排在前面，先分配费用；受益多的排在后面，后分配费用。在分配费用时，先将排在前面的辅助生产车间发生的费用分配给排在后面的辅助生产车间和其他受益单位，由于它受益最少，既耗用其他辅助生产车间的劳务费用最少，因而忽略不计。后续辅助生产部门在分配费用时，只依次分配给排列在其后的辅助生产车间和其他受益部门，而不再分配给排列在其前的辅助生产车间。其计算公式为

$$某辅助生产车间分配率=\frac{直接发生费用额+耗用前序辅助生产费用额}{提供劳务总量-前序辅助生产耗用量} \tag{3-7}$$

$$某受益部门应负担费用额=该部门受益劳务量\times辅助生产费用分配率 \tag{3-8}$$

例如，例 3-1 中光明工厂供电和运输两个辅助生产车间，若供电车间耗用运输车间的费用少，则辅助生产费用的分配顺序是应先分配供电车间的费用(包括分配给运输车间)，然后再分配运输车间的费用(不分配给供电车间)。

现仍以例 3-1 资料为例，编制顺序分配法的辅助生产费用分配表，见表 3-8。

表 3-8　辅助生产费用分配表(1)

(顺序分配法)

项目	劳务数量/度	待分配费用/元			分配率	分配额											
						运输车间		甲产品耗用		乙产品耗用		一车间一般消耗		二车间一般消耗		管理部门	
		直接发生费用	分配转入费用	小计		数量/度	金额/元	数量/度	金额/元	数量/度	金额/元	数量/度	金额/元	数量/度	金额/元	数量/度	金额/元
供电车间	101 500	93 260	—	93 260	0.918 8	6 500	5 972.20	30 000	27 564	35 000	32 158	8 000	7 350.40	6 000	5 512.80	16 000	14 702.60
	7 000	62 280	5 972.20	68 252.20	9.750 3	—	—	—	—	—	—	3 000	29 250.90	2 200	21 450.66	1 800	17 550.64
合计	—	155 540	5 972.20	161 512.20	—	—	5 972.20	—	27 564	—	32 158	—	36 601.30	—	26 963.46	—	32 253.24

$$电费分配率=\frac{93\,260}{101\,500}=0.918\,8$$

$$运输费用分配率=\frac{62\,280+5\,972.20}{7\,500-500}=9.750\,3$$

根据表 3-8，编制如下会计分录。

分配供电费用：

借：辅助生产成本——运输车间	5 972.20	
基本生产成本——甲产品	27 564.00	
——乙产品	32 158.00	
制造费用——一车间	7 350.40	
——二车间	5 512.80	
管理费用	14 702.60	
贷：辅助生产成本——供电车间		93 260.00

分配运输费用：

借：制造费用——一车间	29 250.90	
——二车间	21 450.66	
管理费用	17 550.64	
贷：辅助生产成本——运输车间		68 252.20

采用顺序分配法分配辅助生产费用的优点是计算简便，各种辅助生产费用只计算分配一次。但是，由于排列在前的辅助生产车间不负担排列在后的辅助生产车间的费用，分配结果的准确性受到一定的影响，因此，这种方法一般适用于辅助生产车间相互提供产品和劳务有明显顺序，并且排列在前的辅助生产车间耗用排列在后的辅助生产车间的费用较少的情况。

通过例 3-1 各种分配方法的实例分析可以看出，除直接分配法以外，其他各种分配方法的“辅助生产成本”账户的发生额同原来的待分配费用相比，都发生了变化。这是由于辅助生产各部门之间互相提供劳务多少的不同而引起的，它对于各辅助生产部门实行经济责任制、准确地计算成本和费用是非常有益的。但各种方法最后分配到辅助生产部门以外的受益部门的辅助生产费用合计数，仍然是全部辅助生产车间的待分配费用合计数，对例 3-1 来说，即“93 260＋62 280＝155 540”(交互分配法的 91 439.80＋64 100.20＝155 540；代数分配法的 166 374.62－10 834.62＝155 540；计划成本分配法的 166 970－10 870－560＝155 540；顺序分配法的 161 512.20－5 972.20＝155 540)。

随堂训练 3-2

某企业设有供水和供电两个辅助生产车间，本月直接发生的费用为供电车间 24 000 元，供水车间 20 000 元。

要求：根据表 3-9 中的资料，采用交互分配法、代数分配法、直接分配法、计划成本分配法和顺序分配法分配辅助生产费用，将结果填入表 3-10～表 3-14 中，并做出相应的会计分录。

表 3-9　辅助生产劳务供应通知单

受益单位	用电度数/度	用水吨数/吨
供电车间		800
供水车间	5 000	
基本生产车间耗用	22 000	9 200
管理部门耗用	3 000	2 500
合　　计	30 000	12 500

表 3-10　辅助生产费用分配表(2)

(一次交互分配法)

项　目		供电车间			供水车间		
		供应数量/度	分配率	分配金额/元	供应数量/吨	分配率	分配金额/元
交互分配前							
交互分配	分配转入						
	分配转出						
交互分配后							
对外分配							
对外分配合计							

表 3-11　辅助生产费用分配表(2)

(代数分配法)

项　目		供电车间			供水车间		
		供应数量/度		分配金额/元	供应数量/吨		分配金额/元
待分配劳务量与费用							
求解后分配率							
项　目		分配数量/度	分配率	分配金额/元	分配数量/吨	分配率	分配金额/元
费用分配							
合　　计							

表 3-12 辅助生产费用分配表(2)

(直接分配法)

项目	分配费用	分配数量	分配率	分配金额			
				制造费用		管理费用	
				数量	金额	数量	金额
供电车间							
供水车间							
合　计							

表 3-13 辅助生产费用分配表(2)

(计划成本分配法)

项目		供电车间		供水车间	
		供应数量/度	分配金额/元	供应数量/吨	分配金额/元
待分配劳务量与费用					
计划单价/元		0.8		2	
按计划价分配费用					
按计划成本分配合计					
实际辅助生产费用					
辅助生产成本差异					

表 3-14 辅助生产费用分配表(2)

(顺序分配法)

项目	分配数量	待分配费用/元			分配率	分配额					
		直接发生费用	分配转入费用	小计		供水车间		基本生产车间		行政管理部门	
						数量	金额/元	数量	金额/元	数量	金额/元
供电/度											
供水/吨											
合　计											

任务 3.2 归集与分配制造费用

3.2.1 归集制造费用

制造费用是指企业为生产产品(或提供劳务)而发生的、应计入产品成本，但没有专设成本项目的各项生产费用。制造费用的费用项目一般包括工资及福利费、折旧费、修理费、租赁费(不包括融资租赁费)、保险费、机物消耗、周转材料摊销、运输费、取暖费、水电费、劳动保护费、办公费、差旅费、设计制图费、试验检验费、在产品盘亏、毁损和报废(减盘盈)、季节性及修理期间的停工损失等。

制造费用的归集应通过制造费用总账科目的借方进行，该科目应按不同的生产部门设备明细账，按具体的制造费用项目设置专栏。发生制造费用时，借记“制造费用——××费用项目”账户，贷记“银行存款”、“原材料”、“应付职工薪酬”、“累计折旧”、“辅助生产车间”账户。账户的借方进行归集，也直接在“辅助生产成本”账户的借方进行归集。现列示光明工厂基本生产一车间的制造费用明细账，其格式及举例见表3-16。

3.2.2　分配制造费用

如果一个车间只生产一种产品，所发生的制造费用直接计入该种产品的成本；如果一个车间生产多种产品，所发生的制造费用应采用适当的分配方法分配计入各种产品的成本。在企业的组织机构分为车间、分厂和总厂等若干层次的情况下，分厂发生的制造费用也应比照车间发生的制造费用进行分配。

制造费用分配的方法很多，通常采用的有生产工人工时比例分配法、生产工人工资比例分配法、机器工时比例分配法和年度计划分配率分配法等。

1. 生产工人工时比例分配法

生产工人工时比例分配法是按照各种产品所用生产工人实际工时的比例分配制造费用的一种方法。按照生产工人工时比例制造费用，与按生产工人工时分配工资费用一样，也能将劳动生产率与产品负担的费用水平联系起来，使分配结果比较合理。其计算公式为

$$\text{制造费用分配率}=\frac{\text{该车间制造费用总额}}{\text{该车间生产工时总数}} \tag{3-9}$$

$$\text{某产品应负担的制造费用}=\text{该车间生产工时数}\times\text{制造费用分配率} \tag{3-10}$$

【例3-2】 假定光明工厂基本生产一车间生产甲、乙两种产品，按生产工时比例分配制造费用。甲产品生产工时为8 000小时，乙产品生产工时为4 000小时，根据表3-16，基本生产一车间制造费用明细账中所列制造费用总额为93 068.04元，应分配计算如下。

$$\text{制造费用分配率}=\frac{93\,068.04}{8\,000+4\,000}=7.755\,7(\text{元/小时})$$

甲产品应分配制造费用＝8 000×7.755 7＝62 045.60(元)

乙产品应分配制造费用＝4 000×7.755 7＝31 022.44(元)

根据上列计算结果，编制费用分配表，见表3-15。

表3-15　制造费用分配表

光明工厂　　　　基本生产一车间　　　　20××年××月

应借科目		生产工时/小时	分配金额/元 (分配率7.755 7元/小时)
基本生产成本	甲产品	8 000	62 045.60
	乙产品	4 000	31 022.44
合　计		12 000	93 068.04

表 3-16　制造费用明细账

光明工厂　　基本生产一车间　　单位：元

月	日	摘要	工资费用	折旧费	修理费	水电费	保险费	机物料	办公费	取暖费	其他	小计
×	31	原材料费用分配表						6 480				6 480
	31	燃料费用分配表								880		880
	31	外购动力费用分配表				900						900
	31	职工薪酬计算表(合计数)	35 049.35									35 049.35
	31	固定资产折旧计算表		6 020								6 020
	31	其他费用汇总表				240			580			820
	31	保险及报刊费用分配表					850				140	990
	31	固定资产修理费用分配表			6 800							6 800
	31	辅助生产费用分配表			27 417.98	7 710.71						35 128.69
	31	本月转出	35 049.35	6 020	34 217.98	8 850.71	850	6 480	580	880	140	93 068.04
	31	本月合计	35 049.35	6 020	34 217.98	8 850.71	850	6 480	580	880	140	93 068.04

根据表 3-15，编制下列会计分录。

借：基本生产成本——甲产品　　62 045.60

　　　　　　　——乙产品　　31 022.44

　贷：制造费用——一车间　　93 068.04

如果产品的工时定额比较准确，制造费用也可按生产定额工时的比例分配。

2. 生产工人工资比例分配法

生产工人工资比例分配法是按照计入各种产品成本的生产工人实际的比例分配制造费用的一种方法。由于生产工人工资的资料比较容易取得，因而采用这一分配方法核算工作很简便。但是采用这种方法，各种产品的机械化程度应该相差不多，否则会影响费用分配的合理性。其计算公式为

$$\text{制造费用分配率}=\frac{\text{该车间制造费用总额}}{\text{该车间生产工人工资总数}} \tag{3-11}$$

$$\text{某产品应分配的制造费用}=\text{该车间生产工人工资数}\times\text{制造费用分配率} \tag{3-12}$$

如果生产工人工资是按照生产工时比例分配计入各种产品成本的，那么按照生产工人工资比例分配制造费用，实际上也就是按照生产工时比例分配制造费用。

3. 机器工时比例分配法

机器工时分配是按照各种产品生产时所用机器设备运转时间的比例分配制造费用的一种方法。这种方法用于产品生产的机械化程度较高的车间。因为在这种车间的制造费用中，与机器设备使用有关的费用比重较大，而这一部分费用与机器设备运转的时间有着密切的联系，所以采用这种方法，必须具备各种产品所用机器工时的原始记录。其计算公式为

$$\text{制造费用分配率}=\frac{\text{该车间制造费用总额}}{\text{该车间机器工时总数}} \tag{3-13}$$

$$\text{某种产品应分配的制造费用}=\text{该种产品机器工时数}\times\text{制造费用分配率} \tag{3-14}$$

4. 年度计划分配率分配法

年度计划分配率分配法是指按年度开始前预先制定的年度计划分配率分配以后各月制造费用的一种方法。假定以定额工时为分配标准，其计算公式为

$$\text{制造费用分配率}=\frac{\text{年度制造费用计划总额}}{\text{年度各种产品计划产量的定额工时总数}} \tag{3-15}$$

$$\text{某产品某月应分配的制造费用}=\text{该产品该月实际工时}\times\text{年度计划分配率} \tag{3-16}$$

这一分配方法的产量之所以要以定额工时为标准，即分配率计算公式的分母要按定额工时计算，是因为各种产品的产量不能直接相加。

采用这种分配方法，不管各月实际发生的制造费用是多少，每月各种产品中的制造费用都按年度计划分配率分配。但在年度内如果发现全年的制造费用实际数和产量实际数与计划数发生较大差额时，应及时调整计划分配率。

【例 3-3】 某企业只有一个生产车间，全年制造费用计划为 52 800 元，全年各种产品的计划产量为甲产品 1 000 件，乙产品 900 件，单件产品的工时定额为甲产品 3 小时，乙产品 4 小时，5 月的实际产量为甲产品 100 件，乙产品 80 件，该月实际制造费用为 4 000 元。

(1) 计算年度计划分配率：

甲产品年度计划产量的定额工时＝1 000×3＝3 000(小时)

乙产品年度计划产量的定额工时＝900×4＝3 600(小时)

$$年度计划分配率=\frac{52\,800}{3\,000+3\,600}=8(元/小时)$$

(2) 分配转出该月的制造费用：

甲产品该月实际产量的定额工时＝100×3＝300(小时)

乙产品该月实际产量的定额工时＝80×4＝320(小时)

该月甲产品应分配制造费用＝300×8＝2 400(元)

该月乙产品应分配制造费用＝320×8＝2 560(元)

该月应分配转出的制造费用＝2 400＋2 560＝4 960(元)

(3) 根据上述计算分配结果编制如下会计分录：

借：基本生产成本——甲产品	2 400.00	
——乙产品	2 560.00	
贷：制造费用		4 960.00

该车间 5 月的实际制造费用为 4 000 元(即制造费用明细账的借方发生额)，小于按该月实际产量和年度计划分配转出的制造费用 4 960 元(即制造费用明细账的贷方发生额)。因此，采用这种分配方法时，制造费用明细账及总账科目，不仅可能有月末余额，而且既可能有借方余额，也可能有贷方余额。借方余额表示超过计划的预付费用；贷方余额表示按照计划未付的费用。

“制造费用”账户如果有年末余额，就是全年制造费用的实际发生额与计划分配额的差额，一般应在年末调整计入 12 月的产品成本，借记“基本生产成本”账户，贷记“制造费用”账户；如果实际发生额大于计划分配额，用蓝字补加，否则用红字冲减。其计算公式为

$$差异额分配率=\frac{差异额}{按年度计划分配率分配的制造费用} \tag{3-17}$$

某产品应分配的差异额＝该产品按计划分配率分配的制造费用×差异额分配率 (3-18)

年末假定该车间“制造费用”账户贷方余额为 5 496.44 元，按计划分配率甲产品已分配 24 800 元，乙产品分配 30 000 元，调整差异如下。

$$差异额分配率=\frac{-5\,496.44}{24\,800+30\,000}=-0.100\,3$$

甲产品应分配的差异额＝24 800×(－0.100 3)＝－2 487.44(元)

乙产品应分配的差异额＝30 000×(－0.100 3)＝－3 009(元)

计算结果为负数，则应冲减产品成本中的制造费用数额。

借：基本生产成本——甲产品	2 487.44	
——乙产品	3 009.00	
贷：制造费用		5 496.44

这种分配方法的核算工作比较简便，特别适用于季节性生产企业，可以使企业旺季与淡季的制造费用比较均衡地计入产品生产成本。但是，采用这种分配方法制定的计划成本应尽可能接近实际，否则若年度制造费用的计划数脱离实际太大，就会影响成本计算的正确性。

知识链接

标准机器工时分配法

如果车间中存在着各种不同类型的机器设备，而且使用与维修费用相差悬殊，为使费用分配合理，还应将机器设备进行分类，按其类别确定机器工时系数，用工时系数折算出标准机器工时，再按标准机器工时分配制造费用。举例见表 3-17。

表 3-17 按标准机器工时分配法分配的制造费用

机器类别	系数	机器工时/小时	标准机器工时/小时	制造费用/元	按机器工时分配/元 (分配率 40 元/小时)	按标准机器工时分配/元 (分配率 20 元/小时)
甲类	1	100	100		4 000	2 000
乙类	2.8	500	1 400		20 000	28 000
丙类	0.5	200	100		8 000	2 000
合计		800	1 600	32 000	32 000	32 000

标准机器工时分配法在一些大、中型企业中已被广泛采用。

思考

1. 采用按年度计划分配率分配制造费用时，制造费用科目月末为什么往往有余额？其借方余额表示什么？贷方余额表示什么？

2. 按年度计划分配率分配制造费用有什么好处？这种方法特别适用于哪类企业？

随堂训练 3-3

某企业的第二生产车间全年计划制造费用为 36 000 元，各种产品全年定额工时为 40 000 小时。12 月甲产品实际产量的定额工时为 2 600 小时，乙产品实际产量的定额工时为 1 100 小时，年末核算时，该车间全年共发生制造费用 37 800 元。1～11 月按计划分配率分配的制造费用甲产品为 24 480 元，乙产品为 10 710 元。

要求：

(1) 计算制造费用年度计划分配率。

(2) 计算 12 月甲、乙产品应分配的制造费用。

(3) 计算全年按计划分配率分配的制造费用。

(4) 计算制造费用实际发生额和计划分配额之间的差异。

(5) 做分配转出 12 月制造费用和年末调整差异的会计分录。

任务 3.3 归集与分配损失性费用

损失性费用是指企业在生产过程中，因产品报废、生产停工或产品盘亏、毁损而造成的各种人力、物力、财力上的损失。本节仅介绍废品损失和停工损失的核算。

3.3.1 归集与分配废品损失

1. 废品损失概述

1) 废品及损失

废品是指因质量不符合规定的标准或技术条件、不能按原定用途使用，或需加工修复后才能使用的产成品、半成品、零部件等。废品按能否修复的技术上的可能性和经济上的合理性，分为可修复废品和不可修复废品。可修复废品是指在技术上可以修复，并且支付的修理费用在经济上合算的废品；不可修复废品是指在技术上不能修复，或者虽能修复、但支付的修复费用在经济上不合算的废品。

废品损失包括可修复废品的修复费用和不可修复废品的净损失，其中不可修复废品的净损失的计算分式为

$$不可修复废品的净损失=不可修复废品的生产成本-不可修复废品的残值-应收过失人赔款 \quad (3\text{-}19)$$

特别提示

(1) 若产品入库时确系合格品，但由于保管不善、运输不当等原因使产品损坏变质而发生的损失，不包括在“废品损失”中，应列作管理费用。

(2) 质量虽不符合规定标准，但经检验不需要返修而可以降价出售的产品，其降价损失作为销售的产品，其降价损失作为销售损益体现，不列入“废品损失”。

(3) 企业因实行“三包”而发生的三包损失，应列为销售费用，不应列入“废品损失”。

2) “废品损失”账户的设置

为了全面反映企业一定时期内发生废品损失的情况，加强废品损失的控制，可设置“废品损失”账户进行废品损失的归集与分配。

“废品损失”账户借方归集可修复废品的修复费用和不可修复废品的实际生产成本；贷方登记废品残料回收的价值、应收过失人赔偿款，以及计入当期产品成本的净损失。该账户月末一般无余额。

2. 废品损失的归集与分配

1) 不单独核算废品损失

有些简单生产的企业，在产品的生产过程中，不易发生废品，或即便发生废品，损失额也较小，而且管理上不需要单独考核废品损失。这时，为了简化核算程序，可以采用不单独核算废品损失的方法。

在不单独核算废品损失的企业中，可修复废品的修复费用应直接记入生产成本的有关成本项目；不可修复废品只扣除产量，不结转成本；废品的残料价值和过失人赔款可直接冲减相应基本生产成本明细账中的直接材料和直接人工成本项目。

2) 单独核算废品损失

在大中型的复杂生产企业中，产品生产易发生废品，而且管理上也要求单独考核废品损失及其相关成本项目的费用，这时，可以采用单独核算废品损失的方法。

在单独核算废品损失的企业中，可以单独设置废品损失总账，也可以在基本生产成本明

细账的成本项目中，增设“废品损失”成本项目，以便单独体现废品损失的费用额。单独核算废品损失的企业，由于废品的种类不同，核算方法也不相同，下面分别加以介绍。

(1) 不可修复废品损失的归集与分配。为了归集与分配不可修复的废品损失，必须首选计算废品成本。废品成本是指生产过程中截至报废时所耗费的一切费用，扣除废品的残值和应收赔款，算出废品净损失，计入该种产品的成本。由于不可修复废品的成本与合格品的成本是同时发生并归集在一起的，因此，需要采取一定的方法予以确定。一般有两种方法：一是按废品所耗实际成本计算；二是按废品所耗定额成本计算。

① 按废品所耗实际成本计算。

第一种，完工入库时发生废品。当不可修复废品发生在完工入库时，单位合格品与单位废品应负担相同的费用，因而可以按合格品与废品的产量作为分配标准进行分配。其计算公式为

$$某项生产费用分配率=\frac{该项生产费用}{合格品产量+废品产量} \tag{3-20}$$

$$废品应负担生产费用额=废品产量\times分配率 \tag{3-21}$$

第二种，生产过程中发生废品。如果废品发生在生产过程中，原材料系一次性投入，则原材料等直接材料仍可按产量作为分配标准，直接人工和制造费用则应按生产工时作为分配标准。其计算公式为

$$直接材料费用分配率=\frac{直接材料费用总额}{合格品产量+废品产量} \tag{3-22}$$

$$废品应负担材料费用额=废品产量\times直接材料费用分配率 \tag{3-23}$$

$$直接人工(制造费用)分配率=\frac{直接人工(制造费用)总额}{合格品生产工时+废品生产工时} \tag{3-24}$$

$$废品应负担直接人工(制造费用)=废品生产工时\times该成本项目分配率$$

【例 3-4】 某车间本月完工甲产品 400 件，经检验合格品为 390 件，生产过程中发现不可修复废品 10 件。合格品与废品共耗用生产工时 12 000 小时，其中废品耗用 300 小时。本月甲产品全部生产费用：直接材料 31 880 元，直接人工 12 120 元，制造费用 7 200 元，废品残料回收价值 120 元，过失人赔偿 60 元。原材料系一次性投入。根据以上资料编制废品损失计算表，见表 3-18。

表 3-18　废品损失计算表(1)

产品名称：甲产品　　　　20××年××月

项目	数量/件	直接材料/元	生产工时/小时	直接人工/元	制造费用/元	合计
费用总额	400	31 880	12 000	12 120	7 200	51 200
分配率		79.7		1.01	0.6	
废品成本	10	797	300	303	180	1 280
减：残值		120				120
赔款				60		60
废品损失		677		243	180	1 100

根据表 3-18 及有关凭证，编制会计分录如下。

结转不可修复废品成本：

借：废品损失——甲产品　　1 280.00

　贷：基本生产成本——甲产品(直接材料)　　797.00

　　　　　　　　——甲产品(直接人工)　　303.00

　　　　　　　　——甲产品(制造费用)　　180.00

回收废品残料价值：

借：原材料　　120.00

　贷：废品损失——甲产品　　120.00

应收过失人赔款：

借：其他应收款——××　　60.00

　贷：废品损失——甲产品　　60.00

将废品净损失转入合格品成本：

借：基本生产成本——甲产品(废品损失)　　1100.00

　贷：废品损失——甲产品　　1 100.00

根据会计分录登记有关明细账，分别见表 3-19、表 3-20。

表 3-19　基本生产成本明细账(1)

产品名称：甲产品　　　　产量：390 件

摘要	直接材料	直接人工	制造费用	废品损失	合计
生产费用合计/元	31 880	12 120	7 200		51 200
结转废品生产成本/元	797	303	180		1 280
转入不可修复废品净损失/元				1 100	1 100
产品总成本/元	31 083	11 817	7 020	1 100	51 020
产品单位成本/(元/件)	79.70	30.30	18	2.82	130.82

表 3-20　废品损失明细账(1)

产品名称：甲产品　　　　产量：10 件　　　　单位：元

摘要	直接材料	直接人工	制造费用	合计
不可修复废品成本	797	303	180	1 280
残料交库	120			120
过失人赔款		60		60
合计	677	243	180	1 100
结转废品净损失	677	243	180	1 100

注：假设基本生产车间本期没有可修复废品。

不可修复废品损失按实际成本计算，其结果较为准确，但工作量很大，并且只能在月末生产费用算出后才能进行，不利于及时控制废品损失。

② 按废品所耗定额成本计算。在消耗定额和费用定额比较健全的企业，也可以按废品所耗定额费用计算不可修复废品的生产成本。即按废品的实际数量和各项消耗定额、费用定额

计算不可修复废品的生产成本，实际成本与定额成本的差异额全部由合格品负担。

【例3-5】 某车间本月生产丙产品，验收入库时发现不可修复废品6件，每件丙产品的费用定额为，直接材料200元，直接人工40元，制造费用30元，回收废品残值200元，按定额成本计算废品成本和废品损失。根据上述资料编制废品损失计算表，见表3-21。

表3-21　废品损失计算表(2)

产品名称：丙产品　　20××年××月　产量：10件　　单位：元

项　目	直接材料	直接人工	制造费用	合计
费用定额	200	40	30	270
废品定额成本	1 200	240	180	1 620
减：回收残值	200			200
废品损失	1 000	240	180	1 420

采用费用定额计算废品成本方法简便，计算及时，有利于控制废品损失，故应用较为广泛。

(2) 可修复废品损失的归集与分配。可修复废品损失是指废品在修复过程中发生的所有修复费用，包括修复过程中耗用的材料、发生的人工费用和制造费用。

修复费用的归集根据直接材料、直接人工和制造费用分配表的分配结果，记入“废品损失”账户的借方。修复费用中要由责任人赔偿的部分，应冲抵废品损失，从贷方转入“其他应收款”账户的借方。账户的借方余额为可修复废品的净损失，与本月不可修复废品的净损失合计后，转入“基本生产成本”账户的废品损失项目。

【例3-6】 某企业本月生产乙产品800件，生产过程中发现了10件可修复废品。在修复过程中，耗用原材料400元，人工费用300元，制造费用280元。应由责任人赔偿70元。根据上述资料编制会计分录如下。

① 发生修复费用：

借：废品损失——乙产品	980.00	
贷：原材料		400.00
应付职工薪酬		300.00
制造费用		280.00

② 应收过失人赔款：

借：其他应收款——××	70.00	
贷：废品损失——乙产品		70.00

③ 结转废品净损失：

借：基本生产成本——乙产品(废品损失)	910.00	
贷：废品损失——乙产品		910.00

3.3.2　归集与分配停工损失

1. 停工损失的含义

停工损失是指企业的生产车间或生产班组在停工期间发生的各项费用。它包括停工期间支付的职工工资及其福利费、所耗用的燃料和动力费，以及应负担的制造费用。企业发生停工的原因有很多，如停电、待料、机械故障、非常灾害、计划减产等。其中，停工待料、电力中断、机械故障等造成的停工，应计入产品成本；由非常灾害造成的停工，应计入营业外支出；对于季节性停产、修理期间停产的损失，应计入制造费用；不满一个工作日的停工，可以不计算停工损失。

2. 停工损失的归集与分配

为了核算停工损失，应设置停工损失总账，或者在基本生产成本总账下设置停工损失明细账，进行停工损失的核算。并且应当在基本生产成本明细账中增设“停工损失”成本项目。

“停工损失”账户借方登记生产单位发生的各项停工损失；贷方登记应索赔的停工损失和分配结转的停工损失。分配结转停工损失以后，该账户应无余额。

【例 3-7】 某厂第一车间由于设备大修停工 6 天，停工期间应支付工人工资 6 840 元，应负担制造费用 1 000 元。第三车间由于外部供电线路原因停工 2 天，停工期间应支付工人工资 4 560 元，应负担制造费用 600 元。根据以上资料，编制会计分录如下。

借：停工损失——第一车间	7 840.00	
——第三车间	5 160.00	
贷：应付职工薪酬		11 400.00
制造费用——第一车间		1 000.00
——第三车间		600.00

【例 3-8】 例 3-7 中，第一车间设备大修为正常停工，停工损失 7 840 元应计入成本中；第三车间停工为非正常停工，应计入营业外支出。假设经交涉，电业局同意赔偿由于停工给企业造成的损失 3 000 元。根据资料编制会计分录如下。

借：制造费用——第一车间	7 840.00	
其他应收款——电业局	3 000.00	
营业外支出——停工损失	2 160.00	
贷：停工损失——第一车间		7 480.00
——第三车间		5 160.00

思考

1. 废品损失的核算一定要设置“废品损失”账户吗？
2. 由于产生了废品，“基本生产成本”账户反映的产品总成本数可能会减少吗？
3. 停工损失是指企业在停工期间发生的各项费用吗？

随堂训练 3-4

某企业生产甲产品，20××年 10 月投产甲产品 7 500 件，发生直接材料费用 90 000 元，直接人工 42 525 元，制造费用 22 680 元。完工合格品 7 480 件，其中可修复废品 100 件。发生了如下修复费用：直接材料 260 元，直接人工 280 元，制造费用 200 元；不可修复废品 20 件是在生产过程中发现的，回收残料价值 100 元，过失人赔款 120 元。本月无期初、期末在产品，原材料在生产开始时一次性投入，生产工时记录为完工产品 9 000 小时，废品 450 小时。

要求：

单独核算废品损失，设置“废品损失”账户及成本项目，编制不可修复废品损失计算表，登记废品损失明细账、基本生产成本明细账，并编制有关废品损失的会计分录。按实际成本计算废品损失，见表 3-22 ~ 表 3-24。

表 3-22　废品损失计算表(3)

产品：甲产品　　　　　　　　　　20××年 10 月

项目	数量/件	直接材料/元	生产工时/小时	直接人工/元	制造费用/元	合计
费用总额						
分配率						
废品成本						
减：残值						
赔款						
废品损失						

表 3-23　基本生产成本明细账(2)

产品名称：甲产品　　　　　　　　产量：7 480 件

月	日	摘要	直接材料	直接人工	制造费用	废品损失	合计
10	31	生产费用合计/元					
		结转废品生产成本/元					
		转入废品净损失/元					
		产品总成本/元					
		产品单位成本(件/元)					

表 3-24　废品损失明细账(2)

产品名称：甲产品　　　　　　　　产量：20 件　　　　　　　　单位：元

月	日	摘要	直接材料	直接人工	制造费用	废品损失	合计
10	31	分摊修复费用					
		转入废品生产成本					
		废品残值回收					
		过失人赔款					
		合计					
		转出废品净损失					

项目要点归纳

本项目的主要内容是产品成本各构成要素的核算，各种要素费用的核算主要包括费用的计量和确认、费用的分配方法和计入产品成本时的账务处理 3 个方面。这是成本核算最基本的内容。重点掌握辅助生产费用的分配，特别是直接分配法、一次交互分配法、代数分配法与计划成本分配法，应着重理解各种方法的分配特点和具体分配计算。

案例分析

前进机床厂的生产费用分配

【背景】

前进机床厂主要生产车床和铣床两种产品。产品生产过程分为以下几个阶段：下料铸造阶段、机械初加工和精加工阶段、装配阶段与检验阶段。设有铸造、机械加工、装配3个基本车间，设有两个辅助生产车间，即机修车间和配电车间，负责对全厂机器设备的维修及产品生产电力配送。

该厂产品生产自动化程度较高，各步骤机器工时均有记录；原材料消耗有产品消耗定额作为考核依据，生产时间有定额生产工时作为考核依据；生产工人工资除基本工资之外与加工工件数量挂钩作为效益工资，废品在每个步骤均有记录，其他管理人员工资是每月基本工资加工人平均效益奖；基本生产车间与辅助生产车间经济效益独立考核。

【讨论】

(1) 该企业直接材料费用分配应采用什么方法？为什么？

(2) 该企业人工费用分配应采用什么方法？为什么？

(3) 该企业辅助生产费用分配应采用什么方法？为什么？

(4) 该企业制造费用分配应采用什么方法？为什么？

【案例解析】

根据前进机床厂产品的生产特点、原始资料及管理要求，对该厂相关成本核算工作中各生产费用要素分配分析如下。

(1) 该企业原材料费用分配适用材料定额耗用量比例分配法。材料费用要素分配包括材料定额耗用量比例分配法、材料定额费用分配法、材料实际耗用量分配法。材料定额耗用量比例分配法，适用于材料消耗比较单一、单位产品消耗定量比较准确的产品。前进机床厂生产的产品只有两种，而且单位产品消耗定额资料齐全又比较准确，所以采用材料定额耗用量比例分配法分配原材料费用。

(2) 该企业人工费用分配适用计时工资加计件工资进行工资核算，对于生产工人计时工资的分配宜采用定额生产工时分配法。因为生产工人计时工资的分配通常有按定额生产工时分配和按实际生产工时分配两种选择，本企业有生产工人定额生产工时资料，并且是工人生产时间的考核依据，所以生产工人计时工资的分配宜采用定额生产工时分配法。对于计件工资，因能分清是哪一位工人生产，即能分清成本计算对象，所以不需要分配。

(3) 该企业辅助生产费用分配适用交互分配法进行分配。辅助生产费用分配通常有直接分配法、交互分配法、代数分配法、顺序分配法、计划成本分配法。交互分配法的特点是计算结果较直接分配法分配的结果更符合实际，也比较准确，但增加了分配的工作量，本企业为一般制造业，要求基本生产车间与辅助生产车间经济效益独立考核，必须分清各生产成果，而辅助生产费用交互分配法的特点就是辅助车间之间先分配，分清各自的费用，然后再对外分配，符合各车间经济效益独立考核的要求。

(4) 该企业制造费用分配适用生产机器工时比例法分配。制造费用分配通常有生产工人工时比例分配法、生产工人工资比例分配法、机器工时比例分配法、年度计划分配率法。机器工时比例分配法，当机器设备是主要的生产因素，且机器工时与人工工时没有必然联系时，这种方法较为适用，特别是在机械化生产程度较高的生产部门，这种分配结果较为精确，前提是具备各种产品所用的机器工时的原始记录。本企业不属于季节性生产企业，而且产品生产自动化程度较高，各步骤机器工时均有记录，所以制造费用分配采用生产机器工时比例分配法分配。

职业能力训练

一、单项选择题

1. 下列单据中，不应作为记录材料消耗数量原始依据的有(　　)。

A. 领料单　　B. 限额领料单

C. 退料单　　D. 盘点对账单

2. 为了正确计算材料消耗，对于车间已领未用材料，应当填制(　　)，办理“假退料”手续。

A. 领料单　　B. 退料单

C. 限额领料单　　D. 领料登记表

3. 多种产品共同耗用多种原材料时，材料费用的分配，适合采用(　　)。

A. 定额耗用量比例分配法　　B. 定额费用比例分配法

C. 产品产量比例分配法　　D. 产品结构比例分配法

4. 计算计件工资费用，应以(　　)中产品的数量和质量为依据。

A. 考勤记录　　B. 工时记录

C. 质量记录　　D. 产量记录

5. 根据“工资费用分配表”分配工资费用时，会计分录中不可能出现的借方科目是(　　)。

A. 生产成本　　B. 制造费用

C. 财务费用　　D. 管理费用

6. 分配辅助生产费用的交互分配法中，一次交互分配是在(　　)。

A. 各受益部门之间进行分配

B. 辅助生产部门以外的各受益部门之间分配

C. 受益的各辅助生产部门之间分配

D. 受益的各基本生产部门之间分配

7. 按顺序分配法分配辅助生产费用时，对辅助生产车间排列的分配顺序取决于(　　)。

A. 生产规模大小　　B. 受益大小

C. 机器工时比例法　　D. 劳务数量大小

8. 适用于季节性生产企业的制造费用的分配方法是(　　)。

A. 年度计划分配率法　　B. 生产工时比例法

C. 机器工时比例法　　D. 生产工资比例法

9. 废品残料价值和应收赔偿款，应从“废品损失”账户(　　)转出。

A. 贷方　　B. 借方

C. 余额　　D. 不确定

10. 可修复废品修复前发生的费用( )。

A. 借记“废品损失”账户　　B. 贷记“基本生产成本”账户

C. 借记“原材料”账户　　D. 保留在“基本生产成本”账户

二、多项选择题

1. 对于几种产品共同耗用的原材料，常用的分配方法有( )。

A. 定额耗用量比例法　　B. 定额工时法

C. 生产工人工资比例法　　D. 定额费用比例法

E. 机器运转台时比例法

2. 决定月薪职工计时工资的因素有( )。

A. 月标准工资　　B. 废品数量

C. 生产工时　　D. 日工资率

E. 出勤天数

3. 辅助生产费用按计划成本分配法的特点是( )。

A. 分配结果最准确　　B. 能反映和考核成本计划执行情况

C. 能反映各受益单位的成本　　D. 便于分清各部门之间的责任

E. 辅助生产费用只分配一次

4. “停工损失”账户贷方的对应科目可能有( )。

A. 制造费用　　B. 其他应收款

C. 营业外支出　　D. 原材料

E. 基本生产成本

5. 在进行辅助生产费用分配时，可以将分配出去的辅助生产费用从“辅助生产成本”账户贷方转入( )账户的借方。

A. “基本生产成本”　　B. “管理费用”

C. “制造费用”　　D. “销售费用”

E. “财务费用”

6. 光明造纸厂发生下列费用时，可以直接借记“基本生产成本”账户的是( )。

A. 车间照明用电费　　B. 构成产品实体的原材料费用

C. 车间管理人员工资　　D. 车间生产人员工资

E. 车间办公费

7. 计入产品成本的各种材料费用，按其用途分配，发生时可能记入( )账户的借方。

A. “基本生产成本”　　B. “管理费用”

C. “制造费用”　　D. “销售费用”

E. “辅助生产成本”

8. 企业编制生产费用分配表一般要经过的过程有( )。

A. 确定各个生产费用受益对象的分配标准

B. 确定被分配费用的金额

C. 计算费用分配率

D. 计算每一受益对象应负担的费用金额

E. 根据分配结果，编制生产费用分配表

9.“废品损失”账户借方登记(　　)。

A．不可修复废品的生产成本　　B．可修复废品的修复费用

C．废品材料回收的价值　　D．有关赔偿的数额

E．分配转出的废品损失

10．企业基本生产明细账采用多栏式，一般包括的项目有(　　)。

A．产品数量　　B．产品单价

C．直接材料　　D．直接人工

E．制造费用

三、判断题

1．凡是生产车间领用的原材料费用，最终都发生转到生产成本的“直接材料”成本项目。(　　)

2．不单独核算废品损失的企业，可修复废品的损失应计入有关的成本项目。(　　)

3．基本生产车间发生的其他费用，与产品生产没有直接关系，不应计入产品成本。(　　)

4．由于废料的原因而导致的废品，应付给职工计件工资。(　　)

5．凡经过检验、技术上能够修复的废品，就称为可修复废品。(　　)

6．适合季节性生产的企业的“制造费用”账户，期末没有余额。(　　)

7．制造费用期末进行分配时，应记入“基本生产成本”账户。(　　)

8．当燃料费用在产品成本中所占比重较大时，企业成本核算时，可以与动力费用合并设立“燃料及动力”成本项目。(　　)

9．按照国家规定，光明机械厂在成本核算明细账设置时，一律设置到二级明细账。(　　)

10．企业生产费用分配表是企业内部使用的，可以由企业自行确定表格的格式。(　　)

四、实务训练题

1．某企业有蒸汽和机修两个辅助生产车间，其待分配费用分别为32 000元和44 800元，辅助生产车间制造费用不通过“制造费用”账户核算。其劳务提供情况见表3-25。

表3-25　某企业的劳务提供情况

单位：元

车间	提供劳务总量	受益单位及数量						
		蒸汽车间	机修车间	A产品	B产品	一车间	二车间	管理部门
蒸汽车间	100 000	—	20 000	17 000	33 600	9 400	15 000	5 000
机修车间	20 000	4 000	—	—	—	7 500	7 000	1 500

要求：用直接分配法和交互分配法对辅助生产费用进行分配，并编制相应的会计分录。

2．某基本生产车间生产甲、乙两种产品，其中，甲产品耗用工时6 000小时，乙产品耗用工时4 000小时。本月该车间累计发生制造费用为11 000元。

要求：计算分配制造费用(列出过程)。

项目 4 归集与分配生产费用

知识目标

- 了解在产品和完工产品的含义
- 理解生产费用的各分配方法的特点及适用范围，并能合理选择
- 掌握生产费用的各种分配方法
- 培养解决生产费用分配实际问题的能力

技能目标

- 能正确确定和计算在产品的数量
- 能区分各种分配方法的特点和适用范围
- 能正确运用各生产费用分配的方法，编制合适的分配表
- 能正确编制产品成本计算单

重难点提示

- 在产品和完工产品的计算
- 生产费用的各分配方法的特点及适用范围
- 掌握生产费用的各种分配方法

案例导入

某企业某种产品的月末在产品只计算原材料费用，其月初在产品原材料费用(即月初在产品成本)为 5 600 元，本月发生原材料费用为 10 330 元，工资及福利费 2 180 元，制造费用 920 元，本月完工产品 760 件，月末在产品 420 件，原材料在生产开始时一次投入。该企业月末哪些是在产品？哪些是完工产品？如何计算在产品和完工产品的成本？生产费用如何在在产品和完工产品之间进行分配？通过本项目内容的学习，相信同学们应该能够轻松地解决这些问题。

任务 4.1　核算在产品数量

企业在生产过程中发生的生产费用，经过在各种产品之间进行分配和归集以后，应计入本月各种产品成本的生产费用，都已集中反映在“基本生产成本”账户及其所属各种产品成

本明细账中。为了计算产品成本，还需要加上期初在产品费用，然后将其在本期完工产品和期末在产品之间进行分配。某种产品如果月末没有在产品，计入该种产品成本的全部费用就是本月完工产品的成本；如果本月没有完工产品，计入该种产品的全部费用就是月末在产品成本；如果月末既有完工产品，又有在产品，那么该种产品本月发生的生产费用加月初在产品的生产费用，需要采用适当的分配方法，在本月完工产品和月末在产品之间进行分配，分别计算出完工产品成本和月末在产品成本。关于生产费用在完工产品和月末在产品之间分配的计算程序和方法有两种，用公式表示为

月初在产品费用＋本月生产费用＝本月完工产品费用＋月末在产品费用 (4-1)

本月完工产品费用＝月初在产品费用＋本月生产费用－月末在产品费用 (4-2)

按式(4-1)，月初在产品费用加上本月生产费用即全部生产费用，需要采用一定的方法在完工产品和月末在产品之间进行分配，计算完工产品和月末在产品成本。

按式(4-2)，先对月末在产品费用进行估算，然后从全部生产费用中扣除月末在产品费用，即为完工产品成本。

无论采取哪种分配方法，都必须正确核算在产品的数量，取得在产品收发和结存的数量资料，这是正确计算完工产品成本所必需的。

在产品是指没有完成全部生产过程，不能作为商品销售的产品。在产品包括：正在车间加工中的产品(包括正在返修的废品)；已经完成一个或几个生产步骤，但还需要继续加工的半成品；等待验收入库的产品等。对外销售的自制半成品和不可修复废品不包括在在产品之内。以上在产品是从广义的或者就整个企业来说的，从狭义的或者只就某一车间或某一生产步骤来说，在产品只包括本车间或本步骤正在加工中的那部分在产品，完工的半成品不包括在内。

在产品结存数量的核算，与其他材料物资结存的数量一样，应同时具备账面核算资料和实际盘点资料。做好在产品收发结存的日常核算工作和在产品的清查工作，既可以从账面随时掌握在产品的动态，又可以查清在产品的实存数量。一般应根据在产品实际盘存数量计算在产品成本。但如果在产品品种多、数量大，每月组织实地盘点确有困难的，可根据在产品业务核算资料的期末结存量来计算在产品成本。生产车间在产品收发结存的业务核算，通常是通过在产品收发结存账(即在产品台账)进行的，在产品收发结存账分车间并按照产品品种和在产品的名称(零部件名称)设置，提供车间各种在产品收发结存动态的业务核算资料，并根据领料凭证、在产品内部转移凭证、产品验收凭证和产品交库凭证及时登记，最后由车间核算人员审核汇总。

【例 4-1】 某企业在产品收发结存账见表 4-1。

表 4-1 在产品收发结存账

车间名称：第一车间　　　　甲产品　　　　单位：件

日期	摘要	收入		转出			结存	
		凭证号	数量	凭证号	合格品	废品	完工	未完工
3月1日	结存						6	4
3月10日	收入		30				6	34
3月15日	发出				20			20
3月30日	合计		30		20			20

任务 4.2　分配生产费用的方法

通过前述对费用的归集与分配，应计入产品成本的直接材料、直接人工及制造费用等都已按成本项目全部集中反映在“基本生产成本”账户及其明细账的借方。如果产品已经全部完工，产品成本明细账中归集的生产费用之和，就是该种完工产品的成本；如果既有完工产品又有在产品，产品成本明细账中归集的生产费用之和还应在完工产品与月末在产品之间，采用适当的分配方法，进行生产费用的分配，以计算完工产品和月末在产品的成本。

生产费用合计数与本月完工产品及月末在产品成本之间的关系，可以用公式表示为

月初在产品成本＋本月发生生产费用＝本月完工产品成本＋月末在产品成本　　(4-3)

根据式(4-3)，则有

本月完工产品成本＝月初在产品成本＋本月发生生产费用－月末在产品成本　　(4-4)

生产费用在完工产品与在产品之间分配时，企业应该考虑在产品数量的多少、各月末在产品数量变化的大小、各项费用在成本中所占比重，以及定额管理基础的好坏等具体条件，选择既合理又科学简便的分配方法进行分配。可供选择的方法通常有以下几种。

4.2.1　不计算在产品成本法

不计算在产品成本法的基本特点是，当月发生的生产费用全部由当月完工产品负担。对于在产品数量少，且各月变动不大的企业，在产品成本的计算与否，对完工产品成本影响不大，为了简化核算，可以不计算在产品成本。这种方法计算出的本月完工产品的总成本等于该产品生产成本明细账中归集的全部生产费用。用公式表示为

本月完工产品成本＝本月发生生产费用　　(4-5)

4.2.2　在产品成本按年初固定数计算法

在产品成本按年初固定数计算法的基本特点是，年内各月的在产品成本都按年初在产品成本计算，固定不变。这样，每月发生的生产费用仍然是该月完工产品的成本，但账面上有期末在产品成本。用公式表示为

本月完工产品成本＝月初在产品成本(年初固定数额)＋本月发生生产费用－月末在产品成本(年初固定数额)＝本月发生生产费用　　(4-6)

年末根据盘点数重新确定年末在产品成本，作为次年在产品计价的依据。

这种方法适用于各月在产品数量较少，或虽然数量较多，但各月数量比较均衡、月初月末在产品成本差额较小、对各月完工产品成本影响不大的企业。

4.2.3　在产品成本按所耗材料费用计算法

在产品成本按所耗材料费用计算法是指采用这种分配方法时，月末在产品成本只计算其所耗用的材料费用，不计算直接人工和制造费用。也就是说，产品的加工费用全部由完工产品成本负担。采用这种方法时，本月完工产品成本等于月初在产品材料成本加上本月发生的全部生产费用，再减去月末在产品材料成本。用计算公式表示为

本月完工产品成本＝月初在产品材料成本＋本月发生生产费用－月末在产品材料成本　　(4-7)

这种方法适用于各月末在产品数量较多，各月在产品数量变化较大，且材料费用在成本中所占比重较大的企业。

【例 4-2】某企业某种产品的月末在产品只计算原材料费用，其月初在产品原材料费用(即月初在产品成本)为 5 600 元，本月发生原材料费用为 10 330 元，工资及福利费 2 180 元，制造费用 920 元，本月完工产品 760 件，月末在产品 420 件，原材料在生产开始时一次投入，因而每件完工产品和不同完工程度的在产品所耗用的原材料数量相等，原材料费用可以按完工产品和月末在产品的数量比例分配。分配计算如下。

$$原材料费用分配率=\frac{5\,600+10\,330}{760+420}=13.5(元/件)$$

完工产品原材料费用＝760×13.5＝10 260(元)

月末在产品原材料费用(即月末在产品成本)＝420×13.5＝5 760(元)

完工产品成本＝10 260＋2 180＋920＝13 360(元)

4.2.4 约当产量法

约当产量法是指将月末实际盘存的在产品数量，按其完工程度或投料程度折算成相当于完工产品的数量，然后将本期的生产费用按照月末完工产品数量和在产品约当产量比例进行分配，从而计算出完工产品成本和月末在产品成本的方法。有关计算公式为

$$在产品约当产量=在产品数量\times在产品完工程度 \tag{4-8}$$

$$某项费用分配率=\frac{月初在产品成本+本月发生生产费用}{本月完工产品数量+月末在产品约当产量} \tag{4-9}$$

$$完工产品该项费用=完工产品产量\times该项费用分配率 \tag{4-10}$$

$$在产品该项费用=在产品约当产量\times该项费用分配率 \tag{4-11}$$

由于在产品在生产加工过程中加工投料情况的不同，因此，必须区别成本项目计算在产品的约当产量。要正确计算在产品的约当产量，首先必须确定投料率和完工率。

1. 投料率的确定

直接材料费用项目约当产量的确定，取决于产品生产过程中的投料程度。在产品投料程度是指在产品已投材料占完工产品应投材料的百分比。在生产过程中，材料投入形式通常有 4 种。由于投料形式不同，因此，在产品投料率也不同，现分述如下。

1) 原材料在生产开始时一次性投入

当直接材料于生产开始时一次性投入，即投料百分比为 100%时，不管在产品完工程度如何，其单位在产品耗用的原材料与单位完工产品耗用的原材料是相等的。因此，用以分配直接材料费用的在产品的约当产量即为在产品的实际数量。

【例 4-3】某产品本月完工 250 件，月末在产品 50 件，原材料在生产开始时一次性投入。应分配费用：月初和本月发生的原材料费用 8 700 元，工资及其他费用 5 220 元，在产品完工程度测定为 80%，完工产品和月末在产品的原材料费用和工资及其他费用的分配计算如下。

分配原材料费用的全部产量＝250＋50＝300(件)

在产品约当产量＝50×80%＝40(件)

$$原材料分配率=\frac{8\,700}{250+50}=29(元/件)$$

工资及其他费用分配率＝$\frac{5\,220}{250+40}$＝18(元/件)

在产品应分配原材料费用＝50×29＝1 450(元)

在产品应分配工资及其他费用＝40×18＝720(元)

完工产品应分配原材料费用＝250×29＝7 250(元)

或完工产品应分配原材料费用＝8 700－1 450＝7 250(元)

完工产品应分配工资及其他费用＝250×18＝4 500(元)

或完工产品应分配工资及其他费用＝5 220－720＝4 500(元)

2) 原材料陆续投入，且投入量与加工进度一致

当直接材料随生产过程陆续投料且投入量与加工进度一致时，在产品投料率的计算与完工率的计算相同。此时，分配直接材料费用的在产品约当产量按完工程度折算。

【例 4-4】 某产品本月完工 400 件，月末在产品 160 件，原材料随着加工进度陆续投入，月末在产品完工程度测定为 50%，月初和本月发生的原材料费用共计 31 200 元，工资及其他费用共计 13 440 元。完工产品和月末在产品的原材料费用和工资及其他费用的分配计算如下。

月末在产品约当产量＝160×50%＝80(件)

原材料费用分配率＝$\frac{31\,200}{400+80}$＝65(元/件)

工资及其原材料费用分配率＝$\frac{13\,440}{400+80}$＝28(元/件)

完工产品原材料费用＝400×65＝26 000(元)

完工产品工资及其其他费用＝400×28＝11 200(元)

月末在产品原材料费用＝80×65＝5 200(元)

月末在产品工资及其他费用＝80×28＝2 240(元)

3) 原材料陆续投入，且投入量与加工进度不一致

当直接材料随生产过程陆续投入，且原材料投料率与加工进度不一致时，原材料的投料率应按每工序的原材料投料定额计算。其计算公式为

$$\text{某工序在产品投料率}=\frac{\text{前面各道工序投料定额之和}+\text{本工序投料定额}\times 50\%}{\text{完工产品投料定额}}\times 100\% \quad (4\text{-}12)$$

【例 4-5】 某产品本月完工 200 件，由两道工序制成，原材料在生产过程中分工序陆续投入。各工序原材料消耗定额：第一工序 70 千克，第二工序 30 千克，共为 100 千克。各工序月末在产品数量：第一工序 80 件，第二工序 60 件。月初和本月发生的原材料费用为 10 200 元，分配材料费用如下。

(1) 计算在产品投料率：

第一工序投料率＝$\frac{70\times 50\%}{100}$×100%＝35%

第二工序投料率＝$\frac{70+30\times 50\%}{100}$×100%＝85%

(2) 计算在产品约当产量：

第一工序在产品约当产量＝80×35%＝28(件)

第二工序在产品约当产量＝60×85%＝51(件)

期末在产品约当产量＝28＋51＝79(件)

(3) 计算分配材料费用：

$$原材料费用分配率=\frac{10\ 200}{200+79}=36.56(元/件)$$

月末在产品分配材料费用＝79×36.56＝2 888.24(元)

完工产品分配材料费用＝10 200－2 888.24＝7 311.76(元)

4) 原材料在各工序一次性投入

如果在生产过程中，原材料不是在生产开始时一次性投入，而是分工序一次性投入，即在每道工序开始时一次性投入本工序所耗原材料。此时，在各工序在产品耗用的原材料同完工产品耗用的原材料是一样的。则月末在产品投料率可按下列公式计算。

$$某工序投料率=\frac{到本工序为止的累计投料定额}{完工产品投料定额}\times 100\% \tag{4-13}$$

仍沿用例 4-5 的资料，某产品由两道工序制成，其原材料分两道工序在每道工序开始时一次性投入。各工序原材料消耗定额为第一工序 70 千克，第二工序 30 千克，共为 100 千克，原材料费用和其他资料同上。

(1) 计算原材料每道工序的投料率：

$$第一工序投料率=\frac{70}{100}\times 100\%=70\%$$

$$第二工序投料率=\frac{70+30}{100}\times 100\%=100\%$$

由于每道工序所耗原材料在工序开始时一次投入，因而同一工序内所有在产品的消耗定额均为该工序的消耗定额，不应按 50%计算。与此相联系，最后一道工序所有在产品的消耗定额均为该种完工产品的消耗定额，其投料率均为 100%。

(2) 计算各工序在产品约当产量：

第一工序在产品约当产量＝80×70%＝56(件)

第二工序在产品约当产量＝60×100%＝60(件)

在产品约当总产量＝56＋60＝116(件)

(3) 分配材料费用：

$$原材料费用分配率=\frac{10\ 200}{200+116}=32.28(元/件)$$

月末在产品分配材料费用＝116×32.28＝3 744.8(元)

完工产品分配材料费用＝10 200－3 744.48＝6 455.52(元)

2. 完工率的确定

对于直接人工和制造费用，也称加工费用，通常按完工率计算约当产量。完工率的确定通常有以下两种形式。

1) 按平均完工程序计算

当企业生产进度比较均衡，各道工序在产品数量和加工量上都相差不大时，后面各工序在产品多加工的程度也可以弥补前面各工序少加工的程度。这样，全部在产品完工率均可按 50%平均计算，如例 4-4。

2) 按各工序的累计工时定额占完工产品工时定额的比率计算

如果各工序在产品数量的加工量上差别较大，后面各工序在产品多加工的程度不足以弥补前面各工序少加工的程度，则要分工序分别计算在产品的完工率。其计算公式为

$$某工序在产品完工率=\frac{前面各道工序工时定额之和+本工序工时定额\times 50\%}{完工产品工时定额}\times 100\% \quad (4\text{-}14)$$

仍以例 4-5 为例，某产品由两道工序制成，每道工序的工时定额分别为 30 小时和 20 小时，产品的工时定额共为 50 小时。月初和本月发生的工资及其他费用为 3 808 元，其他资料和计算方法同上。工资及其他费用分配如下。

(1) 计算在产品完工率：

$$第一工序完工率=\frac{30\times 50\%}{50}=100\%=30\%$$

$$第二工序完工率=\frac{30+20\times 50\%}{50}=100\%=80\%$$

(2) 计算在产品约当产量：

第一工序在产品约当量＝80×30%＝24(件)

第二工序在产品约当量＝60×80%＝48(件)

月末在产品约当产量＝24＋48＝72(件)

(3) 分配工资及其他费用：

$$工资及其他费用分配率=\frac{3\,808}{200+72}=14(元/件)$$

月末在产品分配工资及其他费用＝72×14＝1 008(元)

完工产品分配工资及其他费用＝200×14＝2 800(元)

4.2.5 在产品按定额成本计价法

定额成本计价法是指月末在产品按定额成本计算，该产品的全部生产费用(月初在产品费用加上本月发生的费用)减去按定额成本计算的月末在产品成本后的余额作为完工产品的成本。

这种方法适用于各项消耗定额或费用定额比较准确、稳定，而且各月末在产品数量变化不大的产品。在产品定额成本计算公式为

在产品定额材料成本＝在产品数量×在产品材料消耗定额×材料单价 (4-15)

在产品定额工资成本＝在产品数量×在产品工时消耗定额×小时工资率 (4-16)

在产品定额费用成本＝在产品数量×在产品工时消耗定额×小时费用率 (4-17)

将以上各项相加，即为在产品定额成本。

【例 4-6】 A 产品月末在产品 200 件，每件在产品材料消耗定额为 10 千克，每千克材料单价为 3 元。每件在产品工时定额为 20 小时，每小时工资率为 0.60 元，每小时其他费用定额为 0.80 元。本月生产费用合计(月初在产品费用加本月发生费用)：原材料 37 800 元，工资及福利费 29 400 元，制造费用 9 000 元。

计算分配如下。

月末在产品定额成本：

原材料定额成本＝200×10×3＝6 000(元)

工资定额成本＝200×20×0.6＝2 400(元)

制造费用定额成本＝200×20×0.8＝3 200(元)

月末在产品定额成本＝6 000＋2 400＋3 200＝11 600(元)

完工产品成本：

原材料＝37 800－6 000＝31 800(元)

工资及福利费＝29 400－2 400＝27 000(元)

工资及福利费＝29 400－2 400＝27 000(元)

制造费用＝9 000－3 200＝5 800(元)

完工产品总成本＝31 800＋27 000＋5 800＝64 600(元)

采用这种方法，由于月末在产品成本不负担实际生产费用脱离定额的差异，而全部由完工产品成本负担，因此，在实际生产费用脱离定额差异比较大情况下，就会影响产品成本计算的正确性。

4.2.6 定额比例法

定额比例法是指产品的生产费用在完工产品与月末在产品之间按照两者的定额消耗量或定额费用比例分配。其中，原材料费用按原材料的定额消耗量或定额费用比例分配，这种方法适用于各项消耗定额比较准确、稳定，但各月末在产品数量变化较大的产品。

采用定额比例法时，如果原材料费用按定额原材料费用比例分配，各项加工费均按定额工时比例分配，则分配计算的公式为

$$\text{费用分配率} = \frac{\text{月初在产品费用}+\text{本月生产费用}}{\text{完工产品定额原材料费用或定额工时}+\text{月末在产品定额原材料费用或定额工时}} \quad (4\text{-}18)$$

$$\text{费用分配率} = \frac{\text{月初在产品费用}+\text{本月生产费用}}{\text{月初在产品定额原材料费用或定额工时}+\text{本月定额原材料费用或定额工时}} \quad (4\text{-}19)$$

式(4-18)以定额原材料费用为分母算出的费用分配率，是原材料费用分配率；式(4-19)以定额工时为分母算出的费用分配率，是工资及福利费等各项加工费用的分配率。两个公式的分母不同，但可以通用。因为月初在产品定额费用(或定额工时)与本月定额费用(或定额工时)之和，等于本月完工产品定额费用(或定额工时)与月末在产品定额费用(或定额工时)之和。定额比例法的计算公式为

完工产品原材料费用＝完工产品定额原材料费用×原材料费用分配率　(4-20)

月末在产品原材料费用＝月末在产品定额原材料费用×原材料费用分配率　(4-21)

完工产品某项加工费用＝完工产品定额工时×该项费用分配率　(4-22)

月末在产品某项加工费用＝月末在产品定额工时×该项费用分配率　(4-23)

【例 4-7】 某企业生产 A 产品，月初在产品费用：原材料 40 000 元，工资及福利费 6 000 元，制造费用 13 000 元；本月生产费用：原材料 13 000 元，工资及福利费 9 000 元，制造费用 18 000 元，完工产品定额原材料费用为 150 000 元，定额工时为 9 500 小时；月末在产品的定额原材料费用为 50 000 元，定额工时为 3 000 小时。采用定额比例法的每一个公式计算费用分配率，原材料费用按定额费用比例分配，工资及其他加工费用按定额工时比例分配。编制完工产品与月末在产品费用分配表，见表 4-2。

表 4-2　完工产品与月末在产品费用分配表(1)

××企业　　　　20××年××月　　　　A 产品

成本项目		原材料	工资及福利费	制造费用	合计
月初在产品费用/元		40 000	6 000	13 000	59 000
本月生产费用/元		130 000	9 000	18 000	157 000
生产费用合计/元		170 000	15 000	31 000	216 000
费用分配率		0.85	1.2	2.48	—
完工产品费用/元	定额	150 000	9 500(小时)		—
	实际	127 500	11 400	23 560	162 460
月末在产品费用/元	定额	50 000	3 000(小时)		
	实际	42 500	3 600	7 440	53 540

表 4-3 中各项费用分配的算式如下

$$原材料费用分配率=\frac{170\ 000}{150\ 000+50\ 000}=0.85$$

$$工资及福利费分配率=\frac{15\ 000}{9\ 500+3\ 000}=1.2(元/小时)$$

$$制造费用分配率=\frac{31\ 000}{9\ 500+3\ 000}=2.48(元/小时)$$

完工产品原材料费用＝150 000×0.85＝127 500(元)

月末在产品原材料费用＝50 000×0.85＝42 500(元)

完工产品工资及福利费＝9 500×1.2＝11 400(元)

月末在产品工资及福利费＝3 000×1.2＝3 600(元)

完工产品制造费用＝9 500×2.48＝23 560(元)

月末在产品制造费用＝3 000×2.48＝7 440(元)

完工产品成本＝127 500＋11 400＋23 560＝162 460(元)

月末在产品成本＝12500＋3600＋7440＝53540(元)

以上所述作为费用分配标准的月末在产品定额原材料费用和定额工时，都是根据月末各工序在产品的账面结存数量或实际盘存数量，以及相应的消耗定额或费用定额具体计算的。如果在产品的种类和生产工序繁多，按照这种方法计算，工作量繁重。为了简化成本计算工作，月末在产品的定额数据，也可以采用倒挤的方法计算，其计算公式为

月末在产品定额原材料费用或定额工时＝月初在产品定额原材料费用或定额工时＋
本月投入的定额原材料费用或定额工时－　(4-24)
本月完工产品定额原材料费用或定额工时

在具备了月初在产品的定额原材料费用和定额工时，以及本月投入的定额原材料费用和定额工时数据的情况下，就可以采用式(4-19)，分别计算完工产品和月末在产品费用。

【例 4-8】 某企业生产甲产品，月初在产品原材料定额费用为 12 500 元，工时定额为 50 000 小时，月初在产品的实际费用：原材料 13 100 元，工资及福利费 3 890 元，制造费用 1 129 元。本月原材料的定额费用为 25 200 元，定额工时为 70 000 小时。本月实际费用：原材料

23 469元，工资及福利费48 910元，制造费用6 671元。本月完工产品原材料定额费用为23 000元，定额工时为80 000小时。

根据上述资料采用式(4-19)计算费用分配率，计算分配完工产品成本，编制完工产品和月末在产品费用分配表，见表4-3。

表4-3 完工产品和月末在产品费用分配表(2)

××企业　　　　20××年××月　　　　甲产品

成本项目		原材料	工资及福利费	制造费用	合计
月初在产品费用/元	定额	12 500	50 000(小时)		—
	实际	13 100	3 890	1 129	18 119
本月生产费用/元	定额	25 200	70 000(小时)		—
	实际	23 469	48 910	6 671	79 050
生产费用合计/元	定额	37 700	120 000(小时)		—
	实际	26 569	52 800	7 800	97 169
费用分配率		0.97	0.44	0.065	—
完工产品费用/元	定额	23 000	80 000(小时)	0	—
	实际	22 310	35 200	5 200	62 710
月末在产品费用/元	定额	14 700	40 000(小时)		—
	实际	14 259	17 600	2 600	34 459

表4-3中月末在产品的定额材料费用和定额工时的计算属于倒挤求出：

月末在产品定额原材料费用＝12 500＋25 200－23 000＝14 700(元)

月末在产品定额工时＝50 000＋70 000－80 000＝40 000(小时)

表4-3中各项费用分配计算如下：

$$原材料费用分配率=\frac{36\ 569}{37\ 700}=0.97$$

$$工资及福利费分配率=\frac{52\ 800}{120\ 000}=0.44(元/小时)$$

$$制造费用分配率=\frac{7\ 800}{120\ 000}=0.065(元/小时)$$

完工产品原材料费用＝23 000×0.97＝22 310(元)

月末在产品原材料费用＝14 700×0.97＝14 259(元)

完工产品工资及福利费＝80 000×0.44＝35 200(元)

月末在产品工资及福利费＝40 000×0.44＝17 600(元)

完工产品制造费用＝80 000×0.065＝5 200(元)

月末在产品制造费用＝40 000×0.065＝2 600(元)

完工产品成本＝22 310＋35 200＋5 200＝62 710(元)

月末在产品成本＝14 259＋17 600＋2 600＝34 459(元)

通过上述计算可以看出，采用定额比例法分配完工产品与月末在产品费用，不仅分配结果比较合理，而且还便于将实际费用与定额费用相比较，分析和考核定额的执行情况。在采用式(4-19)分配时，由于公式中分子和分母都是月初在产品本月发生的费用，分子是实际数，便于互相比较，因而这一优点体现得更为明显。

以上介绍了完工产品与在产品费用分配的几种常用方法，企业可根据实际需要自行选择某一种或几种方法。

思考

1. 采用约当产量比例法分配原材料费用时，原材料在生产开始时一次投入、原材料随加工进度陆续投入、原材料在每道工序开始时一次投入，3 种情况下的原材料费用分配率在计算上有什么不同？请说明理由。

2. 在计算在产品完工率时前面各工序工时定额按 100%计算，而本工序工时定额按 50%计算，你知道为什么吗？

3. 你知道定额成本法和定额比例法的应用条件有什么不同吗？请说明理由。

项目要点归纳

本项目主要介绍了生产费用在完工产品和在产品之间的归集分配，包括不计算在产品成本法、约当产量法、定额成本法、定额比例法等。这些方法与项目 3 综合费用的归集分配方法共同构成了工业企业成本核算的基本程序和基本原理，是成本核算的基本内容。着重掌握约当产量法的分配及具体运用。

案例分析

三阳工厂定额比例分配法计算成本

【背景】

三阳工厂生产的 W 产品，有关定额资料如下：单位产品原材料费用定额 500 元，工时定额 20 工时。20××年 9 月完工产品 400 件，月末在产品 100 件，在产品完工率 50%，原材料系生产开始时一次投入。月初在产品成本费用：原材料 60 000 元，人工费用 11 900 元，制造费用 18 000 元。本月生产费用：原材料 215 000 元，人工费用 69 100 元，制造费用 90 000 元。本月完工产品和月末在产品之间，直接材料费用按原材料定额费用比例分配，其他加工费用按定额工时比例分配。

【讨论】

(1) 该企业用定额比例分配法计算完工产品与月末在产品的成本，这种方法的优点是什么？

(2) 直接材料费用分配率如何计算？

(3) 该企业本月完工产品与月末在产品的成本各是多少？

(4) 根据计算结果，编制结转本月完工入库产品成本的会计分录。

【案例解析】

根据三阳工厂月初在产品成本和本月发生生产费用等资料，对该厂所生产的 W 产品的完工产品和月末在产品的有关分析如下。

(1) 定额比例分配法计算完工产品与月末在产品的成本的基本特点：完工产品和月末在产品的成本按照生产费用占完工产品和月末在产品的定额消耗量或定额费用的比例来分配计算，而且在计算时，也是分成本项目进行的。其中，直接材料费用按原材料定额消耗量或原材料定额费用比例分配，其他成本项目按定额工时比例分配。它适用于各项消耗定额或费用定额比较准确、稳定，但各月末在产品数量变化较大的产品。克服了定额计算法中将在产品实际成本与定额成本之间的差额计入完工产品成本，可能造成完工产品成本计算不够准确的问题。

(2) 计算直接材料费用分配率。

完工产品原材料定额费用＝400×500＝200 000(元)

月末在产品原材料定额费用＝100×500＝50 000(元)

直接材料费用分配率＝275 000/(200 000＋50 000)＝1.1

(3) 计算本月完工产品与月末在产品的成本。

产品成本计算单见表4-4。

表4-4 产品成本计算单

20××年9月

产品名称：W产品 完工产品：400件 月末在产品：100件

摘　要	直接材料	直接人工	制造费用	合计
月初在产品生产费用/元	60 000	11 900	18 000	89 900
本月发生生产费用/元	215 000	69 100	90 000	374 100
本月生产费用合计/元	275 000	81 000	108 000	464 000
费用分配率	1.1	9	12	
完工产品成本/元	220 000	72 000	96 000	388 000
月末在产品成/元	55 000	9 000	12 000	76 000

(4) 编制结转本月完工入库产品成本的会计分录。

借：库存商品——W产品　　388 000

　　贷：生产成本——W产品　　388 000

职业能力训练

一、单项选择题

1．下列各方法中，不属于计算产品成本方法的是(　　)。

A．分批法　B．分步法　C．品种法　D．约当产量法

2．各月月末在产品数量很小的产品，生产费用在完工产品与在产品之间分配宜采用(　　)。

A．不计算在产品成本法

B．固定计算在产品成本法

C．按所耗材料计算在产品成本法

D．按定额成本计算在产品法

3．固定计算在产品成本法适用的产品是(　　)。

A．月末在产品数量很少

B．月末在产品数量较多，各月变化较大

C．月末在产品数量很大

D．月末在产品数量较多，各月变化不大

4．原材料在生产开工时一次投入，月末在产品的投料率应按(　　)计算。

A．100%　　B．定额耗用量比例

C．50%　　D．定额工时的比例

5．光明工厂在产品采用定额成本计价法计算时，其实际成本与定额成本之间的差异应计入(　　)。

A．在产品成本　　B．营业外支出

C．完工产品成本　　D．期间费用

6．某企业月末有在产品 50 件，完工率为 80%，则相当于完工产品(　　)件。

A．50　　B．25　　C．40　　D．0

7．光明工厂定额管理基础较好，各项消耗定额或费用定额比较准确、稳定，但各月末在产品数量变化较大，在产品成本的计算可采用(　　)。

A．定额成本法　　B．定额比例法

C．原材料费用法　　D．约当产量法

8．某工厂采用约当产量比例法，当各工序在产品数量和单位产品在各工序的加工量都相差不多的情况下，全部在产品完工率可按(　　)平均计算。

A．80%　　B．25%　　C．50%　　D．75%

9．某企业产品成本中原材料费用占有比较大比重，为了简化核算工作，在产品成本可按(　　)计算。

A．原材料费用　　B．定额成本

C．约当产量　　D．计划成本

10．某企业产品分两道工序制成，甲产品工时定额为 50 小时，其中，第一工序 26 小时，第二工序 24 小时，每道工序按成本工序工时定额的 50%计算；在产品数量：第一工序 1 200 件，第二工序 1 500 件，则第一工序的约当产量为(　　)件。

A．750　　B．600　　C．312　　D．1 140

二、多项选择题

1．生产费用在完工产品和在产品之间的分配方法，应考虑(　　)。

A．在产品的数量　　B．在产品的种类

C．各月在产品数量变化趋势　　D．各种费用比重大小

E．定额管理基础的好坏

2．在产品成本按年初固定数计算法，适用于(　　)的情况。

A．各月末在产品数量较少　　B．各月末在产品数量较大

C．各月末在产品数量变化较大　　D．各月末在产品数量变化较小

E．各月末在产品数量较多，但各月数量较为均衡

3．采用约当产量法计算月末在产品成本，在产品的约当产量应按(　　)来计算。

A．投料率　　B．完工率

C．完工入库程序　　D．废品比例程度

E．产品等级程度

4．期末在产品成本的计算，比较常用的方法是(　　)。

A．交互分配法　　B．约当产量法

C．定额成本法　　D．定额比例法

E．定额耗用量法

5．在产品清查盘点后，对盘亏、毁损的在产品进行处理时，可能借记的账户是(　　)。

A．“管理费用”　　B．“其他应收款”

C．“营业外支出”　　D．“基本生产成本”

E．“制造费用”

6．某企业甲产品经两道工序加工完成，两道工序单位完工产品工时定额分别是 60 小时和 40 小时。则两道工序在产品人工费用的完工率分别为(　　)。

A．30%　　B．80%　　C．60%　　D．40%　　E．100%

7．企业完工产品结转，应(　　)。

A．借记“库存商品”账户

B．借记“发出商品”账户

C．借记“基本生产成本”账户

D．贷记“基本生产成本”账户

E．贷记“制造费用”账户

8．分配计算完工产品和月末在产品的费用时，某工厂采用在产品按定额成本计价法所应具备的条件是(　　)。

A．消耗定额比较准确

B．消耗定额比较稳定

C．各月末在产品数量变化不大

D．各月末在产品数量变化较大

E．各月末在产品数量较少

9．某工厂在产品成本按完工产品成本计算法，其适用的条件是(　　)。

A．月末在产品已接近完工

B．产品已经加工完毕尚未验收入库

C．产品已经加工完毕尚未包装入库

D．月末在产品数量很少

E．各月末在产品数量变化不大

10．“库存商品”账户的结构是(　　)。

A．借方登记入库产品的成本

B．借方登记发出产品的成本

C．贷方等记收入商品的成本

D．贷方登记发出商品的成本

E．期末余额为库存商品的成本

三、判断题

1．产品入库以后由于保管不善等原因而损坏贬值的损失，应作为管理费用处理。(　　)

2．月初在产品定额费用加上本月定额费用等于完工产品定额费用加上月末在产品定额费用。(　　)

3．为了便于成本分析和财务对比，将生产费用在完工产品和在产品之间进行分配时，应按成本项目分别计算。(　　)

4．约当产量法适用于月末在产品数量大、各月末在产品数量变化也较大，其原材料费用在成本中所占比重较大的产品。(　　)

5．企业采用在产品不计算成本发时，某产品某月发生的生产费用之和，就是该产品的完工产品成本。(　　)

6．当企业原材料在生产开始时一次投入时，原材料费用在完工产品和月末在产品之间进行分配，应按完工产品数量和月末在产品数量比例分配。(　　)

7．通过对在产品成本的计算，从而计算出完工产品的生产成本，然后将其转入“库存商品”账户。(　　)

8．企业毁损的在产品成本，应记入“管理费用”账户。(　　)

9．在产品数量的日常核算，可以通过设置“在产品台账”来完成。(　　)

10．甲企业各月末在产品数量较大、各月末在产品数量变化也较大、原材料费用在产品成本中占比较大比重，适用于按固定成本计价法计算月末在产品成本。(　　)

四、实务训练题

1. 某企业生产甲产品，原材料在开始生产时一次投入，月末在产品完工程度估计为50%，甲产品本月完工100件，月末在产品20件，月初在产品费用：直接材料1 756元，直接人工576元，制造费用275元。本月发生的生产费用：直接材料37 844元，直接人工10 974元，制造费用16 885元。

要求：按约当产量比例法计算甲产品完工产品的成本和月末在产品的成本。

2．某企业生产甲产品，经过3道工序加工，原材料随生产进度陆续投入，且每道工序都是一次性投入的，各工序的有关资料见表4-5。

根据表4-5的资料，计算各道工序在产品投料、完工率及约当产量，填在表4-6和表4-7中。已知甲产品本月完工200台，月初及本月发生的生产费用合计为117 260元，其中，直接材料90 060元，直接人工19 040元，制造费用8 160元。

要求：采用约当产量比例法计算甲产品本月完工产品的成本和月末在产品成本。

表4-5　在产品数量及定额资料表

工序	1	2	3	合计
直接材料定额/元	280	168	112	560
工时定额/小时	80	160	60	300
在产品数量/台	60	70	30	160

表 4-6 甲产品投料率和约当产量计算表

工序	直接材料定额/元	投料率	在产品数量/台	约当产量/台
1	280			
2	168			
3	112			
合计	560			

表 4-7 甲产品完工率和约当产量计算表

工序	工时定额/小时	完工率	在产品数量/台	约当产量/台
1	80			
2	160			
3	60			
合计	300			

3．某企业生产 A 产品，月初在产品材料成本为 5 400 元，本月共发生直接材料费用 62 200 元，原材料在生产开始时一次投入。本月完工产品数量为 400 件，月末在产品数量为 100 件。本月发生直接人工费 3 800 元，制造费用 2 980 元。

要求：按所耗原材料成本计算月末在产品成本及完工产品成本。

4．某企业生产 B 产品，期末在产品 50 件，使用甲、乙两种材料，在生产开始时一次投入。甲材料单位消耗定额为 15 千克，乙材料为 20 千克。甲材料计划单价为 4.30 元，乙材料为 3.75 元。期末在产品完工率为 50%，产品工时定额为 200 小时，计划小时工资率为 0.76 元，计划小时制造费用率为 0.53 元。月初在产品成本和本月生产费用合计分别为直接材料 25 800 元，直接人工 15 600 元，制造费用 8 540 元。本月完工产品数量为 200 件。

要求：按定额成本法计算在产品成本和完工产品成本。

5．某企业乙产品成本明细账部分数据见表 4-8。

要求：采用定额比例法分配生产费用(原材料费用按定额费用比例分配，其他费用按定额工时比例分配)，计算完工产品和月末在产品成本。

表 4-8 完工产品和月末在产品费用分配表

××企业　　200×年××月　乙产品　　单位：元

月	日	摘要		直接材料	直接人工	制造费用	合计
略	略	月初余额		2 450	3 000	2 000	7 450
		本月生产费用		8 000	13 000	10 000	31 000
		累计					
		分配率					
		完工产品	定额	8 000	3 000(小时)		
			实际				
		月末产品	定额	3 000	1 000(小时)		
			实际				

项目 5 应用品种法

知识目标

- 了解产品生产特点和管理要求对产品成本计算的影响
- 了解产品成本计算方法的种类
- 熟悉品种法的特点及适用范围
- 掌握品种法的核算程序

技能目标

- 能依据企业的特点选择适宜的成本计算方法
- 能应用品种法计算产品成本
- 能按品种法的核算程序进行相应的账务处理

重难点提示

- 产品成本计算的基本方法
- 影响成本计算方法选择的因素
- 品种法的核算程序和账务处理

案例导入

列得皮具制品厂决定明年将大批量投产一款商务包和一款休闲包，两种产品的制作工序大致相同。从仓库领出的皮料，先进入开料车间进行裁剪。开裁好的皮料再集中送入生产车间，经过铲皮、油边晾干、压唛、刷胶水、上五金和缝制等工序后，皮料将变成可以摆上货架的商务包和休闲包。但在管理上，厂里不要求详细核算各车间和工序的成本情况。

俞经理是该厂财务部的负责人，他正在思考，采用怎样的成本计算法会更适合这两种产品的成本核算呢？通过本项目内容的学习，相信同学们能帮助俞经理解决这个问题。

任务 5.1　选择产品成本计算方法

5.1.1　产品成本计算方法的定义和内容

产品成本计算方法是指根据成本核算的要求，按照一定的对象和程序分配和归集构成产品成本的生产费用，并计算出产品总成本和单位成本的方法。

产品成本计算方法的构成，一般包括以下内容。

(1) 确定成本计算对象。

(2) 设置成本明细账及其成本项目。

(3) 设计生产费用的归集及计入产品成本的程序。

(4) 制定间接费用的分配标准。

(5) 确定成本计算期。

(6) 分配产成品成本与在产品成本。

(7) 计算产品总成本和单位成本。

在上述构成要素中，成本计算对象起决定性的作用。它是生产费用的归集对象，即成本的承担者，是设置成本明细账、归集生产费用和计算产品成本的依据和前提。

5.1.2 产品成本计算方法的种类

以成本计算对象为主要标志，可以划分出3种产品成本计算的基本方法和两种辅助方法，具体见表5-1。

表5-1 产品成本计算方法

种类	定义
品种法	以产品品种作为成本计算对象来归集生产费用、计算产品成本的一种方法
分批法	也称订单法，是以产品的批别或订单作为成本计算对象，来归集生产费用、计算产品成本的一种方法
分步法	按产品的生产步骤归集生产费用、计算产品成本的一种方法
分类法	由品种法派生出来的一种方法。在产品品种和规格繁多的企业，为了简化成本核算工作，将相近的产品归类，并以类别作为品种，先以品种法计算各大类别的成本，然后再在类内进行各产品的成本分配
定额法	在实行定额成本管理的企业中，采用定额成本和脱离定额的差异分别核算的一种产品成本计算方法

注：品种法是最基本的成本计算方法。

5.1.3 选择成本计算方法的考虑因素

不同的产品成本计算方法，适用于不同生产类型和成本管理要求的企业。而企业的生产类型，可按生产工艺过程特点和生产组织特点来划分。因此，企业通常会根据自身的生产工艺过程特点和生产组织特点等因素，来选择适合的成本计算方法。

1. 生产工艺过程特点

按产品生产工艺过程的特点划分，企业的生产可分为单步骤生产和多步骤生产。

1) 单步骤生产

单步骤生产又称简单生产，是指生产工艺过程不能间断(如发电)，或者不便于分散在不同地点进行(如采掘)的生产。这类生产方式的特点是，产品品种较少且相对稳定。

2) 多步骤生产

多步骤生产又称复杂生产，是指产品的生产工艺过程由可以间断的，或者可以分散在不同地点的若干个生产步骤所组成的生产。复杂生产按产品加工方式和各步骤的内在联系，又可分为连续式多步骤生产(顺序加工)和装配式多步骤生产(平行加工)。

(1) 连续式多步骤生产是指各生产步骤是有先后顺序的，原材料须依次地经过这些工序的加工，才能制成产成品的生产。也就是说，在原材料的加工过程中，上一步骤的实施成为连续地开展下一步骤的前提，上一步骤完工的半成品要转入下一步骤作为加工对象，继续加工。例如，纺织生产过程中，棉花待加工成棉纱后，才转入下一步骤，加工成棉布。

(2) 装配式多步骤生产是指各生产步骤可以同时进行，各步骤加工生产出零(部)件，最后再组装成产成品的生产。这意味着，各生产步骤之间不存在先后的顺序，企业可以选择在不同的时间和不同的地点平行加工原材料。例如，汽车零(部)件的生产和装配，家用电器的制造等。

2. 生产组织特点

生产组织是指企业生产的专业化程度，它反映出企业的产品品种、产品产量及重复程度等情况。一般分为大量生产、成批生产和单件生产 3 种类型，具体见表 5-2。

表 5-2 生产组织的类型

类型	定义	生产特点	主要生产行业
大量生产	连续不断且大量重复地进行品种相同的产品的生产	产品的品种较少且规格较为单一，产量大，重复性强	发电、供水、采掘和造纸等企业的生产
成批生产	按照事先约定的规格和数量成批地进行产品的生产	产品的品种较多且规格不一，各品种的产量多寡不均，有的品种产量较大，而有的却很少(这往往是根据市场的需求或订单的要求来确定的)，有一定的重复性	服装企业的生产
单件生产	根据购买单位在订单中指定的规格和数量进行少量特定产品的生产	产品的品种较多但数量很少(一件或几件)，一般不重复生产	造船、重型机械和专用设备等生产

特别提示

对于成批生产，按每种产品批量的多少，又可分为大批生产和小批生产。由于大批生产与大量生产相似，常合称为“大量大批生产”；小批生产又与单件生产相近，也常合称为“单件小批生产”。

5.1.4 各因素对成本计算方法的影响

企业的生产类型和成本管理要求影响其选择对应的成本计算方法。这些影响主要体现在 3 个方面：一是对成本计算对象的影响；二是对成本计算期的影响；三是对生产费用在产成品和在产品之间分配的影响。

1. 对成本计算对象的影响

从生产工艺特点来看，单步骤生产由于生产工艺过程不能间断或者不便于分散在不同地点进行生产，且产品品种少而稳定，因此，应以产品品种作为成本计算对象。多步骤生产方式下，由于各步骤往往生产自制半成品，因此，以生产步骤作为成本计算对象，有利于加强对各生产步骤的成本掌控。但是，如果企业在成本管理上不要求掌握各步骤的生产费用情况，也可以不按步骤计算成本，而按产品品种或生产批次归集生产费用。

从生产组织特点来看，大量大批生产，产量大、品种少，往往生产的零(部)件可供多个批次的产品耗用，所以一般不以产品批别作为成本计算对象，而按产品品种计算成本。而单件小批生产，由于产量小，一批产品通常能同时完工，因此，应按产品批别计算产品成本。

2. 对成本计算期的影响

产品成本计算期主要取决于生产组织的特点。

在大量大批生产中，由于不间断地生产，原材料的投入与产成品的产出在时间上往往是交叉进行的，按产品生产周期计算成本几乎没有可能，因此，一般以会计报告期(如月份)作为成本计算期，且定期进行成本计算。

在单件小批生产中，由于生产通常不重复进行，产品成本只能在某批或某件产品完工以后才能计算，因而成本计算是不定期进行的，一般以产品生产周期为成本计算期。

3. 对生产费用在产成品和在产品之间分配的影响

单步骤生产中，生产周期较短，一般很少或没有在产品，因而，无需计算在产品成本。在多步骤生产中，是否需要在产成品与在产品之间分配费用，很大程度上取决于生产组织的特点。

连续式多步骤生产一般采用大量大批的生产方式，由于生产的持续进行，往往会有在产品，因此，需要采用适当的方法，将生产费用在产成品与在产品之间进行分配。

而装配式多步骤生产采用的可能是大量大批的生产方式，也可能是成批、单件的生产方式。如果是大量大批的生产方式，则同样需要将生产费用在产成品与在产品之间进行分配。而如果是成批、单件的生产方式，因为成本计算期与产品生产周期一致，不存在产成品与在产品之间分配费用的问题。

为了更清楚地展示不同生产类型和成本管理要求对成本计算方法的影响，现归纳了表5-3。

表5-3 不同生产类型和成本管理要求对成本计算方法的影响

生产组织特点	生产工艺过程特点	成本管理要求	成本计算方法	成本计算对象	成本计算期	生产费用在产成品和在产品之间的分配
大量大批	单步骤生产	按产品品种计算成本	品种法	产品品种	按月份	单步骤生产不需要分配
	多步骤生产	不要求按步骤计算成本				多步骤生产需要分配
		要求按步骤计算成本	分步法	生产步骤	按月份	需要分配
单件小批	单步骤或多步骤生产	不要求按步骤计算成本	分批法	产品批次	按生产周期	一般不需要

随堂训练 5-1

1. 请你为以下各行业选择合适的产品成本计算方法，并说明理由。

A. 家具订做　B. 灯泡生产　C. 房屋建造　D. 油漆生产　E. 婚纱设计
F. 汽车修理　G. 原煤开采　H. 船舶建造　I. 常用玻璃杯　J. 钢铁生产

2. 某纺织厂的纺纱车间和织布车间为基本生产车间，进行大量大批的多步骤生产，管理上要求掌握各步骤的半成品成本资料；同时，该厂还有一个供电辅助生产车间，进行大量的单步骤生产。

请问：该厂的基本生产车间和辅助生产车间比较适合采用哪种产品成本计算方法？

在本项目案例导入中，列得皮具制品厂生产的主要产品有两个品种，采用的是大量大批生产的生产组织方式，其生产工艺过程属连续式多步骤生产，但管理上不要求核算各步骤的成本。因此，该厂适合采用品种法核算所生产的两种产品的成本。

任务 5.2 应用产品成本计算品种法

5.2.1 品种法的定义及适用范围

品种法也称简单法，是以产品品种为产品成本计算对象，按产品品种来分配和归集生产费用，计算产品成本的一种方法。

品种法主要适用于大量大批的单步骤生产企业，如发电、供水、原煤原油的开采等企业。这类企业封闭式、不间断地重复生产品种较为单一的产品，月末一般没有在产品，当期发生的生产费用总和就是该种产成品的总成本，成本的计算工作较为简单。在大量大批多步骤生产的企业中，如果企业规模较小，而且管理上又不要求提供各步骤的成本资料时，也可以采用品种法计算产品的成本，如水泥厂、造纸厂等生产企业。

5.2.2 品种法的特点

1. 成本计算对象是产品品种

品种法的根本特点在于它的成本计算对象是产品品种。

如果企业只生产一种产品，成本计算对象就只有该产品，生产中所发生的各项费用都是直接费用，可直接记入产品基本生产成本明细账或成本计算单。如果企业生产的产品不止一种，就需要以每一种产品作为成本计算对象，分别设置基本生产成本明细账或产品成本计算单。直接生产费用可直接按品种记入对应产品的基本生产成本明细账或产品成本计算单；而对于几种产品共同分担的间接费用，就要采取一定的方法，分配到各品种的基本生产成本明细账或产品成本计算单中。

2. 按月份定期计算成本

品种法适合于大量大批的生产组织方式。由于大量大批的生产是不间断的连续生产，产成品的成本计算不可能等到全部生产都结束后再来进行，因此，为正确核算各期损益，通常在每月月末计算产成品的成本。这时，成本计算期与会计报告期一致，而与产品的生产周期不一致。

3. 月末生产费用

月末生产费用是否需要在产成品和在产品之间进行分配，应分以下两种情形区别对待。

(1) 如果是大量大批、单步骤生产的产品，其生产周期较短，月末一般没有在产品，就不需要将生产费用在产成品和在产品之间进行分配。

(2) 如果是大量大批的多步骤生产，且管理上不要求分步骤计算成本的产品，其生产周期通常较长，往往与成本计算期不一致，月末也就很可能有一定数量的在产品。因此，计算产品成本时就应当将生产费用在产成品和在产品之间进行分配，确定完工产品成本与在产品成本。

5.2.3 品种法的成本计算程序

采用品种法核算产品成本的一般程序有以下几个。

1. 设置基本生产成本明细账

按产品品种开设基本生产成本明细账，并按成本项目设置专栏，如“直接材料”、“直接人工”和“制造费用”等。如上月明细账有月末余额，应转入本月期初金额栏内。

2. 分配和归集当期生产费用

根据各项生产费用的原始凭证和其他有关资料，编制各项费用要素分配表，将各种产品直接的生产费用，如“直接材料”和“直接人工”等费用，直接记入各种产品的基本生产成本明细账，将间接的生产费用、辅助生产费用和各项期间费用分别记入制造费用、辅助生产成本和管理费用的明细账。

3. 分配辅助生产费用

根据辅助生产成本明细账编制辅助生产费用分配表，并据以登记有关成本费用明细账，结清辅助生产成本明细账。

4. 分配制造费用

根据制造费用明细账编制制造费用分配表，并据以登记基本生产成本明细账，结清制造费用明细账。

5. 分配产成品和在产品成本，并结转入库的产成品成本

对于需要分配产成品和在产品成本的情形，则依据产品基本生产成本明细账，计算产成品成本和月末在产品成本。最后，汇编完工产品成本汇总表，计算各品种的产成品成本和单位成本，并结转入库的产成品成本。

品种法的成本计算程序如图 5.1 所示。

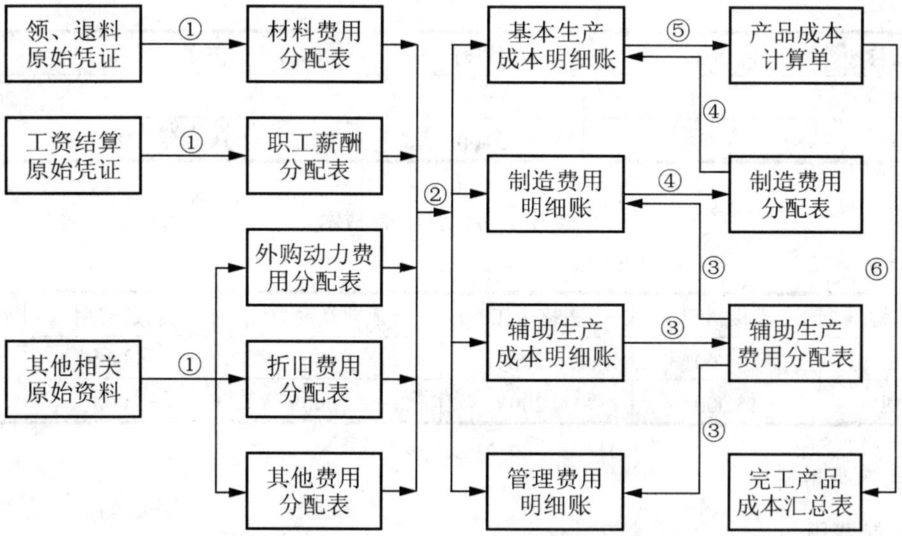

图 5.1 品种法的成本计算程序

说明：

① 根据各项生产费用的原始凭证和其他有关资料，编制各项费用要素分配表；

② 根据各项要素费用分配表，登记相关成本费用明细账；

③ 分配辅助生产费用(这里忽略可直接分配到基本生产成本和产品销售费用等情形)；

④ 分配基本生产制造费用；

⑤ 编制产品成本计算单，在产成品与在产品之间分配生产费用；

⑥ 编制完工产品成本汇总表，计算完工产品的总成本和单位成本。

任务 5.3　品种法应用实例

5.3.1　案例背景

列得皮具制品厂大量大批生产一款商务包和一款休闲包。两者的生产过程相似，由基本生产车间按开料、铲皮和缝制等一系列连续的加工工序，将从仓库领出的皮料制成商务包和休闲包。该厂设有辅助生产车间两个：一个机修车间和一个运输车间，在管理上不要求分步骤核算成本。该企业生产成本总账下设基本生产成本和辅助生产成本两个二级账。基本生产成本二级账分商务包和休闲包设置成本计算单，成本计算单下设“直接材料”、“直接人工”和“制造费用”3 个成本项目。其中，“制造费用”核算基本生产车间发生的间接费用。“辅助生产成本”二级账分设机修车间和运输车间明细账。机修车间和运输车间由于提供的服务单一，发生的间接费用直接记入“辅助生产成本”所属明细账。

列得皮具制品厂 20××年 8 月的其他相关资料如下。

1. 生产情况

列得皮具制品厂的产量统计表和月初在产品成本见表 5-4 和表 5-5。

表 5-4　产量统计表

单位：件

产品名称	月初在产品	本月投产	本月完工产品	月末在产品
商务包	200	900	900	200
休闲包	300	2 100	2 000	400

表 5-5　月初在产品成本

单位：元

产品名称	直接材料	直接人工	燃料及动力	制造费用	合计
商务包	24 000	3 000	1 000	5 000	33 000
休闲包	15 000	4 200	600	5 000	24 800

2. 生产费用情况

1) 材料费用

据本月领退料凭证汇总，发出的原材料成本为 160 000 元。其中，商务包生产耗用原材料 85 000 元，休闲包生产耗用原材料 75 000 元。两种产品共同耗用的辅助材料 64 000 元(按商务包和休闲包所耗主要材料成本的比例分配)。基本生产车间、机修车间和运输车间的机物料消耗分别为 5 200 元、1 000 元和 900 元。

2) 工资费用

据工资结算汇总表，本月应付职工工资总额为 90 000 元(为简化计算，不考虑福利费用)。其中，基本生产车间生产工人工资 35 000 元，车间管理人员工资 6 000 元；机修车间人员工资 9 500 元；运输车间人员工资 7 500 元；全厂管理部门人员工资 32 000 元。

3) 外购动力费用

本月应付外购电力费用总计 18 000 元。其中，基本生产车间生产用电 10 500 元，基本生产车间照明等用电 2 200 元；机修车间电费 2 500 元；运输车间电费 800 元；管理部门电费 2 000 元。另外，应付运输车间燃油费用 3 000 元。

4) 折旧费

据固定资产折旧计算表，本月应计提折旧额 22 000 元。其中，基本生产车间 10 000 元，机修车间 3 000 元，运输车间 7 000 元，管理部门 2 000 元。

3. 其他有关资料

(1) 本月商务包和休闲包的生产工时分别为 1 500 小时和 2 000 小时。

(2) 本月机修车间提供 1 000 个修理工时。其中，基本生产车间 800 工时，管理部门 200 工时。运输车间提供运输劳务 3 000 千米。其中，为基本生产车间运输 2 000 千米，为管理部门运输 1 000 千米。

(3) 基本生产车间的工资费用、外购动力费用和制造费用均按商务包和休闲包的生产工时比例进行分配。

(4) 辅助生产费用的分配采用直接分配法。

(5) 按约当产量比例法将生产费用在本月完工产品和月末在产品之间进行分配。两种产品的投料方式均为生产开始时一次投入。在产品的完工率按 50%计算。

4. 要求

使用品种法核算两种产品的成本，并做相应的会计分录。

5.3.2 案例解析

1. 开设基本生产成本明细账

按产品品种开设基本生产成本明细账，即开设“基本生产成本——商务包”和“基本生产成本——休闲包”两个明细账户，并设“直接材料”、“直接人工”、“燃料及动力”和“制造费用”4 个成本项目专栏。

2. 编制各项费用要素分配表和记账凭证

根据各项生产费用的原始凭证和其他有关资料，编制各项费用要素分配表，并据此编制记账凭证。

(1) 编制材料费用分配表，见表 5-6。

表 5-6 材料费用分配表

20××年 8 月　　　　单位：元

应借科目		主要材料	辅助材料	物料消耗	合计
基本生产成本	商务包	85 000	34 000		119 000
	休闲包	75 000	30 000		105 000
	小计	160 000	64 000		224 000
辅助生产成本	机修车间			1 000	1 000
	运输车间			900	900
	小计			1 900	1 900
制造费用				5 200	5 200
合　计		160 000	64 000	7 100	231 100

$$基本生产车间辅助材料分配率=\frac{64\ 000}{160\ 000}=0.4$$

商务包分配的辅助材料＝85 000×0.4＝34 000(元)

休闲包分配的辅助材料＝75 000×0.4＝30 000(元)

根据表 5-6 编制如下会计分录。

借：基本生产成本——商务包　　119 000

　　　　　　　　——休闲包　　105 000

　　辅助生产成本——机修车间　　1 000

　　　　　　　　——运输车间　　900

　　制造费用　　5 200

　　贷：原材料　　31 100

(2) 编制工资费用分配表，见表 5-7。

表 5-7 工资费用分配表

20××年 8 月

应借科目		分配计入			工资费用
		生产工时/小时	分配率/(元/小时)	分配金额/元	
基本生产成本	商务包	1 500		15 000	15 000
	休闲包	2 000		20 000	20 000
	小计	3 500	10	35 000	35 000
辅助生产成本	机修车间				9 500
	运输车间				7 500
	小计				17 000
制造费用					6 000
管理费用					32 000
合　计					90 000

$$基本生产车间人工费用分配率=\frac{35\ 000}{1\ 500+2\ 000}=10(元/小时)$$

商务包分配的人工费用＝1 500×10＝15 000(元)

休闲包分配的人工费用＝2 000×10＝20 000(元)

根据表 5-7 编制如下会计分录。

借：基本生产成本——商务包　15 000

　　　　　　　　——休闲包　20 000

　　辅助生产成本——机修车间　9 500

　　　　　　　　——运输车间　7 500

　　制造费用　6 000

　　管理费用　32 000

　　贷：应付职工薪酬　90 000

(3) 编制外购动力费用分配表，见表 5-8。

表 5-8　外购动力费用分配表

20××年 8 月

应借科目		成本项目	生产工时/小时	分配率/(元/小时)	分配金额/元
基本生产成本	商务包	燃料及动力	1 500		4 500
	休闲包	燃料及动力	2 000		6 000
	小计		3 500	3	10 500
辅助生产成本	机修车间	燃料及动力			2 500
	运输车间	燃料及动力			3 800
	小计				6 300
制造费用		电费			2 200
管理费用		电费			2 000
合　计					21 000

$$基本生产车间外购动力费用分配率=\frac{10\ 500}{1\ 500+2\ 000}=3(元/小时)$$

商务包分配的外购动力费用＝1 500×3＝4 500(元)

休闲包分配的外购动力费用＝2 000×3＝6 000(元)

根据表 5-8 编制如下会计分录。

借：基本生产成本——商务包　4 500

　　　　　　　　——休闲包　6 000

　　辅助生产成本——机修车间　2 500

　　　　　　　　——运输车间　3 800

　　制造费用　2 200

　　管理费用　2 000

　　贷：应付账款　21 000

(4) 编制折旧费用分配表，见表 5-9。

表 5-9　折旧费用分配表

20××年 8 月　　单位：元

应借科目		成本项目	计提金额
辅助生产成本	机修车间	折旧费	3 000
	运输车间	折旧费	7 000
	小计		10 000
制造费用		折旧费	10 000
管理费用		折旧费	2 000
合　计			22 000

根据表 5-9 编制如下会计分录。

借：辅助生产成本——机修车间　3 000
　　　　　　　　——运输车间　7 000
　　制造费用　10 000
　　管理费用　2 000
　　贷：累计折旧　22 000

(5) 依据上述计算，登记基本生产成本明细账，见表 5-10 和表 5-11；登记辅助生产成本明细账，见表 5-12 和表 5-13；登记制造费用明细账，见表 5-14；登记管理费用明细账(此处略)。

表 5-10　生产成本明细账(1)

产品名称：商务包　　20××年 8 月　　单位：元

20××年		摘要	成本项目				合计
月	日		直接材料	直接人工	燃料及动力	制造费用	
8	1	期初余额	24 000	3 000	1 000	5 000	33 000
8	31	据表 5-6	119 000				119 000
	31	据表 5-7		15 000			15 000
	31	据表 5-8			4 500		4 500
	31	据表 5-16				21 000	21 000
	31	合计	143 000	18 000	5 500	26 000	192 500
	31	结转入库产成品成本	(117 000)	(16 200)	(4 950)	(23 400)	(161 550)
	31	期末余额	26 000	1 800	550	2 600	30 950

表 5-11　生产成本明细账(2)

产品名称：休闲包　　20××年 8 月　　单位：元

20××年		摘要	成本项目				合计
月	日		直接材料	直接人工	燃料及动力	制造费用	
8	1	期初余额	15 000	4 200	600	5 000	24 800
8	31	据表 5-6	105 000				105 000

续表

20××年		摘要	成本项目				合计
月	日		直接材料	直接人工	燃料及动力	制造费用	
	31	据表 5-7		20 000			20 000
	31	据表 5-8			6 000		6 000
	31	据表 5-16				28 000	28 000
	31	合计	120 000	24 200	6 600	33 000	183 800
	31	结转入库产成品成本	(100 000)	(22 000)	(6 000)	(30 000)	(158 000)
	31	期末余额	20 000	2 200	600	3 000	25 800

表 5-12 辅助生产成本明细账(1)

车间名称：机修车间　　20××年 8 月　　单位：元

20××年		摘要	成本项目				合计
月	日		材料费	人工费	燃料及动力	折旧费	
8	31	据表 5-6	1 000				1 000
	31	据表 5-7		9 500			9 500
	31	据表 5-8			2 500		2 500
	31	据表 5-9				3 000	3 000
	31	本月发生额	1 000	9 500	2 500	3 000	16 000
	31	分配转出					(16 000)

表 5-13 辅助生产成本明细账(2)

车间名称：运输车间　　20××年 8 月　　单位：元

20××年		摘要	成本项目				合计
月	日		材料费	人工费	燃料及动力	折旧费	
8	31	据表 5-6	900				900
	31	据表 5-7		7 500			7 500
	31	据表 5-8			3 800		3 800
	31	据表 5-9				7 000	7 000
	31	本月发生额	900	7 500	3 800	7 000	19 200
	31	分配转出					(19 200)

表 5-14 制造费用明细账

车间名称：基本生产车间　　20××年 8 月　　单位：元

20××年		摘要	成本项目						合计
月	日		物料	人工	电费	折旧费	运输费	维修费	
8	31	据表 5-6	5 200						5 200
	31	据表 5-7		6 000					6 000

续表

20××年		摘要	成本项目						合计
月	日		物料	人工	电费	折旧费	运输费	维修费	
	31	据表 5-8			2 200				2 200
	31	据表 5-9				10 000			10 000
	31	据表 5-15					12 800		12 800
	31	据表 5-15						12 800	12 800
	31	本月发生额	5 200	6 000	2 200	10 000	12 800	12 800	49 000
	31	分配转出							(49 000)

3. 编制辅助生产费用分配表

根据辅助生产成本明细账编制辅助生产费用分配表，见表 5-15。

表 5-15 辅助生产费用分配表

20××年 8 月

<table>
<tr><th colspan="2">部门名称</th><th colspan="2">机修车间</th><th colspan="2">运输车间</th><th>合计</th></tr>
<tr><td colspan="2">待分配费用</td><td colspan="2">16 000 元</td><td colspan="2">19 200 元</td><td>35 200 元</td></tr>
<tr><td colspan="2">劳务供应量</td><td colspan="2">1 000 工时</td><td colspan="2">3 000 千米</td><td></td></tr>
<tr><td colspan="2">分配率</td><td colspan="2">16 元/小时</td><td colspan="2">6.4 元/千米</td><td></td></tr>
<tr><td rowspan="4">受益单位</td><td rowspan="2">基本生产车间</td><td>耗用量</td><td>800 工时</td><td>耗用量</td><td>2 000 千米</td><td rowspan="2">25 600 元</td></tr>
<tr><td>分配金额</td><td>12 800 元</td><td>分配金额</td><td>12 800 元</td></tr>
<tr><td rowspan="2">管理部门</td><td>耗用量</td><td>200 工时</td><td>耗用量</td><td>1 000 千米</td><td rowspan="2">9 600 元</td></tr>
<tr><td>分配金额</td><td>3 200 元</td><td>分配金额</td><td>6 400 元</td></tr>
</table>

根据表 5-15，编制如下会计分录。

借：制造费用 25 600

　　管理费用 9 600

　　贷：辅助生产成本——机修车间 16 000

　　　　　　　　　　——运输车间 19 200

4. 编制制造费用分配表

根据制造费用明细账编制制造费用分配表，见表 5-16。

表 5-16 制造费用分配表

20××年 8 月

产品品种	生产工时/小时	分配率/(元/小时)	合计/元
商务包	1 500		21 000
休闲包	2 000		28 000
合计	3 500	14	49 000

$$制造费用分配率=\frac{49\ 000}{1\ 500+2\ 000}=14(元/小时)$$

商务包分配的外购动力费用＝1 500×14＝21 000(元)

休闲包分配的外购动力费用＝2 000×14＝28 000(元)

根据表5-16编制如下会计分录。

借：基本生产成本——商务包　　21 000

　　　　　　　　——休闲包　　28 000

　贷：制造费用　　49 000

5. 分配产成品和在产品成本，并结转入库的产成品成本

(1) 根据两种产品的基本生产成本明细账，分别计算本月完工产品和在产品的成本，见表5-17和表5-18。

表5-17　产品成本计算单(1)

产品名称：商务包　　20××年8月

摘要	成本项目				合计
	直接材料	直接人工	燃料及动力	制造费用	
月初在产品成本/元	24 000	3 000	1 000	5 000	33 000
本月生产费用/元	119 000	15 000	4 500	21 000	159 500
合计/元	143 000	18 000	5 500	26 000	192 500
完工产品数量/个	900	900	900	900	
在产品约当产量/个	200	100	100	100	
合计/个	1 100	1 000	1 000	1 000	
分配率	130	18	5.5	26	
本月完工产品成本/元	117 000	16 200	4 950	23 400	161 550
月末在产品成本/元	26 000	1 800	550	2 600	30 950

表5-18　产品成本计算单(2)

产品名称：休闲包　　20××年8月

摘要	成本项目				合计
	直接材料	直接人工	燃料及动力	制造费用	
月初在产品成本/元	15 000	4 200	600	5 000	24 800
本月生产费用/元	105 000	20 000	6 000	28 000	159 000
合计/元	120 000	24 200	6 600	33 000	183 800
完工产品数量/个	2 000	2 000	2 000	2 000	
在产品约当产量/个	400	200	200	200	
合计/元	2 400	2 200	2 200	2 200	
分配率	50	11	3	15	
本月完工产品成本/元	100 000	22 000	6 000	30 000	158 000
月末在产品成本/元	20 000	2 200	600	3 000	25 800

(2) 编制完工产品成本汇总表，见表 5-19。

表 5-19　完工产品成本汇总表

20××年 8 月

产品名称	数量/个	总成本/元	单位成本/元
商务包	900	161 550	179.5
休闲包	2 000	158 000	79
合　计		319 550	

根据表 5-19，编制如下会计分录，并结转入库产成品成本。

借：库存商品——商务包　　161 550

　　　　　　——休闲包　　158 000

　贷：基本生产成本——商务包　　161 550

　　　　　　　　　——休闲包　　158 000

项目要点归纳

本项目介绍了如何选择适用的产品成本计算方法。产品成本计算的基本方法有品种法、分批法和分步法。企业在选择产品成本计算法时，需考虑的主要因素包括其产品生产工艺过程特点、生产组织特点和成本管理要求。本项目着重阐述了品种法的应用。品种法是成本计算的最基本方法，是学习其他成本计算方法的基础，应该重点加以掌握。着重理解品种法的成本计算对象的确定（成本明细账如何开设）、成本计算期的确定（何时计算产品的成本）、生产费用的分配。

案例分析

产品成本计算方法的选择

【背景】

小李和小丁即将到某服装厂实习，为此他们特别关注服装厂成本核算问题，并就此进行了讨论。他们找了有关资料，了解到服装生产分为剪裁、缝纫、平整和包装等生产步骤，生产工艺属于多步骤生产。在讨论开始，小李认为既然服装生产分 4 个步骤，属于多步骤生产，应采用分步法计算产品成本。小丁认为小李所说的有一定道理，但不一定完全正确，还应做些补充。

【讨论】

(1) 如果你是小丁，你将告诉小李还有哪些需要补充考虑的因素？

(2) 按照上述因素的不同，服装厂有可能采用哪些成本计算方法？

(资料来源：http://baidu.com/view/71611608balaa8114431d9bd.html.)

【案例解析】

(1) 本案例中，小李望文生义地认为分步法的“分步”即多个生产步骤，所以多步骤生产的企业，就应当采用分步法计算产品成本，这种认识忽视了分步法的适用范围。企业所生产的产品是由单步骤生产还是多步骤生产来完成，仅仅反映的是产品生产工艺过程的特点。小丁要告诉小李，企业在选择产品成本计算方法时，除了产品生产工艺过程特点的因素外，还有生产组织特点和成本管理要求等因素需要综合考虑。

(2) 根据上述因素的不同，小李所实习的服装厂有可能采用的成本计算方法有 3 种。

① 分步法，适用于生产组织为大量大批、生产工艺为多步骤生产，且管理上要求分步核算的企业。

② 品种法，适用于生产组织为大量大批、生产工艺为多步骤生产，但管理上不要求分步核算的企业。

③ 分批法，适用于生产工艺虽为多步骤生产，但生产组织为单件小批，且管理上不要求分步核算的企业。

职业能力训练

一、单项选择题

1．区分产品成本计算方法的主要标志是(　　)。

A．成本计算对象　　B．成本计算期
C．间接费用的分配标准　　D．生产费用在产成品和在产品之间的分配

2．工业企业按生产组织特点，可以分为(　　)。

A．单步骤生产和多步骤生产
B．简单生产和复杂生产
C．单步骤生产和大量大批生产
D．大量生产、成批生产和单件生产

3．多步骤生产按照产品加工方式的不同，可分为(　　)。

A．简单生产和复杂生产　　B．连续式多步骤生产和装配式多步骤生产
C．单件生产和成批生产　　D．定期生产和不定期生产

4．对于大量大批、单步骤生产的企业，产品成本的计算方法一般采用(　　)。

A．品种法　　B．分步法　　C．逐步结转分批法　　D．平行结转分步法

5．下列各种产品成本核算方法，适用于单件、小批生产的是(　　)。

A．品种法　　B．分批法　　C．逐步结转分步法　　D．平行结转分步法

6．对于大量大批多步骤，需要掌握各步骤生产费用情况的企业，宜采用的产品成本计算方法是(　　)。

A．品种法　　B．分批法　　C．分步法　　D．简化分批法

7．品种法按(　　)开设基本生产成本明细账。

A．产品品种　　B．产品批别　　C．产品生产步骤　　D．客户订单

8．按照客户的订单制造专用设备的企业，一般以(　　)为成本计算对象。

A．产品品种　　B．产品批别　　C．产品生产步骤　　D．产品生产程序

二、多项选择题

1. 以下属于产品成本计算基本方法的是(　　)。
   A. 品种法　　B. 分批法　　C. 分步法　　D. 分类法
2. 影响成本计算方法选择的因素主要有(　　)。
   A. 产品质量特点　　B. 生产工艺过程特点
   C. 生产组织特点　　D. 成本管理要求
3. 品种法计算成本的主要特点有(　　)。
   A. 成本核算对象是产品品种
   B. 按月份定期计算产品成本
   C. 如果月末有一定数量的在产品，无需将生产成本在完工产品和在产品之间进行分配
   D. 如果月末有一定数量的在产品，应将生产费用在完工产品和在产品之间进行分配
4. 品种法适用于(　　)。
   A. 大量大批的单步骤生产
   B. 大量大批的连续式多步骤生产
   C. 管理上要求分步骤计算成本的多步骤生产
   D. 管理上不要求分步骤计算成本的大量大批多步骤生产
5. 产品成本计算过程中主要的成本计算对象有(　　)。
   A. 产品品种　　B. 产品周期　　C. 产品批别　　D. 产品生产步骤

三、判断题

1. 分批法适合于大量大批生产产品的企业。(　　)
2. 大量大批生产的企业一般以产品生产周期为成本计算期。(　　)
3. 单件小批的生产方式一般不存在产成品与在产品之间分配费用的问题。(　　)
4. 品种法的成本计算期与会计报告期一致，而与产品的生产周期不一致。(　　)
5. 连续式多步骤生产往往采用大量大批的生产方式。因此，无需将当期生产费用在产成品与在产品之间进行分配。(　　)
6. 单步骤生产企业一般无需计算在产品成本。(　　)

四、实务训练题

某厂设有一个基本生产车间和机修、运输两个辅助生产车间，大量生产甲、乙两种产品。甲、乙两种产品属于单步骤生产，根据生产特点和管理要求，甲、乙两种产品均采用品种法计算产品成本。该企业生产成本总账下设基本生产成本和辅助生产成本两个二级账：基本生产成本二级账分甲、乙产品设置成本计算单，成本计算单下设“直接材料”、“直接人工”和“制造费用”3 个成本项目；辅助生产成本二级账分设机修车间和运输车间明细账。“制造费用”核算基本生产车间发生的间接费用，机修和运输车间发生的间接费用直接记入“辅助生产成本”所属明细账。

本月有关成本计算资料如下。

1. 产量资料

产量资料见表 5-20。

表 5-20 产量资料

单位：件

产品名称	月初在产品	本月投产	本月完工产品	月末在产品
甲	3 500	8 500	8 000	4 000
乙	2 700	3 800	3 500	3 000

甲、乙产品月末在产品的加工程度均为 50%。

2. 月初在产品成本资料

月初在产品成本资料见表 5-21。

表 5-21 月初在产品成本资料

单位：元

产品名称	直接材料	直接人工	制造费用	合计
甲	87 000	33 600	43 200	163 800
乙	62 180	24 550	33 150	119 880

3. 本月发生的生产费用

1) 材料费用

据本月领、退料凭证汇总，发出原材料的计划成本为元。其中，甲、乙产品耗用主要材料分别为 250 000 元、160 000 元，甲、乙产品共同耗用辅助材料 82 000 元；基本生产车间、机修车间、运输车间一般物料耗用分别为 36 000 元、9 000 元、8 000 元。甲、乙产品共同耗用辅助材料按所耗主要材料的比例分配。本月材料成本差异率为＋1%。

2) 电费

月末，据电表和单价计算，本月应付外购电费计 9 150 元。其中，甲、乙产品生产用电 7 200 元，基本生产照明用电 800 元；机修车间修理设备用电 750 元，照明用电 400 元。甲、乙产品生产用电按工时比例分配。

3) 人工费

应付职工薪酬 536 998 元。其中，基本生产车间生产工人 252 000 元，车间管理人员 20 520 元；机修车间人员 89 978 元；运输车间人员 74 240 元；厂部管理人员工资 100 260 元。基本生产工人的工资按甲、乙产品的生产工时的比例分配。

4) 折旧费

据固定资产折旧计算表，本月应计提折旧额：基本生产车间为 6 000 元，机修车间为 1 200 元，运输车间为 1 000 元。

5) 待摊费用

本月摊销待摊费用 14 100 元。其中，基本生产车间 8 000 元，机修车间 3 600 元，运输车间 2 500 元。

6) 办公及劳动保护费

本月以银行存款支付的办公及劳动保护费见表 5-22。

表 5-22　以银行存款支付的办公及劳动保护费

单位：元

费用项目	基本生产车间	机修车间	运输车间	管理部门
办公费	1 900	900	1 000	2 500
劳动保护费	2 400	1 600	1 200	1 000
合计	4 300	2 500	2 200	3 500

4. 其他有关资料

(1) 本月甲、乙产品的生产工时分别为 4 100 小时和 3 100 小时。

(2) 本月机修车间提供修理服务 5 232 个工时。其中，基本生产车间受益 3 100 个工时，企业管理部门受益 1 332 个工时，运输车间受益 800 个工时。运输车间提供运输劳务 5 490 吨公里。其中，基本生产车间受益 3 690 吨公里，企业管理部门受益 1 200 吨公里，机修车间受益 600 吨公里。

(3) 基本生产车间的制造费用按甲、乙产品的生产工时比例分配。

(4) 辅助生产费用的分配采用直接分配法。

(5) 按约当产量比例法将生产费用在本月完工产品和月末在产品之间进行分配，材料在开始生产时一次投入。

要求：分别计算甲、乙产品的成本，并做相应的会计分录。

项目 6 应用分批法

知识目标

- 熟悉分批法的特点及适用范围
- 掌握一般分批法的核算程序
- 掌握简化分批法的应用前提和核算程序

技能目标

- 能应用一般分批法计算产品成本
- 能应用简化分批法计算产品成本
- 能按分批法的核算程序进行相应的账务处理

重难点提示

- 一般分批法的核算程序和账务处理
- 简化分批法的核算程序和账务处理

案例导入

合肥神鹿药业股份有限公司只有一个生产车间负责生产产品，其产品成本核算的分析主要包括以下 3 点。

1. 成本方法的选择

对于生产车间的产品生产，从生产工艺而言，属于单步骤生产；从产品生产组织而言，属于小批量生产。因此，对于生产车间的产品，应采用分批法进行成本核算。

2. 成本项目的划分

神鹿药业产品成本中所耗动力费用和燃料费用在成本构成中比例较小，根据产品生产特点和管理要求，产品成本主要包括 3 个成本项目：材料费用、人工费用和制造费用。

3. 成本费用的归集和分配

神鹿药业产品成本中，大部分材料费用属于直接费用，部分材料费用、全部人工费用和制造费用属于间接费用。

对于大部分材料费用，直接归集到成本对象下；对于部分共用材料、人工费用和制造费用，先归集然后进行分配，归集到各成本对象下。神鹿药业人工费用和制造费用都是按定额工时进行分配。最后，按在产品约当产量将各成本对象下的成本费用在产成品和在产品之间进行分配。

请同学们想一想，根据神鹿药业产品的生产工艺过程特点和生产组织特点，它较适合选择哪种产品成本计算方法呢？通过下面的学习，便能轻松解决。

任务 6.1 认识分批法的基本内容

6.1.1 分批法的定义及适用范围

分批法是指以产品的批别为成本计算对象，按照产品的批别开设明细账，归集生产费用和计算产品成本的一种方法。在这里，一个批次的产品，既有可能仅指一件产品，也有可能包括一组产品。由于按照产品批别组织生产和核算成本的企业，其产品品种及每批产品的批量，往往是根据与客户签订的购销合同或订单来确定的，换句话说，按产品批别计算的产品成本，往往也就与按订单计算的产品成本是相一致的，因而分批法也叫订单法。

分批法适用于单件、小批生产的企业。这些企业有从事重型机械、船舶、精密仪器和专用设备等制造，需要跟随时尚潮流而不断更新产品种类的服装制造，新产品的试制，机器设备的大修理作业，以及辅助生产的工具、器具、模具制造等企业。这些企业的主要特点是一般较少重复生产产品，即使有重复生产，也是不定期的。

6.1.2 分批法的特点

1. 成本计算对象是产品的批别

单件、小批生产的企业多是根据客户的订单来组织生产和成本核算的。因此，一份订单往往也对应一个生产批次或一份生产通知单。财务部门在接到生产通知单副本后，按产品批别设置生产成本明细账，据以归集生产费用。

但是，如果一份订单所涉及的产品品种较多或数量较大，仅作为一个批次来组织生产将不利于企业实施生产和管理的需要，或超出企业短期的生产负荷。因此，有必要因地制宜，灵活、合理地组织安排产品生产的批量和批次。

如果一份订单中要求生产多种产品，为了便于考核和分析各种产品的成本计划执行情况，加强生产管理，就应将该订单按照产品的品种划分成几个批别组织生产和核算成本。

如果一份订单中只要求生产一种产品，但数量较大，不便于集中一次投产，或者客户要求分批交货的，也应将该订单分为几批组织生产和核算成本。

如果一张订单中只要求生产一种产品，但该产品属于价值高、生产周期长的大型复杂产品(如大型船舶的制造)，也应将该订单按产品的组成部分分为几个批别组织生产和核算成本。

如果在同一时期接到的几张订单要求生产的都是同一种产品，为了更经济合理地组织生产，也可将这几张订单合为一批组织生产和核算成本。

2. 以产品的生产周期作为成本计算期

为了保证各批产品成本计算的准确性，各批产品成本明细账的设立与结算，与生产任务通知单的签发和结束是协调一致的，即各批产品的总成本须待其完工之后才能计算确定。但由于各批产品的生产复杂程度不同、质量数量要求也不同，生产周期也就各不相同。有的批次当月投产，当月完工；有的批次要经过数月甚至数年才能完工。产成品的成本计算是不定期的，因各批次的生产周期而异。因此，分批法的成本计算期与产品的生产周期一致，与会计报告期不一致。

3. 生产费用一般不需要在产成品和在产品之间分配

在单件生产或小批生产、一次交货的情况下，如果月末该批产品尚未完工，则其成本明细账上所归集的生产费用即为在产品成本；如已完工，则成本明细账上所归集的生产费用，即为产成品成本。因此，生产费用一般不需要在产成品和在产品之间分配。

但如果产品批量较大，出现批内产品跨月陆续完工交货时，就有必要采用适当的方法将生产费用在产成品和月末在产品之间分配，以计算先交货部分产品的成本。常用的方法有以下几种。

(1) 如果批内产品跨月陆续完工交货数量不多时，采用计划单位成本或定额单位成本，或最近一期相同产品的实际单位成本，计算交货产品的成本，从产品成本计算单中转出，余额即为在产品成本。待该批产品全部完工时，另行计算该批产品实际的总成本和单位成本，但并不对原先交货部分的产品成本再做账面调整。

(2) 如果批内产品跨月陆续完工交货数量较多时，采用适当的分配标准，在完工产品与月末在产品之间分配费用，计算完工产品成本和月末在产品成本。

随堂训练 6-1

某企业采用分批法计算产品成本。9月1日投产甲产品3件，乙产品2件；9月18日投产甲产品5件，乙产品6件，丙产品3件；9月27日投产甲产品4件。请问，该企业9月应开设产品成本明细账的张数是(　　)。

A. 3张　　B. 4张　　C. 5张　　D. 6张

6.1.3　分批法的种类

凡是能够分清批次、直接计入对应批次产品成本的材料、人工等生产费用，均称为直接计入费用；而那些分不清批次，由若干批次共同分担的材料、人工等费用，则称为间接计入费用。按间接计入费用分配方法的不同，分批法又可分为一般分批法和简化分批法。

任务6.2　应用一般分批法

6.2.1　一般分批法的定义

一般分批法也称作典型分批法，采用的是间接计入费用的当月分配法，即将当月所发生的间接费用全部分配给各批次产品，而不管各批次产品是否已经完工。

6.2.2　一般分批法的成本计算程序

(1) 在接到订单或生产通知单后，按产品批别设置生产成本明细账，账内按成本项目设置专栏。生产成本明细账的开立和结账，都应与生产通知单的签发和结束协调一致，以保证各批产品成本计算的准确性。

(2) 逐月按批别分配和归集生产费用，登记有关明细账。根据当月发生的各生产费用的原始凭证和其他有关资料，编制各种要素费用分配表，分配各要素费用并登账。对于直接计入费用，应按产品批别直接计入生产成本明细账；对于间接计入费用，应按适当的方法分配计入各个批别的产品成本明细账。其参考计算公式为

$$\text{当月间接计入费用分配率}=\frac{\text{当月间接计入费用总额}}{\text{当月分配工时总数}} \tag{6-1}$$

$$\text{某批产品当月应分配的间接计入费用}=\text{该批产品当月发生的工时数}\times\text{当月间接计入费用分配率} \tag{6-2}$$

(3) 在有完工批次产品的月份，计算该批产品总成本和单位成本。月末根据完工批次产品的完工通知单，将计入该批产品的成本明细账所归集的生产费用，按成本项目加以汇总，计算出该批产成品的总成本和单位成本，并结转入库产品成本。

分批法一般不需要在完工产品和在产品之间分配费用，但如果遇到批内产品跨月陆续完工并需要分次交货时，应采用适当的方法将生产费用在产成品和在产品之间进行分配。

【例 6-1】 佛尼车家具制造厂根据客户订单进行小批量的生产。20××年 9 月的有关资料如下。

(1) 7 月投产甲家具 15 件，批号 701，本月全部完工。

(2) 8 月投产乙家具 22 件，批号 801，订单要求分批交货，本月完工 12 件先予交货，仍有数量较多的在产品 10 件待继续加工。有关生产费用按约当产量比例法在完工产品与在产品之间进行分配。在产品的原材料投料率为 80%，完工程度为 40%。

(3) 9 月投产丙家具 10 件，批号 901，本月完工 2 件。为简化核算，完工产品按计划成本结转。每件的计划成本为直接材料 2 500 元，直接人工 1 500 元，制造费用 1 000 元。

(4) 9月初在产品的成本及当月发生的生产工时和生产费用汇总情况分别见表6-1和表6-2。

表 6-1 月初在产品成本表

20××年 9 月　　　　单位：元

产品批别	直接材料	直接人工	制造费用	合计
701	22 500	16 000	6 000	44 500
801	14 000	5 400	4 400	23 800

表 6-2 本月生产工时和生产费用汇总表

20××年 9 月

产品批别	生产工时/小时	直接材料/元	直接人工/元	制造费用/元	合计/元
701	250				
801	300	6 000			6 000
901	350	11 000			11 000
共同费用			12 600	10 800	23 400
合计	900	17 000	12 600	10 800	40 400

要求：运用一般分批法计算各批次完工产品的成本，并登记有关成本明细账。

解析：

(1) 在各批产品之间分配生产费用。编制间接计入费用分配表，按生产工时为各批产品分配费用，见表6-3和表6-4。而直接材料则无需分配。

表6-3　人工费用分配表

20××年9月

产品批别	生产工时/小时	分配率/(元/小时)	分配金额/元
701	250		3 500
801	300		4 200
901	350		4 900
合计	900	14	12 600

表6-4　制造费用分配表

20××年9月

产品批别	生产工时/小时	分配率/(元/小时)	分配金额/元
701	250		3 000
801	300		3 600
901	350		4 200
合计	900	12	10 800

$$人工费用分配率=\frac{12\,600}{900}=14(元/小时)$$

$$制造费用分配率=\frac{10\,800}{900}=12(元/小时)$$

(2) 对于批次801，需要按约当产量比例法将生产费用在完工成品与在产品之间分配，分别计算出完工产品及在产品的成本，见表6-5。

表6-5　按约当产量分配成本计算单

产品批号：801　　批量：22件　　投产时间：8月

产品名称：乙家具　　本月完工：12件　　在产品：10件　　完工时间：

摘　　要	成本项目			合计
	直接材料	直接人工	制造费用	
月初在产品成本/元	14 000	5 400	4 400	23 800
本月生产费用/元	6 000	4 200	3 600	13 800
合计/元	20 000	9 600	8 000	37 600
完工产品数量/件	12	12	12	12
在产品约当产量/件	8	4	4	
合计/件	20	16	16	
分配率	1 000	600	500	
本月完工产品成本/元	12 000	7 200	6 000	25 200
月末在产品成本/元	8 000	2 400	2 000	12 400

(3) 编制结转各批次产品生产费用的会计分录，据此登记相应的成本明细账，并结合表6-1计算出各批次结转入库的产成品成本及期末在产品的成本，见表6-6～表6-8。

表6-6　生产成本明细账(1)

产品批号：701　　批量：15件　　投产时间：7月

产品名称：甲家具　　本月完工：15件　　完工时间：9月

20××年		摘要	成本项目			合计/元
月	日		直接材料/元	直接人工/元	制造费用/元	
9	1	期初余额	22 500	16 000	6 000	44 500
9	30	据表6-3		3 500		3 500
	30	据表6-4			3 000	3 000
	30	合计	22 500	19 500	9 000	51 000
	30	结转入库产成品成本	(22 500)	(19 500)	(9 000)	(51 000)
	30	期末余额				0

表6-7　生产成本明细账(2)

产品批号：801　　批量：22件　　投产时间：8月

产品名称：乙家具　　本月完工：12件　　完工时间：

20××年		摘要	成本项目			合计/元
月	日		直接材料/元	直接人工/元	制造费用/元	
9	1	期初余额	14 000	5 400	4 400	23 800
9	30	据表6-2	6 000			6 000
		据表6-3		4 200		4 200
	30	据表6-4			3 600	3 600
	30	合计	20 000	9 600	8 000	37 600
	30	结转入库产成品成本	(12 000)	(7 200)	(6 000)	(25 200)
	30	期末余额	8 000	2 400	2 000	12 400

表6-8　生产成本明细账(3)

产品批号：901　　批量：10件　　投产时间：9月

产品名称：丙家具　　本月完工：2件　　完工时间：

20××年		摘要	成本项目			合计/元
月	日		直接材料/元	直接人工/元	制造费用/元	
9	30	据表6-2	11 000			11 000
		据表6-3		4 900		4 900
	30	据表6-4			4 200	4 200
	30	合计	11 000	4 900	4 200	20 100
	30	结转入库产成品成本	(5 000)	(3 000)	(2 000)	(10 000)
	30	期末余额	6 000	1 900	2 200	10 100

① 根据表 6-2 编制领用直接材料的会计分录。

借：基本生产成本——801　　6 000

——901　　11 000

贷：原材料　　17 000

② 根据表 6-3 编制分配直接人工的会计分录。

借：基本生产成本——701　　3 500

——801　　4 200

——901　　4 900

贷：应付职工薪酬　　12 600

③ 根据表 6-4 编制分配制造费用的会计分录：

借：基本生产成本——701　　3 000

——801　　3 600

——901　　4 200

贷：制造费用　　10 800

(4) 编制完工产品成本汇总表，见表 6-9，并结转各批完工产品成本。

表 6-9　完工产品成本汇总表

20××年 9 月

产品名称	数量/件	总成本/元	单位成本/(件/元)
701	15	51 000	3 400
801	12	25 200	2 100
901	2	10 000	5 000
合计		86 200	

根据表 6-9，编制如下会计分录，并结转入库完工成品成本。

借：库存商品——甲家具　　51 000

——乙家具　　25 200

——丙家具　　10 000

贷：基本生产成本——701　　51 000

——801　　25 200

——901　　10 000

任务 6.3　应用简化分批法

6.3.1　简化分批法的定义

当同一个月份投产的产品批次较多、产品的生产周期较长，且月末有未完工产品的批数也较多时(如机械制造厂或修配厂)，如果按一般分批法，逐月在各批产品中分配间接计入费用，那么成本的核算工作将会非常繁重。

简化分批法采用的是间接计入费用的累计分配法，即在各批产品完工之前，每月发生的各项间接费用先分别累计起来，而不是按月在各批次产品之间进行分配，只有在有完工产品的那个月份，才按照完工产品累计工时的比例，在各批完工产品之间再进行分配。由于这种方法只对完工产品分配间接计入费用，而不分批计算在产品的成本，所以又称为不分批计算在产品成本的分批法。

特别提示

使用简化分批法有两个前提条件：一是月末未完工产品的批数较多，否则使用此方法并不能很好地起到简化成本核算工作的作用；二是各月的间接计入费用水平比较均衡，否则将会影响产品成本核算的准确性。例如，某企业7月与8月的间接计入费用较高，而9月则明显偏低，在若干批产品中有一批产品于9月投产且于当月完工。在计算完工产品成本时，将从7、8、9月累计的间接计入费用分配一部分给该批产品，将会造成其成本出现不应有的偏高。

6.3.2 简化分批法的成本计算程序

(1) 按产品批别设置生产成本明细账，并设立一个不分产品批别的基本生产成本二级账。设立基本生产成本二级账是简化分批法的显著特点和不可或缺的工作环节。

(2) 分配和归集生产费用，记录生产工时。本月发生的直接计入费用和生产工时，同时在基本生产成本明细账(分产品批别)和基本生产成本二级账(全部产品)对应的专栏中平行登记。但本月发生的人工及制造费用等间接计入费用，应根据费用分配表汇总登记在“基本生产成本二级账”中，而不在基本生产成本明细账中登记。

(3) 如果当月所有批次的产品均未完工，则各项费用及生产工时累计数结转至下月继续登记。如果当月有某批产品完工或部分完工，需计算完工产品的成本，则应根据基本生产成本二级账，先计算全部产品累计间接计入费用分配率，然后计算完工产品应承担的累计间接计入费用，再结合该批产品的生产成本明细账，计算完工产品的总成本和单位成本。其参考计算公式为

$$\text{全部产品累计间接计入费用分配率}=\frac{\text{全部产品累计间接计入费用}}{\text{全部产品累计工时}} \tag{6-3}$$

$$\text{某批完工产品应分配的间接计入费用}=\text{该批完工产品累计工时}\times\text{全部产品累计间接计入费用分配率} \tag{6-4}$$

简化分批法的成本计算程序如图6.1所示。

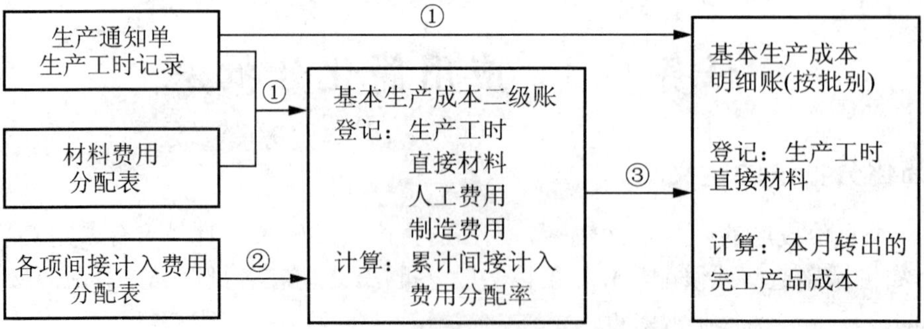

图6.1 简化分批法的成本计算程序

说明：

① 根据生产通知单、生产工时记录及材料费用分配表等有关资料，平行登记基本生产成本明细账和基本生产成本二级账；

② 根据各项间接计入费用分配表，将人工及制造费用等间接计入费用登记到基本生产成本二级账；

③ 如果当月有完工产品，运用由基本生产成本二级账计算的累计间接计入费用分配率和基本生产成本明细账上相应的生产工时，核算出各批完工产品应负担的间接计入费用，并登记到产品成本明细账，结合基本生产成本明细账直接计入的材料等费用，计算出结转入库的完工产品的成本；最后，将各批产品本月结转的完工产品成本及转出的生产工时汇总并记入基本生产成本二级账中，作为生产费用和生产工时的转出额。

【例 6-2】 德克雷逊装饰材料有限公司在 20××年 7 月获得 4 份订单并于当月全部投入生产。预计各月的间接计入费用相差不大，为了简化成本核算工作，德克雷逊公司采用了简化分批法计算产品成本。9 月开始有完工产品。

9 月有关资料如下。

(1) 批号为 Q01 的 A 产品 25 件，本月全部完工。

(2) 批号为 Q02 的 B 产品 20 件，本月完工 10 件，在产品 10 件。完工产品核定工时为 1 540 小时。原材料在生产开始时一次投入。

(3) 批号为 Q03 的 C 产品 28 件和批号为 Q04 的 D 产品 30 件，至本月均未有完工产品。

(4) 根据生产通知单、生产工时记录及材料费用分配表等有关资料，将 9 月发生的生产工时和直接材料费用平行登记在各批次产品的生产成本明细账和全部产品成本的基本生产成本二级账；按人工及其他间接计入费用的分配表或汇总表不分批次地登记在基本生产成本二级账，见表 6-10～表 6-14。

表 6-10 基本生产成本二级账(各批产品总成本) (1)

20××年 9 月

20××年		摘要	生产工时/小时	直接材料/元	直接人工/元	制造费用/元	费用合计/元
月	日						
8	31	在产品	6 330	183 400	75 380	60 140	318 920
9	30	本月发生	3 150	91 500	38 380	29 920	159 800
9	30	累计	9 480	274 900	113 760	90 060	478 720

表 6-11 生产成本明细账(4)

产品批号：Q01　　批量：25 件　　投产时间：8 月

产品名称：A 产品　　本月完工：25 件　　完工时间：9 月

20××年		摘要	生产工时/小时	直接材料/元	直接人工/元	制造费用/元	合计/元
月	日						
7	31	本月发生	1 000	23 100			
8	31	本月发生	900	21 900			
9	30	本月发生	800	19 000			

表 6-12　生产成本明细账(5)

产品批号：Q02　　批量：20 件　　投产时间：8 月

产品名称：B 产品　　本月完工：10 件　　在产品：10 件　　完工时间：

20××年		摘要	生产工时/小时	直接材料/元	直接人工/元	制造费用/元	合计/元
月	日						
7	31	本月发生	650	12 500			
8	31	本月发生	760	14 300			
9	30	本月发生	900	15 000			

表 6-13　生产成本明细账(6)

产品批号：Q03　　批量：28 件　　投产时间：8 月

产品名称：C 产品　　完工时间：

20××年		摘要	生产工时/小时	直接材料/元	直接人工/元	制造费用/元	合计/元
月	日						
7	31	本月发生	750	38 000			
8	31	本月发生	800	37 000			
9	30	本月发生	650	32 000			

表 6-14　生产成本明细账(7)

产品批号：Q04　　批量：30 件　　投产时间：8 月

产品名称：D 产品　　完工时间：

20××年		摘要	生产工时/小时	直接材料/元	直接人工/元	制造费用/元	合计/元
月	日						
7	31	本月发生	800	18 600			
8	31	本月发生	670	18 000			
9	30	本月发生	800	25 500			

要求：运用简化分批法计算各批次完工产品的成本，并登记有关成本明细账。

解析：

(1) 计算全部产品累计间接计入费用分配率。

$$直接人工累计分配率=\frac{113\ 760}{9\ 480}=12(元/小时)$$

$$制造费用累计分配率=\frac{90\ 060}{9\ 480}=9.5(元/小时)$$

(2) 根据完工产品的生产工时计算完工产品应分配的间接计入费用。

批号 Q01 完工产品应负担的直接人工费用＝2 700×12＝32 400(元)

批号 Q01 完工产品应负担的制造费用＝2 700×9.5＝25 650(元)

批号 Q02 完工产品应负担的直接人工费用＝1 540×12＝18 480(元)

批号 Q02 完工产品应负担的制造费用＝1 540×9.5＝14 630(元)

由于批号 Q02 还有部分产品尚未完工，且原材料在生产开始时一次投入，因此，按完工产品与在产品的实际数量分配原材料成本为

$$批号Q02完工产品应负担的直接材料费用=\frac{12\,500+14\,300+15\,000}{20}\times 10=20\,900(元)$$

其在产品应负担的直接材料费用也就剩余 20 900 元(12 500＋14 300＋15 000－20 900)。

(3) 根据以上计算结果及批号 Q01 和批号 Q02 的生产成本明细账，计算本月转出的完工产品总成本及单位成本，并登记相应的生产成本明细账，见表 6-15 和表 6-16。

表 6-15　生产成本明细账(8)

产品批号：Q01　　批量：25 件　　投产时间：8 月
产品名称：A 产品　　本月完工：25 件　　完工时间：9 月

20××年		摘要	生产工时/小时	直接材料/元	直接人工/元	制造费用/元	合计/元
月	日						
7	31	本月发生	1 000	23 100			
8	31	本月发生	900	21 900			
9	30	本月发生	800	19 000			
	30	累计数及累计间接计入费用分配率			12	9.5	
	30	本月完工转出	(2 700)	(64 000)	(32 400)	(25 650)	(122 050)
	30	完工产品单位成本		2 560	1 296	1 026	4 882

表 6-16　生产成本明细账(9)

产品批号：Q02　　批量：20 件　　投产时间：8 月
产品名称：B 产品　　本月完工：10 件　　在产品：10 件　　完工时间：

20××年		摘要	生产工时/小时	直接材料/元	直接人工/元	制造费用/元	合计/元
月	日						
7	31	本月发生	650	12 500			
8	31	本月发生	760	14 300			
9	30	本月发生	900	15 000			
	30	累计数及累计间接计入费用分配率			12	9.5	
	30	本月完工转出	(1 540)	(20 900)	(18 480)	(14 630)	(54 010)
	30	完工产品单位成本		2 090	1 848	1 463	5 401
	30	期末在产品	770	20 900			

(4) 汇总本月结转的完工产品的成本，登记基本生产成本二级账，并据此计算出全部批次在产品的总成本，见表 6-17。

本月完工产品直接材料费用总计＝64 000＋20 900＝84 900(元)

本月完工产品直接人工费用总计＝32 400＋18 480＝50 880(元)

本月完工产品制造费用总计＝25 650＋14 630＝40 280(元)

本月结转完工产品成本总计＝84 900＋50 880＋40 280＝176 060(元)

本月转出完工产品生产工时总计＝2 700＋1 540＝4 240(元)

表 6-17　基本生产成本二级账(各批产品总成本) (2)

20××年 9 月

20××年		摘要	生产工时/小时	直接材料/元	直接人工/元	制造费用/元	费用合计/元
月	日						
8	31	在产品	6 330	183 400	75 380	60 140	318 920
9	30	本月发生	3 150	91 500	38 380	29 920	159 800
9	30	累计	9 480	274 900	113 760	90 060	478 720
	30	全部产品累计间接计入费用分配率			12	9.5	
	30	本月完工转出	(4 240)	(84 900)	(50 880)	(40 280)	(176 060)
	30	期末在产品	5 240	190 000	62 880	49 780	302 660

项目要点归纳

本项目主要介绍了分批法的含义、特点、适用范围及其应用。要求了解分批法的适用范围；了解分批法成本计算对象的确定（成本明细账如何开设）、成本计算期的确定（何时计算产品的成本）、生产费用如何分配。重点理解简化分批法的“简化”所在。掌握一般分批法和简化分批法的具体应用，特别是简化分批法下生产成本二级账和明细账的开设、生产费用如何分配，与一般分批法相比开设账户及分配生产费用上有何区别。

案例分析

分批法的应用

【背景】

八大山公司根据购买单位的订货单，小批生产甲、乙两种产品，采用分批法计算产品成本。该厂下设零部件加工、装配两个基本生产车间和一个企业管理部门。20××年 5 月的生产情况和生产成本支出情况的资料如下。

(1) 5 月生产产品的批号：101 号甲产品 100 台，4 月 21 日投产，本月 20 日全部完工；102 号甲产品 200 台，4 月 23 日投产，本月末尚未完工；110 号乙产品 100 台，5 月 15 日投产，计划 6 月完工，本月提前完工 10 台。

(2) 各批产品的月初在产品成本见表 6-18。

表 6-18　月初在产品成本

20××年 5 月　　单位：元

批号	直接材料	直接人工	制造费用	合计
101	8 000	3 420	2 000	13 420
102	10 000	4 560	6 000	20 560

(3) 原材料耗费：本月生产 101 号订单产品领用原材料 6 000 元，生产 102 号订单产品领用原材料 5 000 元，生产 110 号订单产品领用原材料 10 000 元。材料在生产开始时一次投入。

(4) 人工耗费：本月零部件加工车间生产工人工资 10 000 元，零部件加工车间管理人员工资 3 000 元；装配车间生产工人工资 6 000 元，装配车间管理人员工资 2 000 元；企业管理人员工资 5 000 元。另外，企业根据上年实际发生的职工福利费情况，计提的职工福利费为工资总额的 14%，职工福利的受益对象为上述所有人员。

(5) 制造费用：根据制造费用明细账，本月零部件加工车间发生的制造费用合计 20 000 元，装配车间发生的制造费用合计 9 000 元。

(6) 产品工时记录见表 6-19。

表 6-19　产品工时记录

20××年 5 月　　单位：小时

车间	101 号	102 号	110 号	合计
零部件加工车间	1 000	2 000	1 000	4 000
装配车间	1 000	—	500	1 500
合　　计	2 000	2 000	1 500	5 500

(7) 工资、制造费用按实际工时比例在各批次产品之间进行分配。

(8) 该企业规定，如一张订单有跨月陆续完工情况，则按计划成本转出，待该批产品全部完工后，再重新计算完工产品总成本与单位成本。

110 号产品每台计划成本 530 元，其中，直接材料 200 元，直接人工 150 元，制造费用 180 元。

【讨论】

(1) 根据上述资料，应用一般分批法，你将怎样核算各批次产品的完工成本和月末在产品成本？

(2) 依据计算结果，登记相应的产品成本明细账。

【案例解析】

(1) 开设成本计算单。该公司按生产的 101 批号、102 批号、110 批号产品，分别开设成本计算单，格式见表 6-22～表 6-24。

(2) 生产费用的汇集与分配。

① 材料费用的分配。根据领、退料等原始凭证，编制材料费用分配表(略)，并编制会计分录如下。

借：基本生产成本——零部件加工车间(101 批)　　6 000
　　　　　　　　——零部件加工车间(102 批)　　5 000
　　　　　　　　——零部件加工车间(110 批)　　10 000
　　贷：原材料　　21 000

② 工资费用的分配。根据工资结算单、职工福利费计算表，编制工资及福利费分配表，见表 6-20。

表 6-20　工资及福利费分配表

项目	批别	职工工资			职工福利费/元	合计/元
		耗用工时数/小时	分配率/(元/小时)	分配金额/元		
零部件加工车间	101	1 000		2 500	350	2 850
	102	2 000		5 000	700	5 700
	110	1 000		2 500	350	2 850
小计		4 000	2.5	10 000	1 400	11 400
装配车间	101	1 000		4 000	560	4 560
	110	500		2 000	280	2 280
小计		1 500	4	6 000	840	6 840
制造费用：						
零部件加工车间				3 000	420	3 420
装配车间				2 000	280	2 280
小计				5 000	700	5 700
管理费用				5 000	700	5 700
合计				26 000	3 460	29 640

表 6-20 中，零部件加工车间生产工人工资 10 000 元，按产品实耗工时比例在 101 批、102 批、110 批产品之间分配如下。

零部件加工车间工资费用分配率＝10 000/(1 000＋2 000＋1 000)＝2.5(元/小时)

101 批产品应分配的工资费用＝1 000×2.5＝2 500(元)

102 批产品应分配的工资费用＝2 000×2.5＝5 000(元)

110 批产品应分配的工资费用＝1 000×2.5＝2 500(元)

同样，装配车间生产工人工资 6 000 元，按产品实耗工时比例在 101 批、110 批产品之间分配如下。

装配车间工资分配率＝6 000/(1 000＋500)＝4(元/小时)

101 批产品应分配的工资费用＝1 000×4＝4 000(元)

110 批产品应分配的工资费用＝500×4＝2 000(元)

根据工资及福利费分配表，编制会计分录如下。

应付工资的分配：

借：基本生产成本——零部件加工车间(101 批)　　2 500
　　　　　　　　——零部件加工车间(102 批)　　5 000

——零部件加工车间(110 批)　　2 500
——装配车间(101 批)　　4 000
——装配车间(110 批)　　2 000
制造费用——零部件加工车间　　3 000
——装配车间　　2 000
管理费用　　5 000
贷：应付职工薪酬——工资　　26 000

应付福利费的分配：

借：基本生产成本——零部件加工车间(101 批)　　350
——零部件加工车间(102 批)　　700
——零部件加工车间(110 批)　　350
——装配车间(101 批)　　560
——装配车间(110 批)　　280
制造费用——零部件加工车间　　420
——装配车间　　280
管理费用　　700
贷：应付职工薪酬——职工福利　　3 460

③ 制造费用的分配。根据实例所给出的资料(5)，将本月汇集在“制造费用”账户借方的金额合计数(零部件加工车间的 20 000 元；装配车间的 9 000 元)，按实际工时比例在各批次产品之间进行分配，编制的制造费用分配表见表 6-21。

表 6-21　制造费用分配表

20××年 5 月

车间	批号	耗用工时/小时	分配率/(元/小时)	分配金额/元
零部件加工车间	101 批	1 000	—	5 000
	102 批	2 000	—	10 000
	110 批	1 000	—	5 000
小计	—	4 000	5	20 000
装配车间	101 批	1 000		6 000
	110 批	500		3 000
小计		1 500	6	9 000

根据制造费用分配表的结果，编制会计分录如下。

借：基本生产成本——零部件加工车间(101 批)　　5 000
——零部件加工车间(102 批)　　10 000
——零部件加工车间(110 批)　　5 000
——装配车间(101 批)　　6 000
——装配车间(110 批)　　3 000

贷：制造费用——零部件加工车间　　20 000

——装配车间　　9 000

(3) 根据各种费用分配表的资料，登记各批产品成本计算单，见表6-22～表6-24。

表6-22　成本计算单(1)

批号：101　　订货单位：明华工厂

名称：甲产品　　开工日期：4月21日

批量：100台　　完工日期：5月20日　　单位：元

月	日	摘要	直接材料	直接人工	制造费用	合计
5	1	月初余额	8 000	3 420	2 000	13 420
	31	本月发生额： 零部件加工车间 装配车间	 6 000 —	 2 850 4 560	 5 000 6 000	 13 850 10 560
5	31	结转完工产品总成本	14 000	10 830	13 000	37 830
	31	单位成本	140	108.3	130	378.3

表6-23　成本计算单(2)

批号：102　　订货单位：大华工厂

名称：甲产品　　开工日期：4月23日

批量：200台　　完工日期：　　单位：元

月	日	摘要	直接材料	直接人工	制造费用	合　计
5	1	月初余额	10 000	4 560	6 000	20 560
	31	本月发生额： 零部件加工车间	5 000	5 700	10 000	20 700
	31	期末余额	15 000	10 260	16 000	41 260

表6-23中，批号102甲产品，上月23日投产，本月尚未完工。因此，产品成本计算单上5月的期末余额即为102批号甲产品的期末在产品成本。

表6-24　成本计算单(3)

批号：110　　订货单位：裕华工厂

名称：乙产品　　开工日期：5月15日

批量：100台　　完工日期：　　单位：元

月	日	摘要	直接材料	直接人工	制造费用	合计
5	31	本月发生额： 零部件加工车间 装配车间	 10 000 —	 2 850 2 280	 5 000 3 000	 17 850 5 280
		合计	10 000	5 130	8 000	23 130
		结转已完工产品(10台)成本	2 000	1 500	1 800	5 300
		期末余额	8 000	3 630	6 200	17 830

表6-24中，批号110乙产品，本月15日投产，计划6月完工，本月提前完工10台。当同一批产品跨月陆续完工时，为简化核算，可将完工产品按计划成本转出，成本计算单的期末余额即为月末在产品成本。

根据实例给出的资料，110号乙产品单位计划成本为直接材料200元，直接人工150元，制造费用180元。10台提前完工乙产品的计划总成本为

直接材料成本＝200×10＝2 000(元)

直接人工成本＝150×10＝1 500(元)

制造费用成本＝180×10＝1 800(元)

计划总成本合计＝　　　5 300(元)

(资料来源：http://www.doc.88.com/p-982628701488.html.有改动)

职业能力训练

一、单项选择题

1．分批法按(　　)开设基本生产成本明细账。

A．产品品种　　B．产品批别　　C．产品生产步骤　　D．产品类别

2．产品成本计算期与生产周期一致的成本计算方法是(　　)。

A．品种法　　B．分批法　　C．分步法　　D．定额法

3．产品成本计算的分批法，适用于(　　)。

A．大量大批生产　　B．大量小批生产

C．大量大批单步骤生产　　D．小批单件生产

4．如果每月发生的各项间接计入费用，不是按月在各批产品之间进行分配，而是在产品完工时，才在各批完工产品之间进行分配的方法是(　　)。

A．典型分批法　　B．简化分批法　　C．分步法　　D．品种法

5．采用简化的分批法，在产品完工之前，产品成本明细账(　　)。

A．不需登记任何费用

B．只登记直接计入费用(如原材料费用)和生产工时

C．只登记原材料费用

D．只登记间接计入费用

6．一般分批法与简化分批法的主要区别在于(　　)。

A．计算直接费用的方法不同　　B．分配间接费用的方法不同

C．成本计算期不同　　D．成本计算对象不同

7．简化分批法下，基本生产成本二级账登记(　　)。

A．直接费用(如原材料费用)　　B．期间费用

C．单位定额成本　　D．间接费用和生产工时

8．一般地，适合采用分批法计算产品成本的生产有(　　)。

A．供电　　B．采矿　　C．炼钢　　D．船舶制造

9．产品成本计算不定期，一般也不存在完工产品与在产品之间费用分配问题的成本计算方法是(　　)。

A．平行结转分步法　　　　　　　　B．逐步结转分步法

C．分批法　　　　　　　　　　　　D．品种法

10．关于分批法，下列说法正确的是(　　)。

A．月末必须在完工产品与在产品之间分配费用

B．成本计算期与会计报告期一致

C．适用于小批、单件、管理上不要求分步骤计算成本的多步骤生产

D．以上说法全部正确

二、多项选择题

1．分批法的主要特点是(　　)。

A．以产品的品种为成本核算对象

B．以产品的批别为成本核算对象

C．成本计算期与产品生产周期一致

D．成本计算期与财务报告期一致

2．采用分批法计算产品成本，作为某一成本计算对象的批别，可以按(　　)确定。

A．同一订单中的多种产品　　　　　B．不同订单中的同种产品

C．同一订单中同种产品的组成部分　D．不同订单中的不同产品

3．采用分批法计算产品成本时，如果批内产品跨月陆续完工的情况不多，完工产品数量占全部批量的比重很小，先完工的产品可以(　　)从产品成本明细账转出。

A．按计划单位成本

B．按定额单位成本计价

C．按近期相同产品的实际单位成本计价

D．按实际单位成本计价

4．下列情况下，不宜采用简化分批法的是(　　)。

A．各月间接计入费用水平相差悬殊

B．各月间接计入费用水平相当

C．月末未完工产品批数很少

D．月末未完工产品批数较多

5．简化分批法对于没有完工产品的月份，只登记(　　)。

A．直接材料　　　B．生产工时　　　C．直接人工　　　D．制造费用

6．采用简化分批法，(　　)。

A．必须设立生产成本二级账

B．在产品完工之前，产品成本明细账只登记原材料费用和生产工时

C．在生产成本二级账中只登记费用

D．不分批计算在产品成本

三、判断题

1．企业按照客户订单组织产品生产的情况下，通常采用分类法计算产品成本。　(　　)

2．分批法的成本计算期与会计报告期一致。　(　　)

3．采用分批法，月末不存在完工产品与在产品之间分配费用的问题。（ ）

4．在小批或单件生产的企业或车间中，只要月末未完工产品的批数比较多，就适合采用简化的分批法来简化成本核算工作。（ ）

5．采用各种成本计算方法计算产品成本，各月末都要在完工产品与月末在产品之间分配费用。（ ）

6．简化分批法的优点是，可以不分配间接计入费用。（ ）

7．应用简化分批法，应按产品批别设置生产成本明细账和基本生产成本二级账。（ ）

8．一般分批法与简化分批法的主要区别在于是否按月将间接计入费用分配到各批次的产品中。（ ）

9．作为分批法的产品成本计算批别，有时和产品订单并不一致。（ ）

10．简化分配法是指针对每月发生的各项间接计入费用，不是按月在各批产品之间进行分配，而是先将其分别累计，在产品完工的月份，再按照完工产品累计生产工时的比例，在各批完工产品之间进行分配。（ ）

四、实务训练题

1．某服饰有限公司是一家集服装生产、进出口贸易于一体的多功能企业集团。公司设有裁剪、缝纫、整理包装 3 个基本生产车间，按生产任务通知单(工作令号)分批组织生产，2010 年 9 月，基本生产车间同时生产 3 批产品：批号为 101#的牛仔裤 200 件，8 月 5 日投产，在 9 月全部完工；批号为 102#的牛仔裙 100 件，9 月 3 日投产，当月完工 20 件；批号为 103#的牛仔外套 200 件，9 月 6 日投产，尚未完工。

成本项目设有“直接材料”、“直接人工”和“制造费用”。辅助生产部门是机器设备修理小组，不单独计算成本，所发生的费用计入制造费用明细账。

成本计算的有关资料如下。

(1) 批号为 101#的牛仔裤月初在产品成本 8 000 元，其中，直接材料费用 5 000 元，直接人工费用 2 000 元，制造费用 1 000 元。

(2) 本月发生的各项费用如下。

① 101#牛仔裤耗用原材料 200 000 元，102#牛仔裙耗用原材料 120 000 元，103#牛仔外套耗用原材料 300 000 元，生产车间一般耗用原材料 10 000 元。

② 生产工人工资 256 500 元，车间管理人员工资 5 700 元。

③ 车间耗用外购的水电费 6 000 元，以银行存款付讫。

④ 计提车间负担的固定资产折旧费 800 元。

⑤ 车间负担的其他费用 1 500 元，以银行存款付讫。

(3) 其他有关资料。

① 原材料采用计划成本计价，原材料成本差异率＋1%。

② 生产工人工资按产品生产工时比例分配，其中，101#牛仔裤工时为 10 000 小时，102#牛仔裙工时为 20 000 小时，103#牛仔外套工时为 15 000 小时。

③ 基本生产车间的制造费用按产品生产工时比例进行分配。

④ 102#牛仔裙完工 20 件按定额成本转出，102#牛仔裙定额单位成本为直接材料 1 000

元，直接人工 120 元，制造费用 80 元。

要求：根据上述资料，采用分批法，登记产品成本明细账，计算各批产品的完工成本和月末在产品成本。

2．某工业企业生产组织属于小批生产，产品批数多，而且月末有许多批号未完工，因而采用简化的分批法计算产品成本。

(1) 10 月生产批号如下。

1020 号：甲产品 5 件，9 月投产，10 月全部完工。

1021 号：乙产品 10 件，9 月投产，10 月完工 6 件。

1022 号：丙产品 5 件，9 月末投产，尚未完工。

1023 号：丁产品 6 件，10 月初投产，尚未完工。

(2) 各批号 10 月末累计原材料费用(原材料在生产开始时一次投入)和工时如下。

1020 号：原材料费用 18 000 元，工时 9 020 小时。

1021 号：原材料费用 24 000 元，工时 21 500 小时。

1022 号：原材料费用 15 800 元，工时 8 300 小时。

1023 号：原材料费用 11 080 元，工时 8 220 小时。

(3) 10 月末，该厂全部产品累计原材料费用 68 880 元，工时 47 040 小时，工资及福利费 18 816 元，制造费用 28 224 元。

(4) 10 月末，完工产品工时 23 020 小时，其中乙产品 14 000 小时。

要求：

(1) 根据上列资料，登记基本生产成本二级账和各批产品成本明细账。

(2) 计算和登记累计间接费用分配率。

(3) 计算各批完工产品成本。

项目7 应用分步法

知识目标

◆ 熟悉分步法的特点及适用范围
◆ 了解逐步结转分步法和平行结转分步法的异同点
◆ 掌握逐步结转分步法的核算程序
◆ 掌握综合逐步结转分步法和分项逐步结转分步法
◆ 掌握成本还原的方法
◆ 掌握平行结转分步法的核算程序

技能目标

◆ 能应用综合逐步结转分步法和分项逐步结转分步法计算产品成本
◆ 能对半成品成本进行还原
◆ 能应用平行结转分步法计算产品成本
◆ 能按以上分步法对应的核算程序进行账务处理

重难点提示

◆ 逐步结转分步法和平行结转分步法的核算程序
◆ 综合逐步结转分步法和分项逐步结转分步法的应用
◆ 综合逐步结转分步法的成本还原
◆ 平行结转分步法的应用

案例导入

广东某机械制造厂是华南地区一家大型企业，主要生产各种机器设备。某高职学院2009级财会专业部分学生到该厂实习，他们到厂后了解到以下信息。

在经营管理上，厂部各项数据统计、传递制度比较完善，成本核算各方面基础较好。

在成本核算上，该厂生产的机器经过铸造、加工、装备3个步骤完成。铸造车间完工制成各种机器铁板，不经过仓库收发，直接转入加工车间加工成半成品，半成品通过仓库收发，装备车间向仓库领用半成品机器继续加工装备成产成品。制造产品原材料于第一铸造步骤生产开始时一次投入。此外，该厂生产各步骤月末在产品完工率均按50%计算。

实习的同学疑惑：该厂所生产的机器设备产品成本核算到底该采用品种法、分批法，还是采用分步法核算呢？通过本项目内容的学习，希望大家能替这些实习同学解除疑惑。

任务7.1 认识分步法的基本内容

7.1.1 分步法的定义及适用范围

在一些多步骤生产企业中，生产工艺过程是由若干个在技术上可以间断的生产步骤组成的，每个步骤除了尚在加工中的在产品，还生产出本步骤已完工的半成品(最后一个步骤完成的才是产成品)。这些半成品，既有可能投入到下一个生产步骤继续加工和装配，也有可能对外销售。因此，为了正确计算半成品的成本，或加强各步骤成本的监控管理，企业不仅按产品的品种计算成本，同时还按其生产步骤计算生产成本。这种以产品品种和生产步骤为对象，归集生产费用，计算产品成本的方法，就称为产品成本计算的分步法。

分步法主要适用于管理上要求分步骤计算成本的大量大批多步骤生产企业，如纺织、冶金、造纸、水泥和酿酒等企业。这些企业的产品生产可以分若干步骤来进行。例如，纺织生产可分为纺纱、织布和印染等步骤，钢铁生产则包括炼铁、炼钢和轧钢等步骤，而机械厂也常循环着铸造、加工和装配等一系列的生产步骤。

7.1.2 分步法的特点

1. 成本计算对象是各种产品及其生产步骤

如果企业只生产一种产品，成本计算对象就是该种产成品及其所经过的各生产步骤，产品成本明细账应按照该产品的生产步骤设置。如果企业生产多种产品，成本计算对象则是各种产成品及其所经过的各生产步骤，产品成本明细账应按照每种产品的各个生产步骤设置。

需要强调的是，成本计算所设置的分步与生产步骤不一定总是一致。由于自身生产和管理的实际需要，企业通常会灵活地调整成本核算的分步，并依此设置成本明细账。当生产过程在管理上不要求单独核算成本的生产步骤时，为了简化计算，可将它与其他生产步骤合并一块设置明细账并计算成本；而对于管理上要求分步计算成本的步骤，才单独设立成本明细账。而且有的情况下，企业成本核算的分步与车间的分设也不一定一致。在同一个车间可能会分几步来核算成本，也可能合并车间在同一步骤来核算成本。

2. 成本计算定期于每月月末进行

大量大批多步骤生产的企业，其产品大量重复地生产，原材料源源不断地投入，半成品与产成品接连不断地被生产出来，所以成本计算期无法与产品生产周期保持一致。一般地，产品成本的核算工作定期于每月月末进行，即成本计算期与会计报告期相一致。

3. 生产费用需要采用适当的方法在完工产品与在产品之间分配

大量大批的生产过程中，月末通常会有一定数量的在产品，因此，需要采用适当的分配方法，将生产费用在完工产品和期末在产品，或各步骤完工半成品与期末在产品之间进行分配。

7.1.3 分步法的种类

按照成本管理对各生产步骤是否需要提供半成品成本资料的不同要求，分步法可分为逐步结转分步法和平行结转分步法。

1. 逐步结转分步法

逐步结转分步法是在管理上要求各生产步骤提供半成品成本资料的情形下采用的。

逐步结转分步法也称顺序结转分步法，或计算半成品成本法，它是按照产品连续加工步骤的先后顺序，逐步计算并结转半成品成本，直至最后步骤计算出产品成本的一种方法。

2. 平行结转分步法

平行结转分步法则是在管理上不要求各生产步骤提供半成品成本资料的情形下采用的。

有的企业各步骤产出的半成品种类繁多，但很少对外销售，无需清楚计算这些半成品的成本。为了简化成本核算工作，各步骤半成品成本不随其实物的转移而计算并结转到下一步骤，而是保留在该步骤的成本明细账上，直到计算最后步骤的产成品成本时，才计算并结转应计入最终产品成本的“份额”，然后平行地汇总各步骤的份额，从而计算出产成品的成本。

平行结转分步法又称作不计算半成品成本法，将在本项目的任务7.3再做详细的介绍。

任务7.2　应用逐步结转分步法

7.2.1　逐步结转分步法的适用范围及特点

逐步结转分步法主要适用于大量大批连续式多步骤生产企业。这些企业往往出于以下原因，在成本管理上需要提供各个步骤半成品成本的资料：一是其半成品除了供本企业进一步加工外，还可以作为商品直接对外销售，需计算外销半成品的成本；二是其半成品为企业生产的几种产品共同耗用，为分别计算各种产品的成本，也需要计算这部分半成品成本 ；三是其半成品虽不对外销售，但在同业中，其成本具有可以评比的意义；四是企业实行内部经济核算，为考核各车间在产品资金的占用情况，有必要计算各车间的半成品成本。

逐步结转分步法的主要特点如下。

(1) 由于产品生产是分步骤进行的，从原材料投入到产品完工，要经过若干连续的生产步骤，除最后一个步骤生产的是产成品以外，其他步骤生产的都是完工程度不同的半成品。这些半成品，除少数可能出售外，都是下一步骤加工的对象。因此，既要计算最终产成品成本，又要计算生产过程中各步骤的半成品成本。

(2) 前一步骤的半成品成本随实物一起转入下一步骤。半成品实物转入下一步骤继续加工时，其成本也同时转入下一步骤的成本计算单中；各步骤依此类推，直至最后步骤计算产成品的成本。

(3) 每一步骤的生产费用都要在完工半成品(广义在产品)或完工产品(在最后步骤中)与在产品(狭义在产品)之间分配。每一个步骤均在使用品种法。因此，逐步结转分步法实际上是品种法的多次连续运用。

7.2.2　逐步结转分步法的成本计算程序

逐步结转分步法的成本计算程序主要分4个步骤。

第一步，将生产成本明细账上的本期生产费用合计金额分配给完工半成品和在产品。

第二步，将第一步骤半成品成本随实物的转移结转到第二步骤的生产成本明细账上。根据半成品是否通过自制半成品库转入下一步骤的不同，其具体的财务处理也有所区别。

(1) 半成品不通过自制半成品库收发。各生产步骤的完工半成品验收合格后并不入库，而是直接转交给下一生产步骤继续加工；半成品成本在各步骤产品成本明细账之间直接结转。

【例 7-1】 某企业一车间负责第一步骤的生产，二车间负责第二步骤的生产。第一步骤的半成品直接转入第二步骤时，应编制如下分录。

借：基本生产成本——二车间

　　贷：基本生产成本——一车间

将第一步骤半成品的成本直接结转到第二步骤的生产明细账上。

(2) 半成品通过自制半成品库收发。各生产步骤的完工半成品先验收入库，等下一生产步骤需要时，再从半成品仓库领出来继续加工；半成品成本以自制半成品明细账为桥梁，在各步骤的成本明细账之间结转。

如在例 7-1 中，半成品不是直接转交给二车间，而是通过自制半成品库来收发的，那么第一步骤半成品完工入库时，先编制如下分录并登记相关明细账。

借：自制半成品——××半成品

　　贷：基本生产成本——一车间

待第二步骤领用半成品时，再编制如下分录。

借：基本生产成本——二车间

　　贷：自制半成品——××半成品

将其领用第一步骤的半成品的成本间接地结转到第二步骤的生产明细账上。

第三步，第二步骤将结转来的第一步骤半成品的成本，加上第二步骤的加工费用，分配和计算出第二步骤完工的半成品成本。同样，按上述的方法将第二步骤的半成品成本，随实物的转移结转到第三步骤的生产成本明细账上。

第四步，以此类推，逐步计算和结转半成品的成本，直到最后一个步骤计算出产成品的成本为止。

逐步结转分步法的成本计算程序如图 7.1 和图 7.2 所示。

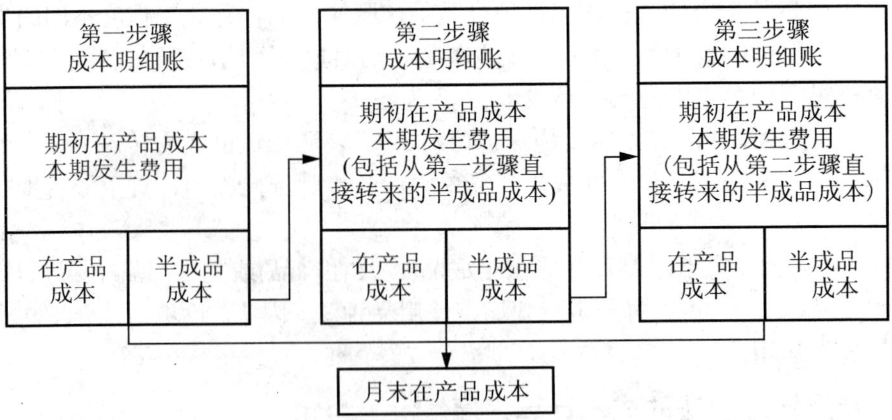

图 7.1　逐步结转分步法(不设自制半成品明细账)的成本计算程序

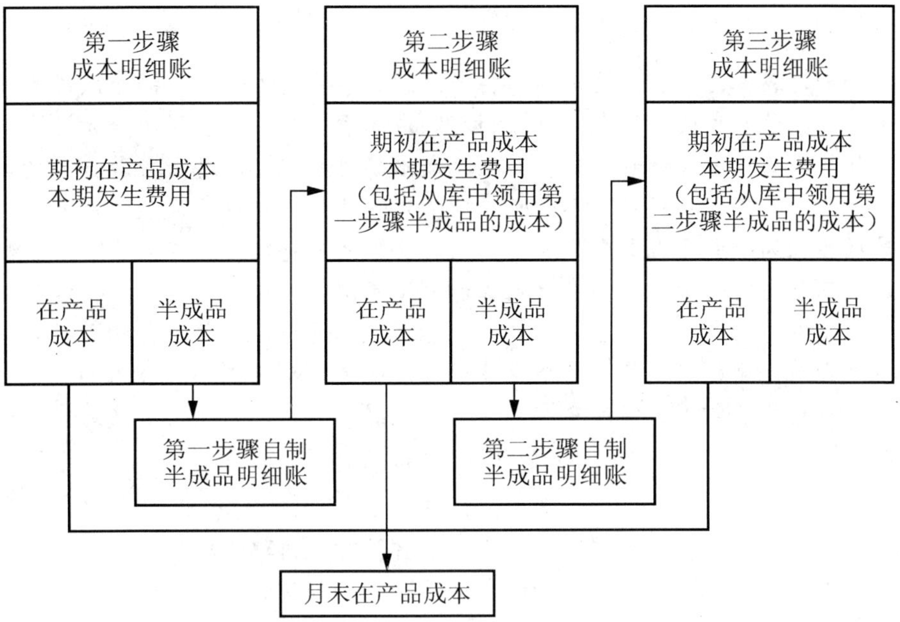

图 7.2　逐步结转分步法(设自制半成品明细账)的成本计算程序

7.2.3　逐步结转分步法的种类

按照半成品成本转入下一步骤成本明细账的方式不同，逐步结转分步法又可分为综合逐步结转分步法和分项逐步结转分步法。

1. 综合逐步结转分步法

1) 定义

综合逐步结转分步法是指将上一步骤的半成品成本不分成本项目，以综合的金额反映在下一步骤的成本明细账的“直接材料”或“半成品”成本项目中。

半成品成本可以按实际成本，也可按计划成本(或定额成本)随其实物一起结转。按实际成本结转时，如果自制半成品不通过半成品库收发，则下一步骤所耗上一步骤半成品的成本，可直接按上一步骤当期完工半成品的成本转入。但如果要通过半成品库领用上一步骤的自制半成品，就会由于各月入库半成品的单位成本不一定相同的缘故，而先根据企业的具体情况选择先进先出法或加权平均法等计价方法，计算出上一步骤入库半成品的实际单位成本，再与领用的数量相乘，计算出耗用上一步骤半成品的成本。

按实际成本计价结转，需等待上一步骤半成品的成本计算，这将影响到成本计算的及时性。因此，有的企业先按计划成本进行综合结转，其自制半成品的日常收发也按计划单位成本计价，等到月末半成品的实际成本计算出来后，再计算计划成本与实际成本之间的差异，将所耗半成品的计划成本调整为实际成本。其具体计算方法与原材料按计划成本核算非常相似。

2) 成本还原

所谓成本还原，就是恢复产品成本结构的本来面目，把产成品耗用的半成品成本逐步分解还原成“直接材料”、“直接人工”和“制造费用”等原始的成本项目，从而求得按原始成本项目反映的产品成本资料。

特别提示

为什么要进行成本还原呢？这是因为综合结转分步法将上一步骤的半成品成本当作一个整体计入下一步骤的“半成品”或“直接材料”成本项目中，掩盖了上一步骤半成品成本所包含的直接材料、直接人工和制造费用等明细成本项目的信息，造成计算出来的各步骤半成品成本及最后步骤的产成品成本，不能直接地提供按原始成本项目反映的成本资料。具体来说，就是最后步骤的产成品成本中的原材料项目反映的不是该产品在生产中真正耗用的全部原材料成本，而是把前面步骤中的直接人工和制造费用等也包括在其中；产成品成本项目中的直接人工及制造费用也仅是最后步骤的人工费用及制造费用，并不包括前面步骤耗用的人工费用及制造费用。这就不利于从整个企业的角度来考核和分析产品成本的构成和水平，不便于企业编制材料费用、人工费用及制造费用等预算。因此，有必要对最后步骤的产成品成本进行还原。

成本还原的程序：通常是从最后一个生产步骤开始，将其所耗用的上一步骤自制半成品的综合成本，按本月生产这种半成品的成本结构比例，分解还原成原来的成本项目，并逐步递推，直至还原到第一个生产步骤；然后，把各步骤还原出来的相同成本项目加以汇总，便可求出按原始成本项目反映的产成品成本。

成本还原的方法主要有还原分配率法和结构比重法。

应用还原分配率法的计算公式为

$$\text{还原分配率}=\frac{\text{本月本步骤完工产品所耗上步骤半成品成本}}{\text{本月上步骤完工半成品成本}} \tag{7-1}$$

$$\text{半成品中某成本项目还原额}=\text{本月上步骤完工成品中对应成本项目金额}\times\text{还原分配率} \tag{7-2}$$

而结构比重法的计算公式为

$$\text{上步骤半成品某成本项目比重}=\frac{\text{本月完工半成品某成本项目金额}}{\text{本月完工半成品成本}} \tag{7-3}$$

$$\text{半成品中某成本项目还原额}=\text{本月所耗上步骤半成品}\times\text{上步骤半成品中该成本项目比重} \tag{7-4}$$

3) 综合逐步结转分步法的优缺点

综合逐步结转分步法的优点：可以在各生产步骤的产品成本明细账中反映各步骤产成品所耗上步骤半成品费用的水平和本步骤加工费的水平，有利于各个生产步骤的成本管理。但同时也具有以下缺点：若要从整个企业角度反映产品成本的结构，加强企业综合的成本管理，则有必要进行成本还原，从而增加了核算的工作量。

2. 分项逐步结转分步法

1) 定义

分项逐步结转法是指各生产步骤将其所耗用的上一步骤半成品成本，分成本项目地结转到本步骤的生产成本明细账中。如果自制半成品通过半成品仓库收发，在自制半成品明细账中，也要分成本项目登记半成品成本。实际上就是按产品的成本项目分项累计计算产品成本的方式。这种方法适用于管理上不要求计算各步骤完工产品所耗的上一步骤半成品费用，而要求按原始成本项目计算产品成本的企业。

分项结转上一步骤半成品的成本，既可以按实际成本结转，也可以先按计划成本结转，再按成本项目分项调整成本差异。但由于后一种做法计算工作量较大，因而一般多采用按实际成本分项结结的方法。

2) 方法的优缺点

与综合逐步结转分步法相比，分项逐步结转分步法具有以下优点：可以直接和清楚地提供原始成本项目反映的企业产品成本资料，便于从整个企业的角度考核和分析产品成本计划的执行情况，不需要进行成本还原；但同时也具有以下缺点：成本的结转工作比较复杂，而且在各步骤半成品成本中看不出所耗前一步骤半成品费用的多少，本步骤加工费又是多少，不便于进行各步骤半成品的成本分析。

【例 7-2】 托雷公司按两个连续步骤生产甲产品，分别由第一、第二两个基本生产车间完成。第一车间生产甲半成品，交半成品库验收，第二车间按所需半成品数量向半成品库领用。半成品库每月月末按一次加权平均法计算半成品单位成本。两个车间的月末在产品均按约当量法计算。原材料在生产时一次投入，其他费用均衡发生。

第一、第二两个车间当月的产量情况见表 7-1，月初在产品成本资料及本月生产费用资料见其对应的产品成本计算单(表 7-2 和表 7-3)；自制半成品月初余额、本月第一车间完工半成品交库数量及本月第二车间领用自制半成品数量见自制半成品明细账(表 7-4)。

表 7-1　产量统计表(1)

单位：件

车间名称	产品名称	本月投产	本月完工产品	月末在产品	完工程度
第一车间	甲半成品	1 300	1 400	200	1/2
第二车间	甲产品	1 600	1 800	300	2/3

表 7-2　产品成本计算单(1)

车间名称：第一车间

产品名称：甲半成品　　单位：元

项　目	直接材料	直接人工	制造费用	合计
月初在产品成本	6 800	4 300	2 400	13 500
本月生产费用	33 200	18 200	12 600	64 000

表 7-3　产品成本计算单(2)

车间名称：第二车间

产品名称：甲产品　　单位：元

项　目	直接材料	直接人工	制造费用	合计
月初在产品成本	24 500	2 500	2 600	29 600
本月生产费用	78 400	19 500	15 400	113 300

表 7-4　自制半成品明细账(1)

产品名称：甲半成品

20××年		摘要	收入			发出			结余		
月	日		数量/件	单位成本(件/元)	总成本/元	数量/件	单位成本(件/元)	总成本/元	数量/件	单位成本(件/元)	总成本/元
×	1	期初结余							400	45.5	18 200
	30	入库	1 400								
	30	发出				1 600					

要求：

(1) 按综合逐步结转分步法计算本月完工甲产品成本，并分别按成本还原分配率法和结构比重法对甲产品成本进行还原。

(2) 按分项逐步结转分步法计算本月完工甲产品成本。

解析：

(1) 按综合逐步结转分步法计算本月完工甲产品成本。

① 根据表 7-2 中第一车间的生产费用情况和表 7-1 的产量资料计算和分配完工半成品成本、单位成本和月末在产品成本，见表 7-5。

表 7-5　产品成本计算单(3)

车间名称：第一车间

产品名称：甲半成品

项　　目	直接材料	直接人工	制造费用	合计
月初在产品成本/元	6 800	4 300	2 400	13 500
本月生产费用/元	33 200	18 200	12 600	64 000
生产费用合计/元	40 000	22 500	15 000	77 500
约当产量/件	1 600	1 500	1 500	
分配率/(元/件)	25	15	10	
完工产品成本/元	35 000	21 000	14 000	70 000
单位完工产品成本/元				50
月末在产品成本/元	5 000	1 500	1 000	7 500

② 根据第一车间完工半成品的入库单，编制如下分录，结转自制半成品成本。

借：自制半成品——甲半成品　　70 000

　　贷：基本生产成本——一车间　　70 000

③ 按自制半成品明细账的期初结余和入库数量及成本，一次加权计算甲半成品的单价和第二车间领用 1 600 件半成品的成本，并计算当月结余半成品的数量和成本，见表 7-6。

表 7-6　自制半成品明细账(2)

产品名称：甲半成品

20××年		摘要	收入			发出			结余		
月	日		数量/件	单位成本/(元/件)	总成本/元	数量/件	单位成本/(元/件)	总成本/元	数量/件	单位成本/(元/件)	总成本/元
×	1	期初结余							400	45.5	18 200
	30	入库	1 400	50	70 000				1 800	49	88 200
	30	发出				1 600	49	78 400	200	49	9 800

$$甲半成品加权平均单价=\frac{400\times 45.5+1\,400\times 50}{400+1\,400}=49(元/件)$$

本月发出甲半成品的成本＝1 600×49＝78 400(元)

据第二车间车间领用半成品的领料单，编制会计分录如下。

借：基本生产成本——二车间　　78 400

　　贷：自制半成品——甲半成品　　78 400

④ 结合表 7-1、表 7-6 和表 7-3 中关于第二车间的产量和生产费用，应用约当量法计算完工产品的成本、单位成本和月末在产品成本，见表 7-7。

表 7-7　产品成本计算单(4)

车间名称：第二车间

产品名称：甲产品

项　目	直接材料	直接人工	制造费用	合计
月初在产品成本/元	24 500	2 500	2 600	29 600
本月生产费用/元	78 400	19 500	15 400	113 300
生产费用合计/元	102 900	22 000	18 000	142 900
约当产量/件	2 100	2 000	2 000	
分配率/(元/件)	49	11	9	
完工产品成本/元	88 200	19 800	16 200	124 200
单位完工产品成本/元				69
月末在产品成本/元	14 700	2 200	1 800	18 700

编制结转入库产成品成本的分录：

借：库存商品——甲产品　　124 200

　　贷：基本生产成本——二车间　　124 200

⑤ 应用还原分配率法，还原产品成本。

$$首先，计算还原分配率=\frac{88\,200}{70\,000}=1.26$$

其次，运用以上还原分配率，将第二车间(第二步骤)产成品所耗上步骤半成品(第一车间所产)成本 88 200 元，还原成以下成本项目：

直接材料＝35 000×1.26＝44 100(元)

直接人工＝21 000×1.26＝26 460(元)

制造费用＝14 000×1.26＝17 640(元)

最后，汇总两步骤对应的成本项目，就可以得到产成品成本按原始成本项目反映的情形(见表 7-8)：

直接材料＝44 100(元)

直接人工＝26 460＋19 800＝46 260(元)

制造费用＝17 640＋16 200＝33 840(元)

表 7-8　产成品成本还原计算表(还原分配率法)

项　　目	还原分配率	所耗半成品成本/元	直接材料/元	直接人工/元	制造费用/元	成本合计/元
上步骤半成品成本			35 000	21 000	14 000	70 000
还原前产成品成本		88 200		19 800	16 200	124 200
成本还原	1.26		44 100	26 460	17 640	88 200
还原后产成品成本			44 100	46 260	33 840	124 200
还原后产成品单位成本			24.5	25.7	18.8	69

⑥ 在结构比重法下，还原产品成本。

首先，上步骤半成品各成本项目的比重如下：

直接材料所占比重＝$\frac{35\,000}{70\,000}$＝50%

直接人工所占比重＝$\frac{21\,000}{70\,000}$＝30%

制造费用所占比重＝$\frac{14\,000}{70\,000}$＝20%

其次，运用以上结构比重，将产成品所耗上步骤半成品成本 88 200 元，还原成以下成本项目：

直接材料＝88 200×50%＝44 100(元)

直接人工＝88 200×30%＝26 460(元)

制造费用＝88 200×20%＝17 640(元)

最后，汇总两步骤对应的成本项目，就可以得到产成品成本按原始成本项目反映的情形(见表 7-9)：

直接材料＝44 100(元)

直接人工＝26 460＋19 800＝46 260(元)

制造费用＝17 640＋16 200＝33 840(元)

表 7-9 产成品成本还原计算表(结构比重法)

项　　目	所耗半成品成本	直接材料	直接人工	制造费用	成本合计
上步骤半成品成本/元		35 000	21 000	14 000	70 000
上步骤半成品成本项目结构		50%	30%	20%	100%
还原前产成品成本/元	88 200		19 800	16 200	124 200
成本还原/元		44 100	26 460	17 640	88 200
还原后产成品成本/元		44 100	46 260	33 840	124 200
还原后产成品单位成本/元		24.5	25.7	18.8	69

(2) 按分项逐步结转分步法计算本月完工甲产品成本。

① 计算第一车间完工半成品成本和结转入自制半成品库的分录与以上综合逐步结转分步法的相似，不过，在“自制半成品成本明细账”上，要分成本项目登记半成品成本。按成本项目计算加权平均单价，并计算第二车间本月领用的半成品成本，如表 7-10 所示。

表 7-10 自制半成品成本明细账

产品名称：甲半成品

摘　　要	数量/件	直接材料/元	直接人工/元	制造费用/元	合计/元
月初结余	400	9 100	5 460	3 640	18 200
本月增加	1 400	35 000	21 000	14 000	70 000
合　　计	1 800	44 100	26 460	17 640	88 200
单位成本		24.5	14.7	9.8	49
本月发出	1 600	39 200	23 520	15 680	78 400
月末结余		4 900	2 940	1 960	9 800

② 月初第二车间耗用上步骤的半成品成本和本步骤加工费用的明细账，以及当月本步骤发生的加工费用，见表 7-11。

表 7-11 产品成本明细账(1)

车间名称：第二车间

产品名称：甲产品

单位：元

项　　目	直接材料	直接人工	制造费用	合计
耗用半成品成本月初结余	12 250	6 930	5 320	24 500
本步骤加工费用月初结余		2 500	2 600	5 100
月初在产品成本	12 250	9 430	7 920	29 600
当月本步骤加工费用		19 500	15 400	34 900

③ 第二步骤领用第一步骤半成品的成本，要分成本项目记入产品成本明细账的对应成本项目中。结合表 7-10 和表 7-11，计算和分配完工产品成本和在产品成本。

$$上步骤直接材料分配率=\frac{12\,250+39\,200}{1800+300}=24.5(元/件)$$

$$上步骤直接人工分配率=\frac{6\,930+23\,520}{1\,800+300}=14.5(元/件)$$

$$上步骤制造费用分配率=\frac{5\,320+15\,680}{1\,800+300}=10(元/件)$$

$$本步骤直接人工分配率=\frac{19\,500+2\,500}{1\,800+300\times\frac{2}{3}}=11(元/件)$$

$$本步骤制造费用分配率=\frac{15\,400+2\,600}{1\,800+300\times\frac{2}{3}}=9(元/件)$$

完工产品应分配的直接材料费用=1 800×24.5=44 100(元)

完工产品应分配的直接人工费用=1 800×(14.5+11)=45 900(元)

完工产品应分配的制造费用=1 800×(10+9)=34 200(元)

具体结果见表 7-12。

表 7-12　产品成本计算单(5)

车间名称：第二车间

产品名称：甲产品

项　目	直接材料	直接人工	制造费用	合计
耗用半成品成本月初结余/元	12 250	6 930	5 320	24 500
当月耗用半成品成本/元	39 200	23 520	15 680	78 400
分配率/(元/件)	24.5	14.5	10	
本步骤加工费用月初结余/元		2 500	2 600	5 100
当月本步骤加工费用/元		19 500	15 400	34 900
分配率/(元/件)		11	9	
生产费用合计/元	51 450	52 450	39 000	142 900
完工产品成本/元	44 100	45 900	34 200	124 200
单位产品成本/元	24.5	25.5	19	69
月末在产品成本/元	7 350	6 550	4 800	18 700

编制结转入库产成品成本的分录：

借：库存商品——甲产品　　124 200

　　贷：基本生产成本——二车间　　124 200

任务 7.3　应用平行结转分步法

7.3.1　平行结转分步法的定义及适用范围

平行结转分步法是指各生产步骤不计算本步骤所产半成品成本，也不计算各步骤所耗上一步骤半成品成本，只计算本步骤发生的各项费用，以及应分配计入产成品成本的“份额”，然后将同一产品各步骤成本明细账中的“份额”平行结转、汇总，计算出产成品成本的方法。

平行结转分步法主要适用于在成本管理上要求分步归集费用，各步骤所产半成品品种较多，但不需要计算各步骤半成品成本的大量大批、多步骤生产企业。

7.3.2　平行结转分步法的特点

(1) 各步骤不计算半成品成本，只计算本步骤生产费用中应计入产成品成本的“份额”。

各步骤成本明细账仅归集本步骤发生的材料、人工和制造费用等生产费用，不反映耗用上一步骤半成品的成本，也不计算本步骤完工半成品的成本。在最后步骤产成品完工入库时，计算各步骤生产费用中应计入产成品成本的“份额”，然后将这些“份额”平行结转、汇总，并计算出产成品总成本和单位成本。

(2) 半成品在各步骤之间进行实物转移时，不结转相关半成品的成本。

在生产过程中，不论半成品实物在各生产步骤之间是直接转移，还是通过半成品库收发，半成品成本均不做逐步结转，也不设“自制半成品”账户进行核算，即半成品的成本不随实物的转移而结转。因此，各步骤“基本生产成本”账户余额，不仅包括本步骤正在加工的在产品在本步骤发生的费用，还包括本步骤交付下步骤加工或转入半成品库的半成品在本步骤发生的费用。

(3) 各步骤的生产费用在产成品与月末在产品之间进行分配。

此处的产成品是狭义的，仅指完成所有加工步骤的最终产品，不包括各步骤完工的半成品。而此处的在产品，指的是广义在产品，包括各步骤尚未完工的在产品(狭义在产品)和某步骤已完工，甚至已转入半成品库或转入下一步骤但未形成最后产品的半成品。

(4) 由于计算产成品成本时，平行地转入各生产步骤发生的费用，因此，产成品成本资料反映了原始的成本项目，无需进行成本还原。

随堂训练 7-1

1. 甲制药公司对一些药品进行大量大批的多步骤生产。它有 3 个基本生产部门：配料部、胶囊部和瓶装部。配料部负责原料的筛选和配备，胶囊部负责将配好的原料装入胶囊。这两个部门的半成品不能直接对外销售，没必要计算这些半成品的成本。瓶装部将送来的胶囊按量分装到药瓶中，贴上标签，封好瓶口并盖上瓶盖，形成最终产品。

请问：(1) 如果甲公司需要了解和监控各生产部门的生产费用，你建议它选择何种方法计算这些药品的成本？

(2) 如果它并不要求分别计算各生产部门的生产费用呢？

2. 乙公司大量大批生产某种个人电脑的硬盘驱动器。生产过程分两个系列：一个系列负责生产写入头和磁盘驱动器，并且进行组装和测试；另一个系列生产电路板并完成测试。两个系列同时进行生产，而且都将半成品送入最后的组装工序，完成两个部件的组装，形成最终产品。

请问：(1) 乙公司进行的是连续式多步骤生产，还是装配式多步骤生产？

(2) 你认为乙公司适合选择怎样的产品成本计算方法？

7.3.3 平行结转分步法的基本计算程序

(1) 按产品品种和加工步骤设置成本明细账，各步骤成本明细账按成本项目分设专栏。

(2) 各步骤成本明细账分别按成本项目归集本步骤发生的生产费用(但不包括耗用上一步骤半成品的成本)。

(3) 月末将各步骤归集的生产费用在产成品与广义在产品之间进行分配，可采用约当产量法或定额比例法计算各步骤费用中应计入产成品成本的份额。其计算公式如下：

① 采用约当产量法。

$$本步骤某成本项目费用分配率=\frac{该成本项目月初结余+本月发生额}{产成品数量+本步骤广义在产品约当量} \tag{7-5}$$

$$本步骤广义在产品约当量=本步骤期末在产品约当量+以后各步骤期末在产品数量 \tag{7-6}$$

$$本步骤某成本项目费用应计入产成品的份额=产成品数量\times费用分配率 \tag{7-7}$$

② 采用定额比例法。

$$材料费用分配率=\frac{月初材料费用结余+本月材料费用发生额}{产成品定额材料成本+广义在产品定额材料成本} \tag{7-8}$$

$$材料费用应计入产成品份额=产成品定额材料成本\times材料费用分配率 \tag{7-9}$$

$$月末广义在产品材料费用结余=广义在产品定额材料成本\times材料费用分配率 \tag{7-10}$$

$$其他费用分配率=\frac{月初其他费用结余+本月其他费用发生额}{产成品定额工时+广义在产品定额工时} \tag{7-11}$$

$$其他费用应计入产成品份额=产成品定额工时\times其他费用分配率 \tag{7-12}$$

$$月末广义在产品其他费用结余=广义在产品定额工时\times其他费用分配率 \tag{7-13}$$

(4) 将各步骤费用中应计入产成品成本的份额按成本项目平行结转，汇总计算产成品的总成本及单位成本。

平行结转分步法的基本计算程序如图 7.3 所示。

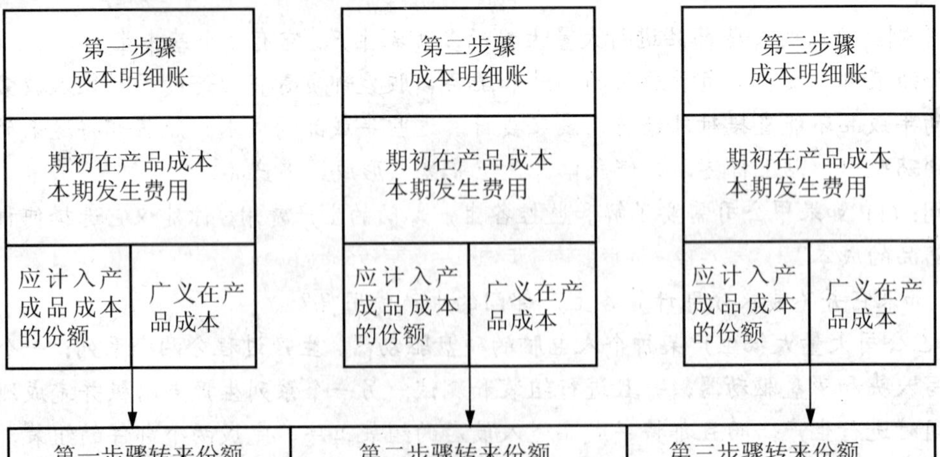

图 7.3 平行结转分步法的基本计算程序

7.3.4　逐步结转分步法与平行结转分步法的比较

采用逐步结转分步法与平行结转分步法分别计算出来的产成品成本是不一致的，这是因为各月份、各步骤发生的成本费用在构成比例上往往是不一致的，所以计算出来的结果也就有所不同。

从 4 个方面来比较两种方法的不同之处，见表 7-13。

表 7-13　逐步结转分步法与平行结转分步法的比较

不同点	逐步结转分步法	平行结转分步法
对半成品的处理方式不同	要求各步骤计算出半成品成本，所以又称计算半成品成本法。其半成品成本随实物的转移而结转，体现了物质运动与价值运动的一致	不计算各步骤半成品的成本，只计算各步骤生产费用应记入产成品成本的"份额"，所以又称不计算半成品成本法。其半成品成本不随实物的转移而结转，即物质运动与价值运动相脱节，因而也就不利于对半成品成本的监控
在产品的含义不同	逐步结转分步法所指的在产品是指本步骤尚未完工，仍需要在本步骤继续加工的在产品，是狭义在产品，不包括本步骤已完工的半成品	平行结转分步法所指的在产品，是广义在产品，不仅包括本步骤尚在加工的在产品(即狭义在产品)，还包括本步骤虽已完工、但尚未形成最终产成品的半成品
产成品的成本构成不同	逐步结转分步法的产成品成本，是由最后步骤耗用上步骤半成品的成本与最后步骤发生的费用构成。在综合结转半成品成本的情况下，需通过成本还原恢复产成品成本结构的原始面目，核算工作量较大	平行结转分步法的产成品成本，是由各步骤的生产费用平行转出的"份额"汇总而成，是原始成本项目反映的成本，因而不需要进行成本还原
成本的计算程序不同	须依照加工步骤的先后顺序，逐步计算和结转半成品的成本，直至最后步骤。虽然能有效地加强对各步骤的成本管理，但却影响了成本核算的及时性	不计算各步骤所耗上一步骤半成品的成本，只计算本步骤发生的各项费用，以及应该分配计入产成品成本的"份额"，在产品最终完工时，只需将各步骤的"份额"转出并汇总，即可算出产成品的成本。因此，平行结转分步法能简化和加速成本的计算工作，及时地提供成本信息，但在反映各步骤的成本耗费水平上，就无法求全了

7.3.5　逐步结转分步法与平行结转分步法的优缺点

逐步结转分步法与平行结转分步法的优缺点见表 7-14。

表 7-14　逐步结转分步法与平行结转分步法的优缺点

方法	优　点	缺　点
逐步结转分步法	(1) 不仅提供产成品成本资料，而且提供各步骤半成品成本资料，为确定半成品的销售价格提供了依据，也有利于分析和考核企业产品成本计划和各生产步骤半成品计划的执行情况。 (2) 各步骤半成品成本随实物转移而结转，能为各生产步骤在产品的实物管理和资金管理提供资料。 (3) 能全面反映各步骤产品的生产耗费水平，便于企业加强各步骤成本的监控管理	(1) 各加工步骤进行半成品成本的计算和结转，影响了成本核算的及时性。 (2) 对于需要掌握产品成本的原始成本项目的企业，如果采用综合结转法，则需要进行成本还原，不仅工作量大，而且不能准确反映成本结构的实际情况；而如果采用分项结转法，则各步骤成本的结转工作量大且较复杂

续表

方法	优　点	缺　点
平行结转分步法	(1) 各步骤可以同时计算产品成本，平行汇总计算出最终产成品的成本。 (2) 不需要计算和结转各个生产步骤的完工半成品成本，简化和加速了成本核算工作。 (3) 能够直接提供按原始成本项目反映的产成品成本资料，不必进行成本还原	(1) 不能提供半成品成本资料及各步骤耗用上一步骤半成品费用资料，因而不能全面反映各步骤生产耗费的水平，不利于各步骤的成本监控管理。 (2) 半成品的成本结转和实物转移相脱节，不利于各个生产步骤加强实物监管和资金管理

【例 7-3】 法玛公司生产 C 产品需经过第一、第二和第三车间连续加工制成，并采用平行结转分步法计算产品成本。原材料于生产开始时一次投入，各车间期末的在产品完工程度均为 50%，采用约当量法分配完工产品与在产品之间的费用。本月有关的产量资料见表 7-15，生产费用情况即各车间的基本生产成本明细账见表 7-16～表 7-18。

表 7-15　产量统计表(2)

产品名称：C 产品　　　　单位：件

产品名称	月初在产品	本月投产	本月完工产品	月末在产品
一车间	50	200	190	60
二车间	10	190	180	20
三车间	60	180	200	40

表 7-16　基本生产成本明细账(1)

车间名称：第一车间　　　　单位：元

项　目	直接材料	直接人工	制造费用	合计
月初在产品成本	11 200	5 800	4 640	21 640
本月生产费用	46 400	23 200	18 560	88 160

表 7-17　基本生产成本明细账(2)

车间名称：第二车间　　　　单位：元

项　目	直接材料	直接人工	制造费用	合计
月初在产品成本		2 200	1 500	3 700
本月生产费用		27 800	16 500	44 300

表 7-18　基本生产成本明细账(3)

车间名称：第三车间　　　　单位：元

项　目	直接材料	直接人工	制造费用	合计
月初在产品成本		6 200	4 100	10 300
本月生产费用		18 000	12 400	30 400

要求：

计算和结转当月 C 产成品的成本，并登记各车间基本生产成本明细账。

解析：

(1) 根据各车间的基本生产成本明细账和产量统计表，采用约当量法计算各步骤应转入产品成本的份额，见表 7-19～表 7-21。

表 7-19　基本生产成本明细账(4)

车间名称：第一车间

项　　目	直接材料	直接人工	制造费用	合计
月初在产品成本/元	11 200	5 800	4 640	21 640
本月生产费用/元	46 400	23 200	18 560	88 160
生产费用合计/元	57 600	29 000	23 200	109 800
分配率/(元/件)	180	100	80	
应转入产品成本的份额/元	36 000	20 000	16 000	72 000
月末在产品成本/元	21 600	9 000	7 200	37 800

$$直接材料分配率=\frac{57\,600}{200+(40+20+60)}=180(元/件)$$

$$直接人工分配率=\frac{29\,000}{200+(40+20+60\times 50\%)}=100(元/件)$$

$$制造费用分配率=\frac{23\,200}{200+(40+20+60\times 50\%)}=80(元/件)$$

直接材料应转入产品成本的份额＝200×180＝36 000(元)

直接人工应转入产品成本的份额＝200×100＝20 000(元)

制造费用应转入产品成本的份额＝200×80＝16 000(元)

表 7-20　基本生产成本明细账(5)

车间名称：第二车间

项　　目	直接材料	直接人工	制造费用	合计
月初在产品成本/元		2 200	1 500	3 700
本月生产费用/元		27 800	16 500	44 300
生产费用合计/元		30 000	18 000	48 000
分配率/(元/件)		120	72	
应转入产品成本的份额/元		24 000	14 400	38 400
月末在产品成本/元		6 000	3 600	9 600

$$直接人工分配率=\frac{30\,000}{200+(40+20\times 50\%)}=120(元/件)$$

$$制造费用分配率=\frac{18\,000}{200+(40+20\times 50\%)}=72(元/件)$$

直接人工应转入产品成本的份额＝200×120＝24 000(元)

制造费用应转入产品成本的份额＝200×72＝14 400(元)

表 7-21　基本生产成本明细账(6)

车间名称：第三车间

项　　目	直接材料	直接人工	制造费用	合计
月初在产品成本/元		6 200	4 100	10 300
本月生产费用/元		18 000	12 400	30 400
生产费用合计/元		24 200	16 500	40 700
分配率/(元/件)		110	75	
应转入产品成本的份额/元		22 000	15 000	37 000
月末在产品成本/元		2 200	1 500	3 700

$$直接人工分配率=\frac{24\,200}{200+40\times 50\%}=110(元/件)$$

$$制造费用分配率=\frac{16\,500}{200+40\times 50\%}=75(元/件)$$

直接人工应转入产品成本的份额＝200×110＝22 000(元)

制造费用应转入产品成本的份额＝200×75＝15 000(元)

(2) 根据以上各车间中应计入产品成本的份额，平行汇总计算出产成品的成本和单位成本，见表 7-22。

表 7-22　产品成本计算汇总表

产成品：200 件　　单位：元

项　　目	直接材料	直接人工	制造费用	合计
一车间转来份额	36 000	20 000	16 000	72 000
二车间转来份额		24 000	14 400	38 400
三车间转来份额		22 000	15 000	37 000
产成品总成本	36 000	66 000	45 400	147 400
单位成本	180	330	227	737

编制如下会计分录，结转产品成本并登记各车间的基本生产成本明细账。

借：库存商品——C 产品　　147 400

　　贷：基本生产成本——一车间　　72 000

　　　　　　　　　——二车间　　38 400

　　　　　　　　　——三车间　　37 000

项目要点归纳

本项目全面、系统地阐述了分步法的特点、适用范围、计算程序，以及相应的账务处理。分步法分为逐步结转分步法和平行结转分步法两种。要求重点掌握逐步结转分步法和平行结转分步法的具体运用，理解逐步结转分步法中综合逐步结转分步法与分项结转法的区别。着重掌握逐步结转分步法中综合逐步结转分步法的成本还原方法和过程。

案例分析

综合逐步结转法中成本还原

【背景】

某企业生产乙产品需经过两个步骤，用逐步综合结转法计算该产品的成本。20××年1月起连续7个月该产品总成本和单位成本呈不断上升趋势。7月末，总经理想了解本月乙产品的原材料、直接人工和制造费用成本项目的构成，要求财务部门提供资料，以便对该产品成本进行分析，找出进一步降低成本的潜力。成本核算人员小李根据乙产品成本明细账的资料，对用综合逐步结转法计算的产品成本进行成本还原，具体数据见表7-23。

表7-23　用综合逐步结转法计算的产品成本的还原数据

项　　目	产量/件	还原分配率	半成品/元	原材料/元	直接人工/元	制造费用/元	合计/元
还原前产成品成本	350		22 400		4 400	9 950	36 750
本月耗用半成品成本			18 900				
本月所产半成品成本				5 400	2 800	5 800	14 000
半成品还原		1.35		7 290	3 780	7 830	18 900
还原后产成品总成本	350			7 290	8 180	17 780	33 250
还原后产成品单位成本				20.83	23.37	50.80	95

半成品成本还原的计算过程如下。

还原分配率＝18 900/14 000＝1.35

因此，半成品成本将还原成以下成本项目(单位：元)。

原材料：　　5 400×1.35＝7 290

直接人工：　2 800×1.35＝3 780

制造费用：　5 800×1.35＝7 830

合计　　　　　　　18 900

总经理看后，百思不得其解，产成品总成本36 750元，为什么还原后却为33 250元呢？他提出了疑问。小李对计算过程和结果检查后，发现自己的计算是错误的。

【讨论】

(1) 小李计算错误的原因在哪里？

(2) 请你给出正确答案。

(资料来源：http://wenku.baidu.com/view/71611608ba/aa81/431d9bd.html.)

【案例解析】

(1) 采用综合逐步结转法核算产品成本的企业，当需要了解产品成本的构成时，有必要进行成本还原。成本还原是从最后一个步骤起，把产成品成本中所耗上一步骤半成品的综合成本还原为“原材料”、“直接人工”和“制造费用”等原始成本项目，从而求得按原始成本项目反映的产成品成本资料。成本还原的关键在于正确理解成本还原对象和成本还原标准，否则就不能正确地理解和操作成本还原。

导致小李计算有误的原因是，小李错误地把本月耗用的半成品成本 18 900 元当作产成品所耗用的半成品成本 22 400 元，因而计算出了错误的成本还原率和成本还原额。

(2) 正确的计算如下。

还原分配率＝22 400/14 000＝1.6

因此，半成品成本将还原成以下成本项目(单位：元)。

原材料：　　5 400×1.6＝8 640

直接人工：　2 800×1.6＝4 480

制造费用：　5 800×1.6＝9 280

合计　　　　　　　　22 400

表 7-23 中的数据则相应地更改为表 7-24。

表 7-24　用综合逐步结转法计算的产品成本的还原数据(正解)

项　　目	产量/件	还原分配率	半成品/元	原材料/元	直接人工/元	制造费用/元	合计/元
还原前产成品成本	350		22 400		4 400	9 950	36 750
本月所产半成品成本				5 400	2 800	5 800	14 000
半成品还原		1.6		8 640	4 480	9 280	22 400
还原后产成品总成本	350			8 640	8 880	19 230	36 750
还原后产成品单位成本				24.69	25.37	54.94	105

职业能力训练

一、单项选择题

1．分步法适用于(　　)。

A．单件小批生产　　B．成批生产

C．大量大批单步骤生产　　D．大量大批多步骤生产

2．在下列方法中，属于不计算半成品成本的分步法是(　　)。

A．逐步结转法　　B．综合结转法

C．分项结转法　　D．平行结转法

3．下列各种产品成本计算方法，适用于大量大批多步骤生产，且需要计算半成品成本的是(　　)。

A．品种法　　B．分批法

C．逐步结转分步法　　D．平行结转分步法

4．逐步结转分步法实际上是(　　)的多次连续应用。

A．品种法　　B．分批法　　C．分类法　　D．定额法

5．采用平行结转分步法，第二步骤的广义在产品不包括(　　)。

A．第一步骤正在加工的在产品　　B．第二步骤正在加工的在产品

C．第二步骤完工入库的半成品　　D．第二步骤转入第三步骤的半成品

6．各步骤的产品生产费用并不随半成品实物的转移而结转的分步法是(　　)。

A．逐步结转分步法　　B．平行结转分步法

C．综合逐步结转分步法　　D．分项逐步结转分步法

7．采用逐步结转分步法，其在完工产品与在产品之间分配费用，是指在(　　)之间分配费用。

A．前面步骤的完工半成品与加工中的在产品，最后步骤的产成品与加工中的在产品

B．完工半成品与月末加工中的在产品

C．产成品与广义在产品

D．产成品与月末在产品

8．采用逐步结转分步法，按照半成品在下一步骤成本明细账中反映方式的不同，可以分为(　　)。

A．综合结转法和平行结转法　　B．平行结转法和分项结转法

C．综合结转法和分项结转法　　D．实际成本结转法和计划成本结转法

9．采用平行结转分步法，在完工产品与在产品之间分配费用，是指在(　　)之间的费用分配。

A．产成品与月末在产品

B．完工半成品与月末加工中的在产品

C．前面步骤的完工半成品与加工中的在产品，最后步骤的产成品与加工中的在产品

D．产成品与广义在产品

10．平行结转分步法下，需从各步骤同时结转的成本是(　　)。

A．各步骤半成品的成本

B．各步骤发生的全部费用

C．本步骤发生的费用应计入产成品成本中的份额

D．本步骤在产品成本

11．在应用(　　)时，各生产步骤将其所耗用的上一步骤半成品成本，分成本项目记入各步骤生产成本明细账中对应的成本项目中。

A．简化分批法　　B．平行结转分步法

C．综合逐步结转分步法　　D．分项逐步结转分步法

12．在采用综合逐步结转分步法下，下步骤耗用上步骤半成品的成本应计入下步骤产品成本明细账中的(　　)。

A．直接材料或自制半成品项目　　B．直接人工项目

C．制造费用项目　　D．间接费用项目

13．在采用(　　)分步法下，为反映原始成本项目，必须进行成本还原。

A．综合逐步结转　　B．分项逐步结转

C．逐步结转　　D．平行结转

14．成本还原的对象是(　　)。

A．各步骤半成品成本　　　　　　B．各步骤所耗上一步骤半成品的综合成本

C．各步骤全部成本　　　　　　　D．产成品成本

15．进行成本还原，应以还原分配率分别乘以(　　)。

A．本月所产半成品各个成本项目的费用

B．本月所耗半成品各个成本项目的费用

C．本月所产该种半成品各个成本项目的费用

D．本月所耗该种半成品各个成本项目的费用

16．成本还原就是从最后一个步骤起，把各步骤所耗上一步骤半成品成本，按照(　　)逐步分解，还原算出按原始成本项目反映的产成品成本。

A．下一步骤半成品成本结构

B．本月完工产品成本的结构

C．上一步骤所产该种半成品成本的结构

D．上一步骤月末在产品成本的结构

17．与综合结转分步法相比较，分项结转分步法的缺点是(　　)。

A．需要进行成本还原

B．不能提供原始项目的成本资料

C．成本结转工作比较复杂

D．不便于加强各生产步骤的成本管理

18．某种产品由 3 个生产步骤组成，采用逐步结转分步法计算成本。本月第一生产步骤转入第二生产步骤费用为 120 000 元，第二生产步骤转入第三生产步骤的生产费用为 230 000 元。本月第三生产步骤发生费用为 180 000 元(不包括上一生产步骤转入的费用)，第三步骤月初在产品费用为 60 000 元，月末在产品费用为 80 000 元，本月该种产品的产成品成本为(　　)元。

A．530 000　　　B．510 000　　　C．390 000　　　D．160 000

19．采用平行结转分步法(　　)。

A．不能全面反映各个生产步骤产品的生产耗费水平

B．能够全面反映各个生产步骤半成品的生产耗费水平

C．能够全面反映各个生产步骤产品的生产耗费水平

D．能够全面反映最后生产步骤产品的生产耗费水平

20．平行结转分步法下，要求计算(　　)。

A．各步骤半成品的成本

B．本步骤发生的费用应计入产品成本中的份额

C．上一步骤转入的费用

D．还原产成品成本的原始成本项目

二、多项选择题

1．分步法计算成本的主要特点有(　　)。

A．成本计算对象是各生产步骤的半成品和最后生产步骤的产成品

B．需要采用适当的方法在完工产品与在产品之间分配当期生产费用

C．除了按品种计算和结转产品成本外，还需要计算和结转产品的各步骤成本

D．成本计算期与会计报告期一致，而与产品的生产周期不一致

2．以下关于成本计算分步法的表述中，正确的有(　　)。

A．逐步结转分步法有利于加强各步骤在产品的实物管理和资金管理

B．当企业经常对外销售半成品时，不宜采用平行结转分步法

C．采用逐步分项结转分步法时，无须计算每步骤产品成本

D．采用平行结转分步法时，无须将产品生产费用在完工产品和在产品之间进行分配

3．某公司是一家玩具制造企业。该公司按生产步骤的顺序，分别设置配件加工、组装和装饰三个生产车间。公司采用平行结转分步法计算产品成本，按车间分别设置成本明细账。组装车间的成本明细账中，“月末在产品成本”项目的“月末在产品”范围应包括(　　)。

A．“配件加工车间”正在加工的在产品

B．“组装车间”正在加工的在产品

C．“组装车间”已经完工的半成品

D．“装饰车间”正在加工的在产品

4．关于平行结转分步法的说法正确的有(　　)。

A．不计算各步骤所产半成品成本

B．各步骤可以同时计算产品成本

C．不必进行成本还原

D．不能全面地反映各步骤产品的生产耗费水平(第一步骤除外)

5．平行结转分步法中，各步骤基本生产成本账户余额包括(　　)。

A．本步骤正在加工中的在产品在本步骤发生的生产费用

B．本步骤结转来的上步骤半成品成本

C．上步骤所发生的生产费用中应计入产成品成本的份额

D．本步骤已完工且转交下步骤正在加工的在产品在本步骤发生的费用

6．广义的在产品是指(　　)。

A．尚在本步骤加工中的在产品

B．转入各半成品库的半成品

C．已从半成品库转到以后各步骤进一步加工、尚未最后制成的半成品

D．全部加工中的在产品和半成品

7．平行结转分步法适宜在(　　)的情况下采用。

A．半成品种类多，计算和结转半成品成本工作量大

B．管理上不要求提供各步骤半成品成本资料

C．管理上不要求提供原始成本项目反映的产成品成本资料

D．管理上不要求全面的反映各个生产步骤的生产耗费水平

8．逐步结转分步法的优点是(　　)。

A．能提供各个步骤的半成品成本资料

B．能为各生产步骤在产品的实物管理和资金管理提供资料
C．能全面反映各个步骤产品的生产耗用水平
D．能及时地提供成本信息

9．平行结转分步法的缺点是(　　)。
A．不能够提供各生产步骤的半成品成本
B．不能够及时地提供成本数据
C．各生产步骤不可以同时计算产品成本
D．不利于加强各生产步骤的实物和资金管理

10．采用逐步结转分步法的缺点是(　　)。
A．能够提供各个生产步骤的半成品成本资料
B．不便于各生产步骤的在产品实物管理及资金管理
C．影响成本核算的及时性
D．综合逐步结转法要进行成本还原，核算工作量大

11．采用分步法，计算各步骤半成品成本是(　　)。
A．结转共同耗用成本的需要
B．同业评比的需要
C．对外销售的需要
D．内部考核的需要

12．采用分项逐步结转法结转半成品成本的优点是(　　)。
A．直接和清楚地提供原始成本项目反映的企业产品成本资料
B．便于了解各步骤所耗上一步骤半成品费用的多少
C．便于从整个企业角度分析和考核产品成本的构成和水平
D．各步骤的成本结转工作比较简单

13．平行结转分步法的特点是(　　)。
A．各步骤不计算半成品成本
B．计算各步骤生产费用中应计入产成品成本的“份额”
C．各步骤半成品的成本与实物的转移相脱节
D．各步骤的生产费用在产成品与广义在产品之间进行分配

三、判断题

1．产品成本计算的分步与实际生产步骤完全一致。(　　)

2．在平行结转分步法下，在产品的成本是集中留在成本发生地的成本明细账内，也就是按发生地反映，不是按所在地反映。(　　)

3．平行结转分步法的完工产品为最后完工的产成品，在产品为各步骤尚未加工完成的在产品但不包括各步骤已完工但尚未最终完成的产品。(　　)

4．在采用平行结转分步法计算成本时，上一步骤的生产费用不进入下一步骤的成本计算单。(　　)

5．在采用分步法计算产品成本时，产品成本明细账即成本核算对象应按照生产步骤和产品品种设立，或者按照生产步骤设立，账中按照产品品种反映。当企业只生产一种产品时，

成本核算对象就是该种产品及其所经过的各生产步骤。 （ ）

6．分项结转分步法与综合结转分步法相比，能够在产品成本明细账中反映本月领用的半成品成本和本步骤发生的加工费用。 （ ）

7．采用逐步结转分步法计算成本时，各步骤的费用由两部分组成，一部分是本步骤发生的费用，另一部分是上一步骤转入的半成品成本。 （ ）

8．采用平行结转分步法，各步骤可以同时计算产品成本，但各步骤间不会结转半成品成本。 （ ）

9．平行结转分步法不需要通过“自制半成品”，账户核算各步骤半成本的成本。 （ ）

10．综合结转分步法下的成本还原率应小于1。 （ ）

11．逐步结转分步法实际上就是品种法的多次连续应用。 （ ）

12．采用分项结转分步法，第一步骤以后的各步骤产品成本明细账，应将“本月耗用半成品费用”单独列示。 （ ）

13．采用平行结转分步法，半成品成本不随实物的转移而转移。 （ ）

14．采用逐步结转分步法，必须进行成本还原。 （ ）

15．综合结转分步法下的成本还原，是从第一个步骤往后逐步进行的。 （ ）

16．采用逐步结转分步法，完工产品与在产品之间的费用分配，是指在产成品与广义在产品之间的费用分配。 （ ）

17．采用逐步结转分步法计算成本时，各步骤的费用由两部分组成，一部分是本步骤发生的费用，另一部分是上一步骤转入的半成品成本。 （ ）

18．在分步法下，各步骤成本的结转采用逐步结转和平行结转两种方法。逐步结转还可分为综合结转和分项结转，并要求进行成本还原。 （ ）

19．分项逐步结转分步法适用于管理上不要求计算各步骤完工产品所耗的上一步骤半成品费用，而要求按原始成本项目计算产品成本的企业。 （ ）

四、实务训练题

1．X企业生产甲产品经过两个生产步骤，第一步骤的半成品直接交由第二步骤使用，一件甲产品耗用2件半成品。假定第一步骤本月转出半成品200件，总成本为70 000元，其中直接材料50 000元，直接人工8 000元，制造费用12 000元；第二步骤本月完工甲产品80件，总成本为72 000元，其中，半成品56 000元，直接人工6 000元，制造费用10 000元。

要求：分别采用还原分配率法和结构比重法进行还原。

2．Y企业大量大批生产乙产品，生产分两个步骤，分别由第一、第二两个生产车间完成。第一车间生产出来的半成品，于验收后入半成品库；第二车间从半成品库领出半成品继续加工，直至形成乙产品。半成品库采用月末一次加权平均法计算单位成本。两个车间月末在产品均按定额成本计价。该企业采用按实际成本综合结转的逐步结转分步法计算乙产品成本。第一、第二两个车间月初、月末在产品定额成本资料及本月生产费用资料见表7-25和表7-26产品成本；自制半成品月初余额、本月第一车间完工半成品交库数量及本月第二车间领用自制半成品数量见表7-27。

要求：

(1) 计算填写产品成本明细账和自制半成品明细账。

(2) 计算填写产成品成本还原计算表(列出还原分配率的计算过程)。

表 7-25　产品成本明细账(2)

车间名称：第一车间
产品名称：半成品
单位：元

项　目	直接材料	直接人工	制造费用	合计
月初在产品定额成本	6 000	3 800	2 900	12 700
本月生产费用	30 200	21 500	16 500	68 200
生产费用合计				
完工半成品成本				
月末在产品定额成本	6 300	2 800	1 800	10 900

表 7-26　产品成本明细账(3)

车间名称：第二车间
产品名称：乙产品
单位：元

项　目	半成品	直接人工	制造费用	合计
月初在产品定额成本	27 600	2 450	2 600	32 650
本月生产费用		19 600	15 400	
生产费用合计				
结转产成品成本				
月末在产品定额成本	13 800	5 250	4 000	23 050

表 7-27　自制半成品明细账(3)

半成品名称：半成品

月份	月初余额		本月增加		合　计			本月减少	
	数量/件	实际成本/元	数量/件	实际成本/元	数量/件	实际成本/元	单位成本/元	数量/件	实际成本/元
7	500	11 000	2 500					2 600	
8		10 800	—	—	—	—	—	—	—

3．Z 企业大量生产丙产品，依次经过 3 个车间生产完成，第二车间在第一车间生产的丙 A 半成品的基础上生产出丙 B 半成品，第三车间将丙 B 半成品加工成丙产成品。采用逐步结转分步法计算成本，半成品成本按成本项目分项结转。半成品在各个生产步骤之间直接结转，直接材料在第一车间一次投入。各生产步骤采用约当产量比例法在完工半成品与期末在产品之间分配成本。9 月的有关成本计算资料见表 7-28 和表 7-29。

表 7-28　产量资料

单位：件

项　目	第一车间	第二车间	第三车间
月初在产品	70	90	30
本月投产	180	150	200
本月完工	150	200	180
月末在产品	100	40	50

表 7-29　成本资料

单位：元

项　目		直接材料	直接人工	制造费用	合计
月初资料	第一车间：				550
	所耗半成品				
	本步骤成本	350	140	60	550
	第二车间：				1 000
	所耗半成品	450	150	60	660
	本步骤成本		180	160	340
	第三车间：				880
	所耗半成品	150	310	250	710
	本步骤成本		120	50	170
本月各步骤发生费用	第一车间	900	400	300	1 600
	第二车间		700	500	1 200
	第三车间		300	160	460

各车间在产品完工程度分别为 30%、50%、60%。

要求：按半成品实际成本分项结转分步法计算丙产品成本。

4．W 企业生产丁产品分 3 个车间连续加工，原材料在生产开始时一次投入，各车间的产量记录见表 7-30。

表 7-30　各车间产量记录

单位：件

项　目	第一步骤	第二步骤	第三步骤
月初结存在产品	300	400	200
本月投产	800	1 000	1 200
本月完工转出	1 000	1 200	1 100
月末结存在产品	100	200	300
月末在产品完工率	60%	50%	50%

各车间发生的费用分别由表 7-31～表 7-33 列示。

表 7-31　基本生产成本明细账(7)

车间名称：第一车间　　单位：元

项　目	直接材料	直接人工	制造费用	合计
月初在产品成本	103 500	11 700	8 700	123 900
本月生产费用	100 500	13 200	9 975	123 675

表 7-32　基本生产成本明细账(8)

车间名称：第二车间　　单位：元

项　目	直接材料	直接人工	制造费用	合计
月初在产品成本		5 560	4 140	9 700
本月生产费用		15 440	11 610	27 050

表 7-33　基本生产成本明细账(9)

车间名称：第三车间　　　　单位：元

项　目	直接材料	直接人工	制造费用	合计
月初在产品成本		1 800	1 300	3 100
本月生产费用		20 700	14 950	35 650

要求：

(1) 按约当产量比例法的要求，计算各步骤的总约当产量。

(2) 计算各步骤应计入产成品成本的份额。

(3) 编制产品成本计算表，并做产成品入库的会计分录。

项目 8 应用辅助方法

知识目标

- 了解各种产品成本计算辅助方法的特点及使用范围
- 理解各种产品成本计算辅助方法的基本原理
- 掌握各种产品成本计算辅助方法的应用

技能目标

- 能根据企业生产的特点选择相应的成本计算辅助方法
- 能正确运用分类法分配计算产品成本
- 能正确运用定额法分配计算产品成本

重难点提示

- 掌握运用分类法分配计算产品成本
- 掌握运用定额法分配计算产品成本

案例导入

某木器加工厂在加工圆木后，会产生一等木板、二等木板和三等木板，另外还会有用锯末压制而成的副产品夹板。2011 年 10 月该厂共加工产出一等木板 1 000 立方米，二等木板 800 立方米，三等木板 300 立方米，并生产出副产品夹板 100 立方米。上述产品在按照市场同类产品价格销售后，发现只有一等木板有盈利且利润较高，二等木板、三等木板和夹板都发生亏损，而且等次越低亏损额越大。会计小吴觉得奇怪，到底哪里出问题呢？经过成本资料分析，原来是产品成本计算采用按产量平均分配总成本所致。那么，应该采用什么方法分配产品成本呢？通过本项目内容的学习，相信大家能够了解企业应该如何对产品成本进行计算才合理。

任务 8.1 应用分类法

8.1.1 分类法的概念

分类法是将企业生产的产品分为若干类别，以各产品类别作为成本计算对象，归集生产费用，先计算各类别产品成本，然后再按一定的方法在类内各种产品之间进行分配，以计算出各种产品成本的一种辅助方法。

8.1.2 分类法的适用范围

分类法适用于产品品种、规格繁多，并且可以按照一定标准分类的企业，如食品厂、制鞋厂等。还适用于工业企业的联产品、副产品，以及某些等级产品、零星产品的成本计算，具体如下。

1. 联产品

联产品是指企业用同一原材料经过同一生产过程，同时生产出来的几种具有同等地位的主要产品，如化工企业对原油进行提炼，炼出的汽油、煤油、柴油等产品。

联产品所用的原材料和工艺过程相同，因而最易于、也只能归为一类，采用分类法计算成本。

2. 副产品

副产品是在主要产品的生产过程中附带生产出来的非主要产品。例如，炼铁生产中产生的高炉煤气，提炼原油过程中产生的渣油、石油焦，以及制皂生产中产生的甘油等。

主副产品之间成本的划分，可以采用分类法。其中，如果副产品的比重较大，应该将主、副产品视同联产品计算成本；如果副产品比重不大，为简化成本计算工作，可以采用与分类法相类似的方法计算成本，即将主副产品合为一类归集费用、计算成本，然后将副产品按照一定的方法计价，从总成本中扣除，以扣除后的成本作为主产品的成本。

3. 等级产品

等级产品是指品种相同、但质量有差别的产品。注意等级产品与不合格品是不同的概念。

区分产品质量差别形成的原因是等级产品能否使用分类法的关键。

(1) 如果产品质量差别是由于内部结构、所用原材料的质量或工艺技术上的要求等不同客观原因产生的，可将其视为同一品种不同规格的一类产品，采用分类法计算成本。

(2) 如果产品质量差别是由于工人操作不当等主观原因造成的，则不同等级产品成本相同。

4. 零星产品

零星产品是指企业除了生产主要产品以外，还可能为协作企业等生产的少量零部件，或者自制少量材料和工具、器具等。

这些零星产品虽然材料、工艺并不接近，但由于其品种规格繁多、数量少，所占的费用比重也小，为简化成本计算工作，可以考虑将其归为几类，采用分类法计算成本。

8.1.3 分类法的特点

(1) 分类法的成本计算对象为产品的类别，按类别归集生产费用。

(2) 分类法只是成本计算的辅助方法，关于成本计算期如何确定，生产费用是否要在完工产品和月末在产品之间分配等问题，都依它所结合使用的成本计算的基本方法而定。

8.1.4 分类法的计算程序

(1) 根据产品所用的原材料和工艺技术过程的不同，将产品划分为若干类，按照产品的类别开立产品成本明细账，按类归集产品的生产费用，计算各类产品的成本。

(2) 选择合理的分配标准，分别将每类产品的成本，在类内的各种产品进行分配，计算每类产品内各种产品的成本。

假定某企业产品品种、规格繁多，但可以按一定的标准将其分为甲、乙、丙 3 类产品。其中，甲类包括 A、B 两种产品；乙类包括 C、D 两种产品；丙类包括 E、F、G 3 种产品。那么产品成本明细账的设置，以及分类法成本计算的一般程序一般如图 8.1 所示。

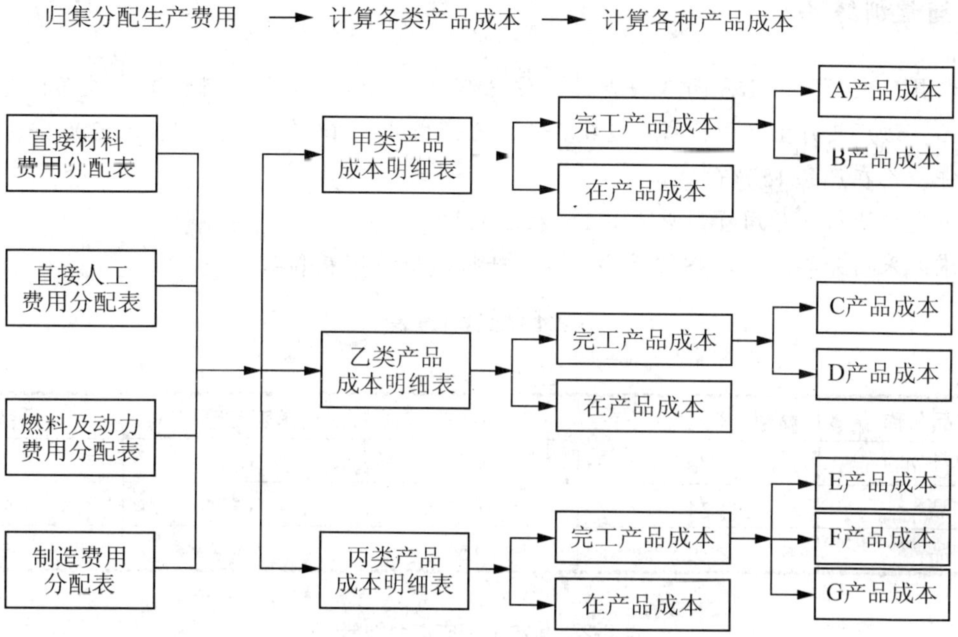

图 8.1　分类法成本计算流程

同类产品内各种产品之间分配费用的标准，一般有定额消耗量、定额费用、售价及产品的体积、长度、重量等。在选择费用的分配标准时，主要应考虑与产品生产耗费的关系，即应选择与产品各项耗费有密切关系的分配标准。

在类内各种产品之间分配标准时，各成本项目可以按同一个分配标准进行分配；为了使分配结果更为合理，也可以根据各成本项目的性质，分别按照不同的分配标准进行分配。例如，原材料费用可以按照原材料定额消耗量或原材料定额费用比例进行分配，工资及福利费等其他费用可以按照定额工时比例进行分配。

此外，为了简化分配工作，可以将分配标准折算成相对固定的系数，按照固定的系数在类内各种产品之间分配费用。确定系数时，一般是在类内选择一种产量较大、生产比较稳定或规格折中的产品作为标准产品，将这种产品的系数定为 1；再用其他各种产品的分配标准额分别与标准产品的分配标准额相比较，计算出其他各种产品的分配标准额与标准产品的分配标准额的比率，即系数。在分类法中，按照系数分配类内各种产品成本的方法称为系数法。系数一经确定，在一定时期内应相对稳定。实际工作中，也采用按照标准产品产量比例分配类内各种产品成本的方法，即将各种产品的产量按照系数进行折算，折算成标准产品产量，然后，按照标准产品产量的比例分配类内各种产品的成本，这也是一种系数分配法。

系数法的计算公式为

$$某产品标准产量(总系数)=该产品实际产量\times该产品系数 \tag{8-1}$$

某类产品某项费用分配率＝该类完工产品该项费用总额/该类内各种产品标准产量之和 (8-2)

某种产品应负担的某项费用＝该种产品标准产量(总系数)×该类产品该项费用分配率 (8-3)

随堂训练 8-1

某农具厂生产甲、乙、丙 3 种产品。该 3 种产品的结构所用材料和工艺过程相近，合为 A 类产品。该厂某月生产甲产成品 2 000 件、乙产成品 1 000 件、丙产成品 1 200 件；甲在产品 100 件，乙在产品 150 件。

有关定额资料和费用资料见表 8-1～表 8-3。

要求：采用分类法计算各种产品成本，并将结果填入表 8-4。

表 8-1 系数计算表(1)

类别：A 类　　20××年 6 月

产品名称	材料消耗定额/千克	系数	工时消耗定额/小时	系数
甲产品(标准产品)	20	1	10	1
乙产品	24	1.2	15	1.5
丙产品	10	0.5	5	0.5

表 8-2 基本生产成本明细账(1)

类别：A 类　　20××年 6 月　　单位：元

摘　要	直接材料	直接人工	制造费用	合计
月初在产品成本	2 083.80	969.20	957.50	4 010.50
本月发生费用	6 100.20	3 130.00	2 458.50	11 688.70
费用累计	8 184.00	4 099.20	3 416.00	15 699.20
完工产品成本	7 600.00	3 936.00	3 280.00	14 816.00
月末在产品成本	584.00	163.20	136.00	883.20

表 8-3 总系数(标准产品产量)计算表

类别：A 类　　20××年 6 月

产品名称	产成品产量/件	直接材料		加工费用	
		系数	总系数	系数	总系数
甲产品	2 000	1	2 000	1	2 000
乙产品	1 000	1.2	1 200	1.5	1 500
丙产品	1 200	0.5	600	0.5	600
合计			3 800		4 100

表 8-4 类内产品成本分配表

类别：A 类 20××年 6 月

摘 要	直接材料	直接人工	制造费用	合计
A 类完工产品总成本/元				
总系数				
分配率				
甲完工产品总成本/元				
甲产品单位成本/元				
乙完工产品总成本/元				
乙产品单位成本/元				
丙完工产品总成本/元				
丙产品单位成本/元				

8.1.5 分类法的优缺点及应用条件

1. 优点

(1) 简化成本的计算工作。

(2) 能够在产品品种、规格繁多的情况下，分类掌握成本的水平。

2. 缺点

(1) 分类法的计算结果具有一定的假定性。

(2) 产品分类的不合适、类距的不合理、分配标准不符合实际等都将影响计算的准确性。

3. 应用条件

(1) 正确划分产品类别，适当选择类距和分配标准，做到既简化成本计算工作，又使成本计算相对正确，是应用分类法的关键所在。

(2) 当产品结构、所用原材料或工艺过程发生较大变动时，应及时调整类别、修订分配系数或考虑另选分配标准。

任务 8.2 应用定额法

8.2.1 定额法的概念

定额法是为了及时核算和监督实际生产费用和产品成本脱离定额的差异，加强定额管理和成本控制而采用的一种产品成本计算的辅助方法。

定额法与实际成本计算方法的区别主要体现在以下几个方面。

(1) 在生产费用的日常核算上，定额法将实际发生额分成符合定额的耗费和不符合定额的耗费。

(2) 在计算产品的实际成本上，定额法下产品的实际成本是通过符合定额的耗费，加减不符合定额的耗费求得的。

(3) 在方法角度上，定额法不仅是一种产品成本计算方法，还是一种对产品进行直接控制、管理的方法。

(4) 在成本反映控制上，成本法不仅能进行事后成本控制，而且包含了事前、事中、事后的全过程控制和管理，从而及时、有效地促进生产耗费的节约及产品成本的降低。

8.2.2 定额法的适用范围

(1) 企业定额管理制度比较健全，定额管理基础较好。

(2) 企业产品的生产已经定型，消耗定额比较准确稳定。

8.2.3 定额法的特点

定额法只是成本计算的辅助方法，关于成本计算对象、成本计算期如何确定，生产费用是否要在完工产品和在产品之间进行分配，都要依它所结合使用的成本计算的基本方法而定。

(1) 事前制定产品的消耗定额、费用定额和定额成本作为降低成本的目标，对产品成本进行事前控制。

(2) 在生产费用发生的当时，将符合定额的费用和发生的差异分别核算、分析和控制。

(3) 月末在定额成本的基础上加减各种成本差异，计算产品的实际成本，为成本的定期考核和分析提供数据。

8.2.4 定额法的计算程序

1. 定额成本的计算

1) 定额成本

采用定额法计算产品成本，必须首先制定产品的原料、动力、工时等消耗定额，并根据各项消耗定额和原材料的计划单价、计划的工资率(计划每小时生产工资)或计件工资单价、制造费用率(计划每小时制造费用)等资料，计算产品的各项费用定额和产品的单位定额成本。

2) 定额成本与计划成本的联系

产品的定额成本与计划成本既有相同之处，又有不同之处，相同之处是，两者都是以生产耗费的消耗定额和计划单价为根据确定的目标成本。例如，

产品原材料消耗定额×原材料计划单价＝原材料费用定额

产品生产工时定额×生产工资计划单价＝生产工资费用定额

产品生产工时定额×制造费用计划单价＝制造费用定额

生产工人工资和制造费用，通常是按生产工时比例分配记入产品成本的，因而其计划单价通常是计划的每小时各项费用额。各项费用定额的合计数，就是单位产品的定额成本或计划成本。

特别提示

定额成本与计划成本两者的不同之处。计划成本所依据的消耗定额是计划期(一般为一年)内平均消耗定额，也称计划定额，在计划期内通常是不变的；而计划定额成本所依据的消耗定额是现行的定额，是企业在当时的生产技术条件下，在各项消耗上应达到的标准，它应随着生产技术的进步、劳动生产率的提高而不断修订。此外，计算计划成本所依据的原材料等的计划单价，在计划期内通常也是不变的；计算定额成本所依据的生产工资和制造费用的计

划单价，则可能变动。因此，计划成本在计划期内通常是不变的；定额成本在计划期内则是变动的。

定额成本与计划成本的区别如图 8.2 所示。

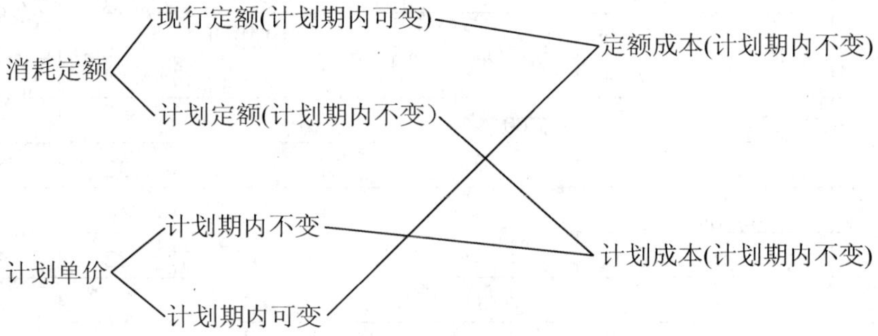

图 8.2 定额成本与计划成本的区别

由上述可见，所谓产品的定额成本，也就是根据各种有关的现行定额计算的成本。制定定额成本，可以使企业的成本控制和核算更加有效更加符合实际，从而保证成本计划的完成。

3) 产品定额成本的计算程序

采用定额法，必须先制定单位产品的消耗定额、费用定额，并据以制定单位产品的定额成本。

单位定额成本包括单位零件定额成本、单位部件定额成本和单位产品定额成本，通常由计划、技术、财会等部门共同制定。定额成本的计算，一般通过编制定额成本计算表进行。定额成本计算表的编制与产品结构、所用零部件的多少有关。

(1) 在零部件不多的情况下，可以先编制单位零件定额成本计算表，然后汇总编制单位部件定额成本计算表，最后汇总编制单位产成品定额成本计算表。

(2) 在零部件较多的情况下，为简化成本计算工作，可不编单位零件定额成本计算表，直接根据列有零件原材料消耗定额、所在工序和工时定额的零件定额卡，以及原材料计划单价、计划小时工资率和计划小时制造费用率，编制单位部件定额成本计算表，然后再汇总编制单位产成品定额成本计算表。

(3) 在零部件极多的情况下，为使成本计算工作更加简化，可以不编单位零件定额成本计算表和单位部件定额成本计算表，直接根据列有零件原材料消耗定额、所在工序和工时定额的零件定额卡，和列有部件原材料消耗定额、计划单价和工时定额的部件定额成本计算卡，以及计划小时工资率和计划小时制造费用率，直接编制单位产品定额成本计算表。

零件定额卡和部件定额成本计算卡的格式及举例分别见表 8-5 和表 8-6，由此编制的成品定额成本计算表见表 8-7。

表 8-5 零件定额卡

零件编号、名称：2101　　　　20××年××月

材料编号、名称	计量单位	材料消耗定额
1301	千克	4
工序编号	工时定额/小时	累计工时定额/小时
1	2	2
2	4	6

表 8-6　部件定额成本计算卡

部件年号、名称：2100　　　　　　　200×年××月

所需零件编号、名称	零件数量/个	材料定额							工时定额/小时
		1301			1302			金额合计/元	
		数量/个	计划单价/(元/个)	金额/元	数量/个	计划单价/(元/个)	金额/元		
2101	3	12	5	60				60	18
2102	2				8	4	32	32	12
装配									4
合计				60			32	92	34

定额成本项目					定额成本合计/元
原材料/元	工资及福利费		制造费用		
	计划工资率	金额/元	计划费用率	金额/元	
92	7.5	255	4	136	483

表 8-7　成品定额成本计算表

产品编号：2000

所需零件编号、名称	所用部件数量/个	材料费用定额/元		工时定额/小时	
		部件	产品	部件	产品
2100	2	92	184	34	68
2200	2	110	220	30	60
装配					12
合计			404		140

产品定额成本项目					产品定额成本合计/元
原材料/元	直接人工		制造费用		
	工资率	金额/元	费用率	金额/元	
404	7.5	1 050	4	560	2 014

2. 脱离定额差异的核算

脱离定额差异是指在生产过程中，各项生产费用的实际支出脱离现行定额或预算的数额。脱离定额差异的核算，就是在发生生产费用时，为符合定额的费用和脱离定额的差异，分别编制定额凭证和差异凭证，并在有关的费用分配表和明细账中分别予以登记。这样，就能及时正确地核算和分析生产费用脱离定额的差异，控制生产费用的支出。因此，对定额差异的核算是实行定额法的重要内容。在有条件的企业，可以将脱离定额差异的日常核算同车间或班组经济责任结合起来，依靠各生产环节的职工，控制生产费用。

1) 原材料脱离定额差异的核算

在各项成本项目中，原材料费用(包括自制半成品费用)一般占有较大的比重，且属于直接计入费用，因而更有必要和可能在费用发生的当时就按产品核算定额费用和脱离定额的差异，并以不同的凭证予以反映。

原材料脱离定额差异的核算方法，一般有限额法、切割核算法和盘存法 3 种。下面分别加以介绍。

(1) 限额法。为了控制材料的领用，在定额法下，原材料的领用应该实行限额领料(或定额发料)制度，符合定额的原材料应根据限额领料单等定额凭证领发。由于其他原因发生的超额用料或代用材料的用料，则应填制专设的超额领料单、待用材料领料单等差异凭证，经过一定的审批手续后领发。

在每批生产任务完成以后，应根据车间余料编制退料手续，退料单也是一种差异凭证。退料单中的原材料数额和限额领料单中的原材料余额，都是原材料脱离定额的节约差异。

特别提示

原材料脱离定额差异是产品生产中实际用料脱离现行定额而形成的成本差异，而限额法并不能完全控制用料，上述差异凭证所反映的差异往往只是领料差异，而不一定是用料差异。这是因为投产的产品数量不一定等于规定的产品数量，所领原材料的数量也不一定等于原材料的实际消耗量，即期初、期末车间可能有余料。

【例 8-1】 某限额领料单规定的产品数量为 1 000 件，每件产品的原材料消耗定额为 5 千克，则领料限额为 5 000 千克；本月实际领料 4 800 千克，领料差异为少领 200 千克。现假定有以下 3 种情况。

第一种情况：本期投产产品数量符合限额领料单规定的产品数量，即也是 1 000 件，且期初、期末均无余料，则上述少领 200 千克的材料差异就是用料脱离定额的节约差异。

第二种情况：本期投产产品数量仍为 1 000 件，但车间期初余额余料为 100 千克，期末余料为 120 千克，则

原材料定额消耗量＝1 000×5＝5 000(千克)

原材料实际消耗量＝4 800＋100－120＝4 780(千克)

原材料脱离定额差异＝4 780－5 000＝－220(千克)(节约)

第三种情况：本期投产产品数量为 900 件，车间期初余料为 100 千克，期末余料为 120 千克，则

原材料消耗定额量＝900×5＝4 500(千克)

原材料实际消耗量＝4 800＋100－120＝4 780(千克)

原材料脱离定额差异＝4 780－4 500＝＋280(千克)(超支)

由此可见，只有投产产品数量等于规定的产品批量，且车间期初、期末均无余料或期初、期末余料数量相等时，领料(或发料)差异才是用料脱离定额的差异。

(2) 切割核算法。对于某些贵重材料或经常大量使用的且又需要经过在准备车间或下料工段切割后才能进一步进行加工的材料，如板材、棒材等，还应采用材料切割核算单。通过材料切割核算单，核算用料差异，控制用料。

材料切割核算单，应按切割材料的批别开立，在单中要填明切割材料的种类、数额、消耗定额和应切割成的毛坯数量。切割完毕后，要填写实际切割成的毛坯数量和材料的实际耗量；然后根据实际切割成的毛坯数量和消耗定额，即可求得材料定额消耗量，再将此与材料实际消耗量相比较，即可确定脱离定额差异。

采用材料切割核算单进行材料切割的核算，能及时反映材料的使用情况和发生差异的具

体原因，有利于加强对材料消耗的控制和监督。在有条件的情况下，如与车间或班组的经济核算结合起来，则可以收到更好的效果。

(3) 盘存法。在大量生产不能按照上述分批核算原材料脱离定额差异的情况下，除仍要使用限额领料单等定额凭证和超额领料单等差异凭证，以便控制日常材料的实际消耗外，还应定期通过盘存的方法核算差异。

① 根据完工产品数量和产品盘存(实地盘存或账面结存)数量算出投产产品数量，再乘以原材料消耗定额，算出原材料定额消耗量。其中投产产品数量的计算公式为

$$本期投产产品数量=本期完工产品数量+期末在产品数量-期初在产品数量 \qquad (8\text{-}4)$$

② 根据限额领料单、超额领料单、退料单等材料凭证及车间余料的盘存数量，计算原材料实际消耗量。

③ 将原材料实际消耗量与定额消耗量进行比较，进而确定原材料脱离定额的差异。

【例 8-2】 生产乙产品使用 C 材料。乙产品期初在产品为 50 件，本期完工产品为 1 000 件，期末在产品为 150 件。生产乙产品用原材料系在生产开始时一次投入，乙产品的原材料消耗定额为每件 2 千克，原材料的计划单价为每千克 10 元。限额领料单中载明的本期已实际领料数量为 2 100 千克。车间期初余料为 50 千克，期末余料为 20 千克。有关数据计算如下。

投产产品数量＝1 000＋150－50＝1 100(件)

原材料定额消耗量＝1 100×2＝2 200(千克)

原材料实际消耗量＝2 100＋50－20＝2 130(千克)

原材料脱离定额差异(数量)＝2 130－2 200＝－70(千克)(节约)

原材料脱离定额差异(金额)＝－70×10＝－700(元)(节约)

对于原材料的定额消耗量和脱离定额的差异，应分批或定期地按照成本计算对象进行汇总，编制原材料定额费用和脱离定额差异汇总表。

自制半成品的定额消耗量、定额费用和脱离定额的差异的核算方法与原材料相同。

2) 生产工资脱离定额差异的核算

计件工资制下，生产工人工资属于直接计入费用，其脱离定额差异的计算与原材料脱离定额差异的计算相似。

计时工资制下，生产工人工资属于间接计入费用，其脱离定额差异不能在平时按照产品直接计算，只有在月末实际生产工人工资确定以后，才可按以下公式计算。

$$\begin{aligned}某产品生产工资脱离定额的差异&=该产品实际生产工资-该产品定额生产工资\\&=该产品实际生产工时\times实际小时工资率-\\&\quad\;该产品实际产量的定额生产工时\times\\&\quad\;计划小时工资率\end{aligned} \qquad (8\text{-}5)$$

其中，

$$计划小时工资率=\frac{某车间计划产量的定额直接人工费用总额}{该车间计划产量的定额生产工时总额} \qquad (8\text{-}6)$$

$$实际小时工资率=\frac{某车间实际直接人工费用总额}{该车间实际生产工时总额} \qquad (8\text{-}7)$$

$$\begin{aligned}某产品实际产量的定额生产工时=(&该产品本月完工产品产量+月末在产品约当产量-\\&月初在产品约当产量)\times单位产品工时定额\end{aligned} \qquad (8\text{-}8)$$

在定额法下，无论采用哪一种工资形式，都应根据上述核算资料，按照成本计算对象汇

总编制定额直接人工费用和脱离定额差异汇总表，见表8-8。该表中，汇总反映产品的定额工资、实际工资、工资脱离定额的差异及产生的原因等资料，以考核和分析各种产品工资定额的执行情况，并据以计算产品的工资费用。

表8-8 定额直接人工费用和脱离定额差异汇总表

20××年5月

产品名称	定额人工费用			实际人工费用			脱离定额差异/元
	定额工时总额/元	计划小时工资率	定额人工费用总额/元	实际工时总额/元	实际小时工资率	实际人工费用总额/元	
A产品	80 000		160 000	750 000		157 500	−2 500
B产品	70 000		140 000	73 000		153 300	13 300
C产品	6 000		120 000	53 500		112 350	−7 650
D产品	10 000		20 000	12 000		25 200	5 200
合计	22 000	2	440 000	213 500	2.1	448 350	8 350

3) 制造费用脱离定额差异的核算

制造费用属间接计入费用，其脱离定额差异不能在平时按照产品直接计算，只有在月末按照以下公式计算。

某产品制造费用脱离定额差异＝该产品制造费用实际分配额－该产品定额制造费用 (8-9)

其中，

某产品定额制造费用＝该产品实际完成定额工时×计划小时制造费用分配率 (8-10)

某产品制造实际分配费用＝该产品实际生产工时×实际小时制造费用分配率 (8-11)

$$计划小时制造费用分配率=\frac{某车间计划产量的定额制造费用总额}{该车间计划产量的定额生产工时总额} \tag{8-12}$$

$$实际小时制造费用分配率=\frac{某车间实际制造费用总额}{该车间实际生产工时总额} \tag{8-13}$$

定额制造费用和脱离定额差异汇总表见表8-9。

表8-9 定额制造费用和脱离定额差异汇总表

20××年5月

产品名称	定额制造费用			实际制造费用			脱离定额差异/元
	定额工时总额/元	计划小时制造费用率	定额制造费用总额/元	实际工时总额/元	实际小时制造费用率	实际制造费用总额/元	
A产品	80 000		120 000	75 000		114 000	−6 000
B产品	70 000		105 000	73 000		110 960	5 960
C产品	6 000		90 000	53 500		81 320	−8 680
D产品	10 000		15 000	12 000		18 240	3 240
合计	22 000	1.5	330 000	213 500	1.52	324 520	−5 480

3. *材料成本差异的分配*

定额法下，原材料的日常核算一般按计划成本进行，原材料脱离定额差异只是以计划单价反映的消耗量上的差异(量差)，未包括价格因素。因此，月末计算产品的实际原材料费用时，需计算所耗原材料应分摊的成本差异，即所耗原材料的价格差异(价差)。其计算公式为

$$\begin{aligned}某产品应分配的原材料成本差异&=原材料实际消耗量\times材料计划单价\times材料成本差异率\\&=(该产品原材料定额费用\pm原材料脱离定额差异)\times\\&\quad 材料成本差异率\end{aligned}\tag{8-14}$$

【例 8-3】 丰华厂甲产品 6 月所耗原材料定额费用为 57 000 元，脱离定额差异为节约 800 元，原材料的成本差异率为节约 1%。该产品应分配的材料成本差异为

(57 000－800)×(－1%)＝－562(元)

根据上面的例子，可以编制该材料成本差异分配表，见表 8-10。

表 8-10　材料成本差异分配表

20××年 6 月

产品名称	定额费用/元	脱离定额差异/元	计划价格费用/元	材料成本差异率	材料成本差异/元
甲产品	57 000	800	56 200	－1%	－562
其他产品	略	略	略	略	略

各种产品应分配的材料成本差异，一般均由各该产品的完工产品成本负担，月末在产品不再负担。

4. *定额变动差异的核算*

定额变动差异是指由于修订消耗定额或生产耗费的计划价格而产生的新旧定额之间的差额。

定额成本的修订一般在月初、季初或年初定期进行，但在定额变动的月份，月初在产品的定额成本仍然按照旧的定额计算。因此，需要按新定额计算月初在产品的定额变动差异，用以调整月初在产品的定额成本。

定额变动的计算应分别按成本项目进行，计算公式为

$$月初在产品定额变动差异=(新定额-旧定额)\times月初在产品中定额变动的零部件数量\tag{8-15}$$

在构成产品的零部件种类较多的情况下，也可以按照单位产品费用的折算系数进行计算，即将按新旧定额所计算出来的单位产品费用进行对比，求出系数，然后根据系数，进行计算。其计算公式为

$$月初在产品定额变动差异=按旧定额计算的月初在产品费用\times(1-定额变动系数)\tag{8-16}$$

$$定额变动系数=\frac{按新定额计算的单位产品费用}{按旧定额计算的单位产品费用}\tag{8-17}$$

【例 8-4】 甲产品的一些零件从本月 1 日起实行新的原材料消耗定额，单位产品旧的原材料费用定额为 12 元，新的原材料差异定额为 11.4 元。该产品月初在产品按旧定额计算的原材料定额费用为 12 000 元。月初在产品定额变动差异计算结果如下。

系数＝11.4/12＝0.95

月初在产品定额变动差异＝12 000×(1－0.95)＝600(元)

月初在产品定额变动差异通常表现为月初在产品价值的降低，即贬值。此时，应从月初在产品定额费用中扣除该项差异，加入本月产品成本中；反之，则为月初在产品的增值的差

异，应加入月初在产品定额费用中，同时从本月产品成本中扣除同等金额。

在有月初在产品定额变动差异时，产品实际成本的计算公式应补充为

$$
\begin{aligned}
\text{在产品实际成本} = & \text{按现行定额计算的产品定额成本} \pm \text{脱离现行定额的差异} \pm \\
& \text{原材料或半成品成本差异} \pm \text{月初在产品定额变动差异}
\end{aligned} \tag{8-18}
$$

定额变动差异一般应按照定额成本比例，在完工产品和月末在产品之间进行分配。因为这种差异不是当月工作的结果，不应全部计入当月完工产品成本。但是，若定额变动差异额较小，或者月初在产品本月全部完工，那么定额变动差异也可以全部由完工产品负担，月末在产品不再负担。

在定额法下，产品实际成本的计算，也应在产品成本明细账中按照成本项目分别进行。但为了适应定额法的要求，所采用的产品成本明细账及各种费用分配表或汇总表，都应按照定额消耗量、定额费用和各种差异分设专栏或专行，以便按照前述方式，以定额成本为基础，加减各种差异计算产品实际成本。

随堂训练 8-2

1. 练习原材料脱离定额差异的计算。

资料：某企业生产甲产品，本月期初在产品60台，本月完工产量500台，期末在产品数量120台，原材料系开工时一次投入，单位产品材料消耗定额为10千克，材料计划单价为4元/千克。本月材料限额领料凭证登记数量为5 600千克，材料超限额领料凭证登记数量为400千克，期初车间有余料100千克，期末车间盘存余料为300千克。

要求：计算本月产品的原材料定额费用及脱离定额差异。

2. 练习人工费脱离定额差异的计算。

资料：某企业生产甲产品，单位产品的工时定额为4小时，本月实际完工产品产量为1 500件。月末在产品数量为200件，完工程度为80%；月初在产品数量为100件，完工程度为60%。计划工时人工费为3元，实际的生产工时为6 200小时，实际工时人工费为3.1元。

要求：计算甲产品人工费的定额费脱离定额差异。

项目要点归纳

产品成本计算的分类法与定额法是几种典型的辅助成本计算方法。在实际工作中，在一个企业或车间中，有可能根据实际情况同时应用几种不同的成本计算方法；就一种产品来说，也有可能将几种不同的成本计算方法结合起来加以应用。因此，在学习过程中，重点理解辅助方法与主要方法的结合应用。

案例分析

分类法的应用

【背景】

尖峰公司生产的A、B、C三种产品，所用原材料和工艺过程相似，合并为甲类进行生产成本计算。该企业规定：该类产品的原材料随生产进度逐步投入，材料费用按照各种产品的原材料费用系数进行分配；加工费用按照各种产品的工时系数进行分配。同类产品内各种产

品的原材料费用，按原材料费用定额确定系数；同类产品内各种产品之间的直接工资和制造费用，均按各种产品的定额工时计算确定系数；该公司规定B产品为标准产品。成本计算的有关资料如下。

尖峰公司20××年9月生产甲类(A、B、C三种)产品，有关成本资料如下。

(1) 甲类产品成本资料见表8-11。

表8-11　甲类产品期初在产品成本和本月生产费用

20××年9月　　　　单位：元

项　目	直接材料	直接人工	制造费用	合计
期初在产品成本(定额成本)	41 910	13 530	44 550	99 990
本月生产费用	53 340	18 500	60 090	131 930
生产费用合计	95 250	32 030	104 640	231 920

(2) 甲类产品的工时定额和材料消耗定额。

① 工时定额：A产品16小时，B产品10小时，C产品11小时。

② 材料消耗定额：A产品212.80元，B产品266.00元，C产品345.80元。

(3) 该公司9月各产品完工产品与在产品的实际产量。

① 完工产品产量：A产品120件，B产品90件，C产品150件。

② 在产品产量：A产品100件，B产品100件，C产品50件。

(4) 甲类各种产品在产品单位定额成本资料见表8-12。

表8-12　甲类各种产品在产品单位定额成本

20××年9月　　　　单位：元

产品名称	直接材料	直接人工	制造费用	合计
A产品	120	50	165	335
B产品	110	60	158	328
C产品	149.60	34.20	191	374.80

【讨论】

根据尖峰公司成本核算的特点和成本资料，用分类法核算原理及程序，计算该公司甲类产品成本，并编制会计分录。

【案例解析】

1) 计算甲类完工产品的生产成本

根据上述成本资料，运用品种法的成本计算原理，计算出本月甲类产品的本月完工产品成本和月末在产品成本，设计出的成本计算单格式及计算结果见表8-13。

表8-13　**成本计算单**

产品：甲类产品　　　　20××年9月　　　　单位：元

20××		摘　要	直接材料	直接人工	制造费用	合计
月	日					
9	1	期初在产品成本(定额成本)	41 910	13 530	44 550	99 990

续表

20×× 月	日	摘　要	直接材料	直接人工	制造费用	合计
9	30	本月生产费用	53 340	18 500	60 090	131 930
	30	生产费用合计	95 250	32 030	104 640	231 920
	30	本月甲类完工产品成本	64 770	19 320	62 790	146 880
	30	期末甲类在产品成本(定额成本)	30 480	12 710	41 850	85 040

期末甲类在产品成本计算过程说明：

(1) 直接材料＝100×120＋100×110＋50×149.60＝30 480(元)

(2) 直接人工＝100×50＋100×60＋50×34.20＝12 710(元)

(3) 制造费用＝100×165＋100×158＋50×191＝41 850(元)

2) 计算甲类产品的类内A、B、C产品的生产成本

(1) 根据各产品所耗各种材料消耗定额、计划单价、费用总定额，以及工时定额编制系数计算表8-14。

表8-14　产品系数计算表

产品：甲类产品　　　　20××年9月

产品名称		人工和制造费用系数			材料费用系数
		单位产品工时定额/小时	人工和制造费用系数	单位产品材料消耗定额/千克	原材料费用系数
甲类产品	A产品	16	16/10＝1.6	212.80	212.80/266.00＝0.8
	B产品(标准产品)	10	1	266.00	1
	C产品	11	11/10＝1.1	345.80	345.80/266.00＝1.3

(2) 根据各种产品的产量、原材料费用系数，人工和制造费用系数计算总系数(或标准产量)，详见表8-15。

表8-15　产品总系数计算表

产品：甲类产品　　　　20××年9月

品名	产品产量/件	人工和制造费用分配总系数		材料费用分配总系数	
		系数	总系数	系数	总系数
A产品	120	1.6	192	0.8	96
B产品	90	1	90	1	90
C产品	150	1.1	165	1.3	195
合计			447		381

(3) 根据甲类产品生产成本明细账中9月产成品的成本资料，编制该类内各种产品成本计算表，详见表8-16。

表 8-16 甲类内的各种产品成本计算表

产品类别：甲类产品　　　　　　　　　　20××年 9 月

项目	产量/件	材料费用总系数	直接材料分配额/元	人工和制造费用总系数	直接人工分配额/元	制造费用分配额/元	产品总成本/元	单位成本/元
甲类产品成本			64 770		19 320	62 790	146 880	
分配率			170		43.221 5	140.469 8		
A 产品	120	96	16 320	192	8 298.53	26 970.20	51 588.73	429.91
B 产品	90	90	15 300	90	3 889.94	12 642.28	31 832.22	353.69
C 产品	150	195	33 150	165	7 131.53	23 177.52	63 459.05	423.06
合计		381	64 770	447	19 320	62 790	146 880	

计算说明：

直接材料费用分配率＝64 770/381＝170

直接人工费用分配率＝19 320/447＝43.221 5

制造费用分配率＝62 790/447＝140.469 8

根据产品成本计算单和产品入库单，编制结转完工入库产品成本的会计分录。

借：库存商品——A 产品　　51 588.73
　　　　　　——B 产品　　31 832.22
　　　　　　——C 产品　　63 459.05
　贷：基本生产成本——甲类产品　　146 880.00

职业能力训练

一、单项选择题

1．适合采用分类法计算产品成本的企业有(　　)。
A．机械制造厂　　B．发电厂
C．造纸厂　　D．衬衫厂

2．采用分类法按系数分配计算类内各种产品成本时，对于系数的确定方法是(　　)。
A．选择产量大的产品作为标准产品，将其分配标准数确定为 1
B．选择产量大、生产稳定的产品作为标准产品，将其分配标准数确定为 1
C．选择产量大、生产稳定或规格折中的产品作为标准产品，将其分配标准数确定为 1
D．自行选择一种产品作为标准产品，将其分配标准数确定为 1

3．计算月初在产品的定额变动差异，其目的是(　　)。
A．正确计算本月产成品的定额成本　　B．正确计算本月半成品的实际成本
C．调整本月发生的定额成本　　D．调整月初在产品的定额成本

4．副产品成本从联合成本中扣除的方法可以是(　　)。
A．从“直接材料”成本项目中扣除　　B．从“直接人工”成本项目中扣除
C．从“制造费用”成本项目中扣除　　D．由企业自行决定

5．在作业成本法下，作为分配作业成本标准的是(　　)。

A．机器工时　　B．资源动因

C．生产工人工资　　D．作业动因

6．在完工产品成本中，如果月初在产品定额变动差异是正数则说明(　　)。

A．定额提高了　　C．本月定额管理和成本管理不顺利

B．定额降低了　　D．本月定额管理和成本管理取得了成绩

7．联产品分离前的联合成本的计算，可采用分类法的原理进行。联合成本在各种联产品之间分配的常用方法是(　　)。

A．实际产量分配法　　B．约当产量分配法

C．标准产量分配法　　D．计划产量分配法

8．作业成本法的计算过程不包括(　　)。

A．不需要选择成本核算基本方法　　B．按作业中心归集成本

C．选择适当的成本动因　　D．确定作业中心成本分配率

9．原材料的定额费用和脱离定额的差异是按照(　　)计算的。

A．实际成本　　B．计划成本

C．加权平均成本　　D．可变现净值

10．在定额成本法下，(　　)不影响产品的实际成本。

A．月初定额成本　　B．脱离定额的差异

C．定额变动　　D．月末定额成本

二、多项选择题

1．下列产品中，可以作为同一个成本核算对象的有(　　)。

A．灯泡厂同一类别不同瓦数的灯泡

B．无线电元件厂同一类别不同规格的无线电元件

C．炼油厂同时生产出的汽油、柴油、煤油

D．机床厂各车间同时生产的车床、刨床、铁床

E．服装厂生产出不同款式、不同面料的服装

2．分类法主要适用于产品品种较多的企业车间，可以采用分类法计算产品成本的企业有(　　)。

A．电子元件厂　　B．针织厂

C．造船厂　　D．机床厂

E．砖瓦厂

3．联产品分离前的联合成本，在各种联产品之间进行分配的方法包括(　　)。

A．计划产量分配法　　B．约当产量分配法

C．实物计量分配法　　D．销售价值分配法

E．标准产量分配法

4．副产品是指企业在生产主要产品的过程中附带生产出来的一些非主要产品，企业副产品的实际计价方法通常是(　　)。

A．按主产品计价

B．按销售价格扣除销售税金、销售费用后的余额计算

C．按固定价格计价
D．按计划单位成本计价
E．按实际成本计价

5．原材料脱离定额差异的计算方法有(　　)。
A．限额领料法　　B．盘存法
C．切割法　　D．定额费用法
E．先进先出法

6．作业成本法与传统的成本计算方法相比，在实际运用过程中，具有(　　)特点。
A．有较多的间接成本库
B．按成本动因分配成本费用
C．间接生产费用的分配基础常为非财务变量
D．提供较精确的成本信息
E．成本决策相关性较强

7．分类法的成本计算过程是(　　)。
A．在同类产品中选择一种产量大、生产稳定或规格折中的产品作为标准产品
B．把标准产品的分配标准系数确定为1
C．以其他产品的单位分配标准数据与标准产品相比，求出其他产品的系数
D．用各种产品的实际产量乘以系数，计算出总系数
E．再按各种产品总系数比例分配计算类内各种产品成本

8．在脱离定额差异的计算中，与原材料脱离定额差异计算方法相同或类似的是(　　)。
A．自制半成品　　B．计件工资形式下的生产工人工资
C．制造费用　　D．计时工资形式下的生产工人工资
E．燃料

9．定额成本制度通常可以与以下成本计算方法结合使用(　　)。
A．品种法　　B．分批法
C．分步法　　D．分类法
E．标准成本制度

10．在品种规格繁多且可按一定标准划分为若干类别的企业或车间中，能够应用分类法计算成本的产品生产类型有(　　)。
A．大量大批多步骤生产　　B．大量大批单步骤生产
C．单件小批多步骤生产　　D．单件小批单步骤生产
E．成批生产

三、判断题

1．在定额法下，退料单应视为差异凭证。(　　)

2．要实现作业成本管理的基本思想，就必须借助于作业分析。(　　)

3．机床厂采用定额法核算成本的原因是企业有品种法核算成本且定额管理工作较好的基础。(　　)

4．企业联产品的成本应该包括其所应负担的联合成本和分离后的继续加工成本。(　　)

5．织袜厂生产出的等级品可与联产品和副产品一样采用分类法计算产品成本。(　　)

6. 针织厂采用系数法核算成本，选定标准产品的依据是占企业产品成本比重最大的产品。（　　）

7. 主产品、副产品在分离前应合为一类成本明细账，归集生产费用、计算成本。（　　）

8. 对于联产品来说，必须采用分类法计算各种产品的成本。（　　）

9. 原材料脱离定额差异是指材料的实际耗用水平与定额耗用水平之间的差异，即材料的量差，不包括原材料的价格差异。（　　）

10. 采用分类法计算产品成本，每类产品内各种产品的生产费用，不论是间接费用还是直接费用，都采用分配方法分配计算。（　　）

四、实务训练题

1. 目的：练习分类法下产品成本的计算。

资料：某家具制造厂生产甲、乙、丙 3 种产品。该 3 种产品的结构、所用材料和工艺过程相同，仅规格有所差别，合为 A 类产品。当月生产甲产品 2 000 件，乙产品 1 500 件，丙产品 1 200 件；月末甲、乙在产品分别为 200 件、150 件。

有关资料见表 8-17。

表 8-17　系数计算表(2)

产品类别：A 类　　　　2011 年 11 月

产品名称	材料消耗定额/千克	系数	工时消耗定额/小时	系数
甲产品(标准产品)	30	1	12	1
乙产品	45	1.5	15	1.25
丙产品	21	0.7	9	0.75

有关费用资料见表 8-18。

表 8-18　基本生产成本明细账(2)

产品类别：A 类　　　　2011 年 11 月　　　　单位：元

摘　　要	直接材料	直接人工	制造费用	合计
月初在产品成本	28 500	9 692	9 680	47 872
本月生产费用	56 512	12 356	24 586	93 454
生产费用合计	85 012	22 048	34 266	141 326
完工产品成本	78 212	20 945	30 156	129 313
月末在产品成本	6 800	1 103	4 110	12 013

要求：采用分类法计算各种产品成本。

2. 目的：练习定额法下完工产品及在产品成本的计算。

资料：某厂甲产品采用定额法计算成本。本月有关甲产品原材料费用的资料如下。

(1) 月初在产品定额费用为 1 400 元，月初在产品脱离定额的差异为节约 20 元，月初在产品定额费用调整为降低 20 元。定额变动差异全部由完工产品负担。

(2) 本月定额费用为 5 600 元，本月脱离定额的差异为节约 400 元。

(3) 本月原材料成本差异为节约 2%，材料成本差异全部由完工产品负担。

(4) 本月完工产品的定额费用为6 000元。

要求：

(1) 计算月末在产品原材料定额费用。

(2) 分配原材料脱离定额差异。

(3) 计算本月原材料费用应分配的材料成本差异。

(4) 计算本月完工产品和月末在产品成本应负担的原材料实际费用。

项目 9　编制和分析成本报表

知识目标

◆ 明确成本报表的编制要求
◆ 理解基本成本报表的结构和编制
◆ 掌握基本成本报表的分析方法

技能目标

◆ 能编制产品生产成本、费用报表
◆ 能编制主要产品单位成本表
◆ 能对基本成本报表进行分析

重难点提示

◆ 掌握编制主要产品单位成本表的方法
◆ 掌握基本成本报表的分析方法

案例导入

2011 年 12 月 31 日，某木器加工厂的会计主管为了考核新来的会计小吴的业务能力，把生产的木质产品甲、乙、丙 3 种产品的产量、成本资料交给小吴，并告诉他："甲、乙为主要产品，丙为非主要产品。"要求小吴根据这些数据编制按产品品种类别反映的产品生产成本表。同学们，这个问题复杂吗？会计小吴能按要求轻松编制出来吗？通过本项目的学习，相信你们不但能解决这个问题，还能掌握多种成本报表的编制。

任务 9.1　成本报表编制和分析方法

9.1.1　成本报表编制的程序和方法概述

成本报表是根据成本核算资料编制的、用于反映本期产品成本和各项费用实际水平和构成情况的书面文件，按照反映的内容划分有产品成本报表和各种费用报表；按照编报时间划分有月度报表、季度报表和年度报表等。由于成本报表属于企业的对内报表，因此，编制哪些报表、何时编报，以及报送对象都由企业根据管理的需要自行决定或者与上级主管机构商定。

成本报表中的实际成本、费用项目，应根据有关的产品成本或费用明细账的实际发生额计算填列；为了考核和分析成本、费用计划的执行情况，或与前期对比了解各项成本、费用指标的变动情况，报表中还列有相关指标的计划数、上年(或上年同期)的实际数及某些补充资料。

9.1.2 成本报表分析的程序和方法

成本分析是成本核算工作的继续，它贯穿于成本管理工作的全过程，包括事前分析、事中分析和事后分析。成本报表分析属于事后分析，它以成本报表所提供的、反映企业一定期间成本水平和构成情况的资料和有关的计划、核算资料为依据，运用科学的分析方法，通过分析各项指标的变动及指标之间的相互关系，评价企业成本计划的完成情况，揭示影响成本指标变动的因素和原因，从而对企业一定时期的成本工作获得比较全面、本质的认识。

1. 成本报表分析的一般程序

会计报表(包括财务报表和成本报表)分析的方法分为一般方法和具体的数量分析方法。唯物辩证法是认识自然和社会及其规律的基本方法。这种方法运用到会计报表分析中，就形成了会计报表分析的一般方法，或者说成为报表分析的基本原则和工作程序。

成本报表分析的一般程序，具有以下特点。

(1) 进行成本报表分析，首先必须占有资料，掌握情况，这是正确进行分析的基础。为了全面、系统地分析成本报表，必须占有详细的资料，包括成本报表资料和其他有关的计划、统计、业务技术资料等。同时还要深入实际调查研究，掌握“活”的情况。收集资料要实事求是，并进行必要的审核和整理，去粗取精、去伪存真。

(2) 分析成本报表，应从全部产品生产成本计划和各项费用计划完成情况的总评价开始，然后按照影响成本计划完成情况的因素逐步深入、具体地分析。

(3) 在分析成本指标实际脱离计划差异的过程中，要研究确定影响指标变动的各种因素，并将这些因素进行归类，采用数量分析方法，从量上确定各类因素的影响程度，然后通过比较从中确定起决定作用的主要因素。

(4) 相互联系地研究生产技术、生产组织和经营管理等方面的情况，查明各种因素变动的原因，以便采取措施挖掘降低产品成本和节约费用开支的潜力。

(5) 以全面、发展的观点对企业成本工作进行评价。

从上述分析的一般程序中可以看出，成本报表分析的过程实际上是成本指标的分解和综合过程。通过指标分解可以使分析不断深入，综合分析的结果才能获得对企业成本工作全面、本质的认识。这一程序也体现了定性分析和定量分析相结合的原则要求。

2. 成本报表分析的数量分析方法

在对成本报表进行分析的工程中，在研究各项成本指标的数量变动和指标之间的数量关系、测定各种因素变动对成本指标的影响程度时，还要应用数量分析方法。常用的分析方法有以下几种。

1) 比较分析法

比较分析法是指通过指标对比，从数量上确定差异的一种分析方法。其主要作用在于揭示客观上存在的差异，并为进一步分析指明方向。对比分析的基数由于分析的目的不同而有所不同。实际工作中通常有以下几种形式。

(1) 以成本的实际指标与成本的计划或定额指标对比，分析成本计划或定额的完成情况。

(2) 以本期实际成本指标与前期(上期、上年同期或历史最好水平)的实际成本指标对比，观察企业成本指标的变动情况和变动趋势，了解企业生产经营工作的改进情况。

(3) 以本企业实际成本指标(或某项技术经济指标)与国内外同行业先进指标对比，可以在更大的范围内找出差距，推动企业改进经营管理。

比较分析法只适用于同质指标的数量对比。因此，应用此法时要注意对比指标的可比性。为了使对比的指标具有可比性，可以将对比的指标进行必要的调整换算。

比较分析法是经济分析中广泛应用的一种分析方法。对比的范围越广泛，就越能发现差异，越有利于企业挖掘潜力，学习和推广先进经验。

2) 比率分析法

比率分析法是指通过计算和对比经济指标的比率进行数量分析的一种方法。采用这一方法，先要把对比的数值变成相对数，求出比率，然后再进行对比分析。具体形式有以下几种。

(1) 相关指标比率分析法。将两个性质不同但又相关的指标对比求出比率，然后再以实际数与计划数进行对比分析，以便从经济活动的客观联系中，更深入地认识企业的生产经营状况。例如，将成本指标与反映生产、销售等生产经营成果的产值、销售收入、利润指标对比，求出产值成本率、销售成本率和成本利润率指标，可据以分析和比较生产耗费的经济效益。

这些指标的计算方法为

产值成本率＝产品成本/商品产值×100%

销售成本率＝产品成本/产品销售收入×100%

成本利润率＝利润总额/产品成本×100%

不同企业或者一个企业的不同时期，由于生产规模不同，有些指标不具有可比性，如利润指标。采用相关指标比率分析法，如将利润指标与同期企业的产品销售收入或产品成本指标对比求出的比率，就可以把企业规模不同的影响剔除，把在某些不同条件下的不可比指标变成为可比指标。

(2) 构成比率分析法。所谓构成比率，是指某项经济指标的各个组成部分占总体的比重。例如，将构成产品成本的各个成本项目同产品成本总额相比，计算其占成本的比重，确定成本的构成比率；然后将不同时期的成本构成比率相比较，通过观察产品成本构成的变动，掌握经济活动情况，了解企业改进生产技术和经营管理对产品成本的影响。例如，

原材料费用比率＝原材料费用/产品成本×100%

工资费用比率＝工资及福利费/产品成本×100%

制造费用比率＝制造费用/产品成本×100%

(3) 动态比率分析。动态比率分析又称趋势分析，是将不同时期同类指标的数值对比求出比率，据以分析该项指标的增减速度和变动趋势，从中发现企业在生产经营方面的成绩或不足。

假定某企业甲产品某年 4 个季度实际单位成本分别为 90 元、92 元、95 元、94 元。如果以第一季度为基数，以该季单位成本 90 元为基数，规定为 100%，可以计算其他各季产品成本与之相比的定基比率为

第二季度：92/90×100%＝102%

第三季度：95/90×100%＝106%

第四季度：94/90×100%＝104%

通过以上计算可以看出，甲产品单位成本第二、三季度比第一季度有上升的趋势，但第四季度又有所下降。

如果分别以上季度为基数，可以计算各季度环比的比率。

第二季度：92/90×100%＝102%

第三季度：95/92×100%＝103%

第四季度：94/95×100%＝99%

通过以上计算可以看出，甲产品的单位成本变动趋势呈倒“马鞍”形，二、三季度呈上升趋势，第四季度又有所下降。

比率分析法也是经济分析中广泛应用的一种分析方法。

3) 连环替代法

连环替代法是用来计算几个相互联系的因素对综合经济指标变动影响程度的一种分析方法。下面以材料费用总额变动分析为例，说明这一分析方法的特点。

影响材料费用总额的因素很多，按其相互关系可归纳为 3 个：产品产量、单位材料消耗量和材料单价。按照各因素的相互依存关系，列成计算公式为

材料费用总额＝产品产量×单位产品材料消耗量×材料单价　　(9-1)

【例 9-1】 某企业上述指标的计划和实际资料详见表 9-1。

表 9-1　某企业上述指标的计划和实际资料

指　标	单位	计划数	实际数	差异
产品产量	件	20	21	＋1
单位产品材料消耗量	千克	18	17	－1
材料单价	元	10	12	＋2
材料费用总额	元	3 600	4 284	＋684

首先，利用比较法将材料费用总额的实际数与计划数对比，确定实际脱离计划差异，作为分析对象。差异是由产量增加、单位产品材料消耗量降低和材料单价提高 3 个因素综合影响的结果。

其次，按照上述计算公式计算各因素的排列顺序，用连环替代法测定各因素变动对材料费用总额变动的影响程度。计算程序如下。

(1) 以基数(本例为计划数)为计算基础。

(2) 按照式(9-1)中所列因素的同一顺序，逐次以各因素的实际数替换其基数；每次替换后实际数就被保留了下来。有几个因素就替换几次，直到所有因素都变成实际数为止；每次替换后都求出新的计算结果。

(3) 将每次替换后的所得结果以其相邻近的前一次计算结果相比较，两者的差额就是某一因素变动对综合经济指标变动的影响程度。

(4) 计算各因素变动影响的代数和。这个代数和应等于被分析指标实际数与基数的总差异数。

以上述材料费用总额为例，计算如下。

① 以计划数为基数　　20×18×10＝3 600(元)

② 第一次替换　　21×18×10＝3 780(元)

---

②－① 产量变动影响　　＋180(元)

③ 第二次替换　　21×17×10＝3 570(元)

---

③－② 单位产品材料消耗量变动影响　　－210(元)

④ 第三次替换　　　　$21\times17\times12=4\ 284$(元)

④－③ 材料单价变动影响　　　　+714(元)

合　计　　　　+684(元)

通过计算可以看出，虽然单位产品材料消耗量降低使材料费用节约 210 元，但由于产量增加，特别是材料单价的升高，使材料费用增多 684 元。进一步分析应查明材料消耗节约和材料价格升高的原因，然后才能对企业材料费用总额变动情况做出评价。

4) 差额计算法

差额计算法是连环替代法的一种简化形式。运用这一方法时，先要确定各因素实际数与计划数之间的差异，然后按照各因素的排列顺序，依次求出各因素变动的影响程度。可见，这一方法的应用原理与连环替代法一样，只是计算程序不同。仍用例 9-1 中的数据资料，以差额法测定各因素影响程度如下。

(1) 分析对象：

$4\ 284-3\ 600=+684$(元)

(2) 各因素影响程度：

产量变动影响$=(+1)\times18\times10=+180$(元)

单位产品材料消耗量变动影响$=21\times(-1)\times10=-210$(元)

材料单价变动影响$=21\times17\times(+2)=+714$(元)

合　计　　　　+684(元)

差额计算法由于计算简便，因而应用比较广泛，特别是在影响因素只有两个时更为适用。

除以上常用的几种数量分析方法外，还可以根据分析的目的和要求，采用分组法、指数法、图表法等其他数量分析方法。

需要指出的是，不论什么分析方法，都只能为进一步调查研究指明方向，而不能替代调查研究。要确定成本工作好坏的具体原因，并据以提出切实有效的建议和措施来改进工作，都必须在采用上述分析方法进行分析的基础上，深入实际调查研究。

任务 9.2　编制和分析产品生产成本表

产品生产成本报表可以从两个不同角度进行编制和分析。

(1) 按产品种类编制产品生产成本表，反映企业在报告期所产产品的全部成本和各种主要产品(含可比产品和不可比产品)单位成本及总成本。利用此表可以定期、总括地考核和分析企业全部产品成本计划的完成情况和可比产品成本降低计划的完成情况，对企业产品成本工作从总体上进行评价，并为进一步分析指明方向。

(2) 按成本项目编制产品生产成本表，汇总反映企业在报告期发生的全部生产费用(按成本项目反映)和产品总成本。利用此表可以定期、总括地考核和分析企业生产费用和产品总成本计划的完成情况，对企业成本工作从总体上进行评价，并为进一步分析指明方向。

下面举例说明按照上述两个不同角度编制和分析产品生产报表的方法。

1. 编制和分析产品生产成本表(按产品种类反映)

【例 9-2】 某企业某年 12 月的产品生产成本表(按产品种类反映)见表 9-2。

表 9-2　产品生产成本表(按产品种类反映) (1)

编制单位：××工厂　　　　20××年 12 月

产品名称	实际产量/件		单位成本/元				本月总成本/元			本年累计总成本/元		
	本月	本年累计	上年计划	本年计划	本月实际	本年累计实际平均	按上年实际平均单位成本计算	按本年计划单位成本计算	本期实际	按上年实际平均单位成本计算	按本年计划单位成本计算	本期实际
	1	2	3	4	5=9/1	6=12/2	7=1×3	8=1×4	9	10=2×3	11=2×4	12
可比产品合计							19 400	19 100	18 850	270 000	266 000	269 400
其中，甲	50	500	84	82	83	81	4 200	4 100	4 150	42 000	41 000	40 500
乙	20	300	760	750	735	763	15 200	15 000	14 700	228 000	225 000	228 900
不可比产品合计								2 110	2 119		23 550	23 780
其中，丙	8	70		125	128	126		1 000	1 024		8 750	8 820
丁	3	40		370	365	374		1 110	1 095		14 800	14 960
全部产品								21 210	20 969		289 550	293 180

补充资料(本年累计实际数)：

(1) 可比产品成本降低额 600 元(本年计划降低额为 2 800 元)。

(2) 可比产品成本降低率 0.222 2%(本年计划降低率为 1.508 6%)。

(3) 按现行价格计算的商品产值 921 300 元。

(4) 产值成本率 31.82 元/百元(本年计划产值成本率为 31 元/百元)。

表 9-2 分为基本报表和补充资料两部分。

基本报表部分应按可比产品和不可比产品分别填列。可比产品是指企业过去曾经正式生产过，有完整的成本资料可以进行比较的产品；不可比产品是指企业本年度初次生产的新产品，或虽非初次生产，但以前仅属试制而未正式投产的产品，缺乏可比的成本资料。在成本计划中，对不可比产品只规定本年的计划成本，而对可比产品不仅规定计划成本指标，而且规定成本降低计划指标，即本年度可比产品计划成本比上年度(或以前年度)实际成本的降低额和降低率。

产品成本表的基本报表部分，应反映各种可比产品和不可比产品本月及本年累计的实际产量、实际单位成本和实际总成本。以上项目的本月数，应根据本月产品成本明细账中的有关记录填列；本年累计实际产量(第 2 栏)和累计实际总成本(第 12 栏)应根据本月数加上上月本表的累计数计算填列，累计实际平均单位成本(第 6 栏)应根据累计实际总成本(第 12 栏)除以累计实际产量(第 2 栏)计算填列。

为了反映企业当年全部产品成本计划完成情况，基本报表部分还应反映各种可比产品和不可比产品本月和本年累计按计划单位成本(第 4 栏)计算的总成本(第 8、11 栏)。计划单位成本应根据本年成本计划填列，本月和本年累计计划总成本应根据计划单位成本分别乘以本月实际产量和本年累计实际产量计算填列。

计算可比产品成本降低额和降低率，基本报表部分还应反映可比产品本月和本年按上年实际平均单位成本(第 3 栏)计算的总成本(第 7、10 栏)。上年实际平均单位成本应根据上年度 12 月本表全年累计实际平均单位成本(第 6 栏)填列，本月和本年累计实际总成本应根据上年实际平均单位成本分别乘以本月实际产量和本年累计实际产量计算填列。不可比产品由于过去没有正式生产过，没有成本资料可以比较，因而不必填列第 3、7、10 栏。

补充资料部分只填列本年累计实际数，具体内容如下。

(1) 可比产品成本降低额。指可比产品累计实际总成本比按上年实际平均单位成本计算的累计总成本降低的数额，超支额用负数表示。其计算公式为

可比产品成本降低额＝可比产品按上年实际平均单位成本计算的总成本－可比产品本年累计实际总成本　(9-2)

以表 9-2 的资料为例进行计算：

可比产品成本降低额＝270 000－269 400＝600(元)

(2) 可比产品成本降低率。指可比产品本年累计实际总成本按上年实际平均单位成本计算的累计总成本降低的比率，超支率用负数表示。计算公式为

可比产品成本降低率＝可比产品成本降低额/可比产品上年实际平均单位成本计算的总成本×100%　(9-3)

以表 9-2 的资料为例进行计算：

可比产品成本降低率＝600/270 000×100%＝0.222 2%

本年可比产品成本计划降低率 1.508 6%、计划降低额 2 800 元，根据可比产品成本降低计划填列。

(3) 按现行价格计算的商品产值。根据有关的统计资料填列。

(4) 产值成本率。指产品总成本与商品产值的比率，通常以每百元商品产值总成本表示。计算公式为

产值成本率(元/百元)＝产品总成本/商品产值×100%　(9-4)

以表 9-2 的资料为例进行计算：

产值成本率＝293 180/921 300×100%＝31.82(元/百元)

利用表 9-2 可以分析以下问题。

(1) 对全部产品成本计划的完成情况进行总括评价。通过总评价，一是对企业全部产品成本计划的完成情况有个总括的了解；二是通过对影响计划完成情况因素的初步分析，为进一步分析指明方向。

(2) 分析可比产品成本降低计划的完成情况。可比产品成本降低计划指标和计划完成情况的资料，分别反映在企业的成本计划和成本报表中。

2. 编制和分析产品生产成本表(按成本项目反映)

【例 9-3】 某企业某年 12 月的产品生产成本表(按成本项目反映)见表 9-3。

表 9-3 产品生产成本表(按成本项目反映)

编制单位：××工厂　　20××年 12 月　　单位：元

项　目	本年计划数	本月实际数	本年累计实际数
生产费用			
原材料	132 061	9 490	136 770
工资及福利费	63 158	4 036	61 110
制造费用	91 871	6 623	93 120
生产费用合计	287 090	20 149	291 000
加：在产品、自制半成品期初余额	14 610	2 980	19 340
减：在产品、自制半成品期末余额	12 150	2 160	17 160
产品成本合计	289 550	20 969	293 180

表 9-3 是按成本项目汇总反映企业在报告期内发生的全部生产费用及产品成本合计数的报表。

表 9-3 分为生产费用和产品成本两部分。生产费用部分按成本项目反映；产品成本部分是在生产费用合计数的基础上，加减期初、期末在产品和自制半成品余额计算的产品成本合计数。生产费用和产品成本可以按本年计划数、本月实际数和本年累计合计数分栏反映，以便于分析利用。如果可比产品单列，还可以增设上年实际数栏。

表内各项目的填列方法。由于全部产品包括可比产品和不可比产品，因此，此表只能设本年计划、本月实际和本年累计实际 3 栏，而不设上年实际栏。本年计划数应根据成本计划有关资料填列；本月实际数一栏，按成本项目反映的各种生产费用数，应根据各种产品成本明细账所记本月生产费用合计数，按成本项目分别汇总填列；本年累计实际数应根据本月实际数，加上上月本表的本年累计实际数计算填列。期初、期末在产品成本和各种自制半成品明细账的期初、期末余额，分别汇总填列。以生产费用合计数加(减)在产品、自制半成品期初、期末余额，即可计算出产品成本合计数。

分析此表一般可采用比较分析法、构成比率分析法和相关指标比率分析法。

例 9-3 的产品生产成本表(按成本项目反映)是 12 月编制的，因而其本年累计实际数和本年计划数都是整个年度的生产费用和产品成本。分析时可采用比较分析法，将产品成本合计数、生产费用合计数及其各个成本项目费用的本年累计实际数与本年计划数进行对比分析，揭示差异，以便进一步分析指出方向。

任务9.3　编制和分析主要产品单位成本表

主要产品是指企业经常生产、在企业全部产品中所占比重较大、能概括反映企业生产经营面貌的那些产品。

主要产品单位成本表是反映企业在报告期内生产的各种主要产品单位成本水平和构成情况的报表。该表应按主要产品分别编制，是对全部产品生产成本表所列各种主要产品成本的补充说明。利用此表，可以按照成本项目分析和考核主要产品单位成本计划的执行情况；可以按照成本项目将本月实际和本年累计实际平均单位成本，与上年实际平均单位成本和历史先进水平进行对比，了解单位成本的变动情况；可以分析和考核各种主要产品的主要技术经济指标的执行情况，进而查明主要产品单位成本升降的具体原因。

1. 主要产品单位成本表的结构和编制方法

主要产品单位成本表可以分设产量、单位成本和主要技术经济指标3部分。

【例9-4】 乙产品单位成本表的格式和内容详见表9-4。

表9-4　主要产品单位成本表

200×年12月

本月计划产量：18件
本月实际产量：20件
产品名称：乙　　计量单位：件　　本年累计计划产量：200件
产品规格：××　销售单价：860元　　本年累计实际产量：300件

成本项目		历史先进水平 19××年	上年实际平均	本年计划	本月实际	本年累计实际平均
原材料/元		470	480	480	475	482
燃料及动力/元		37	52	48	40	53
工资及福利费/元		81	86	82	75	78
制造费用/元		140	142	140	145	150
产品单位成本		728	760	750	735	763
主要技术经济指标	计量单位	耗用量	耗用量	耗用量	耗用量	耗用量
A材料	千克	19	21	20	18	18
B材料	千克	32	33	32	30	34

表中各项数字填列的方法如下。

1) 产量

本月及本年累计计划产量应根据生产计划填列；本月及本年累计实际产量应根据产品成本明细账或产成品成本汇总表填列；销售单价应根据产品定价表填列。

2) 单位成本

历史先进水平，应根据历史上该种产品成本最低年度本表的实际平均单位成本填列；上年实际平均单位成本，应根据上年度主要产品单位成本累计实际平均单位成本填列；本年计划单位成本，应根据本年度成本计划填列；本月实际单位成本，应根据产品成本明细账或产成品成本汇总表填列；本年累计实际平均单位成本，应根据该种产品成本明细账所记自年初至报告期末完工入库产品实际总成本除以累计实际产量计算填列。

表 9-4 中，上年实际平均、本年计划、本月实际和本年累计实际平均的单位成本，应与全部产品生产成本表(按产品种类反映)该种产品相应的单位成本核对相符。

3) 主要技术经济指标

主要技术经济指标是指该种产品主要原材料的耗用量，应根据业务技术核算资料填列。

2. 分析主要产品单位成本表

分析主要产品单位成本的意义，在于揭示各种产品单位成本及其各个成本项目的变动情况，尤其是各项消耗定额的执行情况；确定产品结构、工艺和操作方法的改变，以及有关技术经济变动对产品单位成本的影响，查明产品单位成本升降的具体原因。

分析主要根据主要产品单位成本表、成本计划和各项消耗定额资料，以及反映各项技术经济指标的业务技术资料等。分析的程序一般是先检查各种产品单位成本实际比计划、比上年实际、比历史最好水平的升降情况；然后按成本项目分析其增减变动，查明造成单位成本升降的具体原因。为了在更大范围内找差异、挖潜力，在可能的条件下，还可以组织厂际间同类产品单位成本的对比分析。

1) 主要产品单位成本变动情况分析

从表 9-4 可知，乙产品本月实际单位成本比本年计划、上年平均实际、全年累计实际平均都降低了，虽然还未达到历史最好水平，但总的情况是好的。从成本项目对比中可以看出，产品单位成本的降低主要是由于原材料、燃料及动力、工资及福利费的节约，说明企业在降低乙产品原材料、燃料及动力消耗方面，在改进乙产品的生产组织和劳动组织、提高劳动生产率方面采取了措施，取得了成绩。但是，也要看到制造费用本月实际比本年计划、上年实际平均都超支了，说明还存在薄弱环节。为了查明产品单位成本及其成本项目变动的原因，还须进一步对各个项目特别是重点项目，即变动影响较大的项目进行具体分析。

2) 主要成本项目分析

一定时期产品单位成本的高低，是与企业该时期的生产技术、生产组织的状况和经营管理水平，以及采取的技术组织措施效果相联系的。因此，紧密结合企业技术经济方面的资料，查明成本升降的具体原因，是进行产品单位成本各个项目分析的特点。

下面以原材料、工资及福利费和制造费用几个主要成本项目为例，说明分析的一般方法。

(1) 原材料费用的分析。原材料费用的变动主要受单位产品原材料消耗量和原材料价格两个因素的变动影响，其变动影响可用差额计算法计算，计算公式为

$$原材料消耗量变动的影响=(实际单位耗用量-计划单位耗用量)\times原材料计划单价 \tag{9-5}$$

$$原材料价格变动的影响=(原材料实际单价-原材料计划单价)\times单位产品原材料实际耗用量 \tag{9-6}$$

【例 9-5】 有关资料见表 9-5。

表 9-5　乙产品原材料费用分析表

原材料名称	耗用量/千克		单价/(元/千克)		原材料费用/元		差异	
	计划	实际	计划	实际	计划	实际	数量/千克	金额/元
A	20	18	13.5	14	270	252	−2	−18
B	32	30	8.75	9	280	270	−2	−10
合计					550	522		−28
减：废料回收价值					70	47		−23
合计					480	475		−5

乙产品原材料费用实际比计划降低 28 元，其中，

第一，由于耗用量变动。

A 材料	−2×13.50＝−27(元)
B 材料	−2×8.75＝−17.50(元)
合计	−44.50(元)

第二，由于价格变动。

A 材料	(14−13.50)×18＝9(元)
B 材料	(9−8.75)×30＝7.50(元)
合计	16.50(元)

两种因素变动共使乙产品原材料费用降低 28 元(−44.50＋16.5)。

在上述两因素中，原材料价格变动多属外界因素，需结合市场供求和材料价格变动情况具体分析。这里重点分析原材料消耗数量的变动情况和变动原因。上例计算表明，由于原材料消耗数量的变动使乙产品单位产品原材料费用降低 44.5 元。影响单位产品原材料消耗数量变动的原因很多，归纳起来主要有以下几点。

第一，产品或产品零部件结构的变化。在保证产品质量的前提下，改进产品设计，使产品结构合理、体积缩小、重量减轻，就能减少原材料消耗，降低原材料费用。

第二，原材料加工方法的改变。改进工艺和加工方法或采取合理的套裁下料措施，减少毛坯的切削余量和工艺损耗，就能提高原材料利用率，节约原材料消耗，降低产品成本。

第三，材料质量的变化。实际耗用的原材料质量如高于计划规定，可能会提高产品质量，或者节约材料消耗，但材料费用会升高；反之，如果质量低于计划要求，价格虽低，但会增大材料消耗量，增加生产操作时间，或者降低产品质量。

第四，原材料代用或配料比例的变化。在保证产品质量的前提下，采用廉价的代用材料，选用经济合理的技术配方，就会节约原材料消耗或降低原材料耗用。

第五，原材料综合利用。有些工业企业在利用原材料生产主产品的同时，还生产副产品，开展原材料的综合利用。这样就可以将同样多的原材料费用分配到更多品种和数量的产品，从而降低主产品的原材料费用。

第六，生产中产生废料数量和废料回收利用情况的变化。

(2) 工资及福利费的分析。分析产品单位成本中的工资费用，必须按照不同的工资制度和工资费用计入成本的方法来进行。在计件工资制度下，计件单价不变，单位成本中的工资费用一般也不变，除非生产工艺或劳动组织方面有所改变，或者出现了问题。在计时工资制度下，如果企业生产多种产品，产品成本中的工资费用一般是按生产工时比例分配计入的。这时产品单位成本中工资费用的多少，取决于生产单位产品的工时消耗和每小时工资两个因素。

例 9-5 中乙产品单位成本中的工资及福利费，本月实际不仅低于本年计划、上年实际平均和本年累计实际平均，而且低于历史先进水平，情况是好的。

【例 9-6】 乙产品每件所耗工时数和每小时工资的计划数和实际数见表 9-6。

表 9-6　乙产品工资及福利费分析表

项　目	单位产品所耗工时/小时	每小时工资/元	单位产品成本中的工资及福利费/元
本年计划	2	41	82
本月实际	1.5	50	75
工资及福利费差异	−0.5	+9	−7

以实际与计划对比，乙产品单位成本中工资及福利费本月实际比本年计划降低 7 元，采用差额法分析各因素影响程度如下。

单位产品所耗工时变动影响 $=-0.5\times 41=-20.5$(元)

每小时工资变动影响 $=+9\times 1.5=+13.5$(元)

两因素影响程度合计 -7(元)

以上分析计算表明，乙产品单位成本中工资及福利费节约 7 元，完全是工时消耗大幅度节约的结果，而每小时工资则是超支的。单位产品所耗工时的节约，可能是由于改进了生产技术或工人提高了劳动的熟练程度，从而提高了劳动生产率的结果；每小时工资的提高，由于它受计时工资总额和生产工时总数两个因素的变动影响，因而应结合这两个因素的分析查明原因。

(3) 制造费用的分析。制造费用在生产两种以上产品的企业是间接计入费用，与生产工人计时工资一样，一般是根据生产工时等分配标准计入产品成本的。因此，单位产品成本中制造费用的分析与计时工资制度下的工资及福利费分析相类似，先分析单位产品所耗工时和每小时制造费用两因素变动的影响，然后查明两个因素变动的原因。

任务 9.4　编制和分析制造费用明细表

制造费用明细表主要反映工业企业生产单位在报告期内为组织和管理生产所发生的各项费用及其构成情况的报表。它只反映基本生产车间的制造费用，不包括辅助生产车间的制造费用，以免重复反映。

【例 9-7】 某企业 20××年 12 月制造费用明细表见表 9-7。

表 9-7 制造费用明细表

编制单位：××企业　　　　20××年 12 月　　　　单位：元

项 目	本年计划数	上年同期实际数	本月实际数	本年累计实际数
工资及福利费	80 000	76 000	7 300	85 000
折旧费	52 000	60 000	5 100	61 200
修理费	78 000	85 000	7 410	84 200
办公费	32 000	32 600	2 850	33 600
水电费	3 000	3 600	270	2 940
机物料消耗	3 000	2 400	200	3 120
低值易耗品摊销	5 000	5 200	400	4 900
租赁费	4 000	0	500	3 500
差旅费	44 000	50 000	4 200	45 000
劳动保护费	4 000	4 200	350	3 900
保险费	1 600	1 600	120	1 300
设计制图费	31 400	31 200	3 650	15 260
试验检验费	3 000	0	0	3 500
在产品盘亏和毁损	500	200	60	350
其他	500	460	35	360
制造费用合计	342 000	352 460	32 445	307 630

此表按制造费用项目分别反映各项费用的本年计划数、上年同期实际数、本月实际数和本年累计实际数。其中，本年计划数应根据成本计划中的制造费用填列；上年同期实际数应根据上年同期制造费用明细账的累计实际数填列；本月实际数应根据制造费用总账科目所属各基本生产车间制造费用明细账的本月合计数汇总计算填列；本年累计实际数应根据这些车间制造费用明细账的本月末累计数汇总计算填列。

任务 9.5　编制和分析期间费用明细表

1. 销售费用明细表的结构和编制方法

【例 9-8】 某企业 20××年 12 月销售费用明细表见表 9-8。

表 9-8 销售费用明细表

20××年 12 月　　　　单位：元

项 目	本年计划数	上年同期实际数	本月实际数	本年累计实际数
工资	(略)	(略)	(略)	11 232
职工福利费				1 572
业务费				4 120
运输费				15 480

续表

项　　目	本年计划数	上年同期实际数	本月实际数	本年累计实际数
装卸费	(略)	(略)	(略)	8 360
包装费				14 680
保险费				3 584
展览费				0
广告费				16 480
差旅费				5 120
租赁费				0
低值易耗品摊销				2 160
销售部门办公费				3 184
委托代销手续费				0
销售服务费				0
折旧费				3 662
其他				0
合计				89 634

此表按销售费用项目分别反映各项费用的本年计划数、上年同期实际数、本月实际数和本年累计实际数。其中，本年计划数应根据本年销售费用计划填列；上年同期实际数应根据上年同期销售费用明细表的累计实际数填列；本月实际数应根据销售费用明细账的本月合计数填列；本年累计实际数应根据销售费用明细账的本月末累计数填列。

2. 管理费用明细表的结构和编制方法

【例 9-9】 某企业 20××年 12 月销售费用明细表见表 9-9。

表 9-9　管理费用明细表

20××年 12 月　　　　单位：元

项　　目	本年计划数	上年同期实际数	本月实际数	本年累计实际数
工资	(略)	(略)	(略)	29 400
职工福利费				4 116
折旧费				10 280
办公费				4 524
差旅费				7 385
运输费				9 763
保险费				7 920
租赁费				8 670
修理费				0
咨询费				0
诉讼费				7 120
排污费				3 245

续表

项　目	本年计划数	上年同期实际数	本月实际数	本年累计实际数
绿化费	(略)	(略)	(略)	4 180
物料消耗费				2 875
低值易耗品摊销				2 400
无形资产摊销				1 880
递延费用摊销				1 600
坏账损失				540
研究开发费				0
技术转让费				7 890
业务招待费				6 940
工会经费				8 200
职工教育经费				0
待业保险费				3 508
劳动保险费				8 912
税金				1 290
其他				0
合计				142 638

此表按管理费用项目反映各项费用的本年计划数、上年同期实际数、本月实际数和本年累计实际数。其中，本年计划数应根据公司(总厂)或企业行政部门的管理费用计划填列；上年同期实际数应根据上年同期管理费用明细表的累计实际数填列；本月实际数应根据管理费用明细账的本月合计数填列；本年累计实际数应根据管理费用明细账的本月末的累计数填列。

3. *财务费用明细表的结构和编制方法*

【例 9-10】 某企业 20××年 12 月销售费用明细表见表 9-10。

表 9-10　财务费用明细表

20××年 12 月　　单位：元

项　目	本年计划数	上年同期实际数	本月实际数	本年累计实际数
利息支出(减利息收入)	(略)	(略)	(略)	16 500
汇兑损失(减汇兑收益)				7 745
调剂外汇手续费				3 120
金融机构手续费				0
其他筹资费用				0
合计				27 365

此表按财务费用项目分别反映各项费用的本年计划数、上年同期实际数、本月实际数和本年累计实际数。其中，本年计划数应根据本年财务费用计划填列；上年同期实际数应根据上年同期财务费用明细表的累计实际数填列；本月实际数应根据财务费用明细账的本月合计数填列；本年累计实际数应根据财务费用明细账的本月末累计数填列。

项目要点归纳

成本报表的设计、编制和分析利用是成本会计的重要内容，是实现成本会计任务、发挥成本会计作用的重要手段。

设计和编制哪些成本报表，一定要从企业具体情况出发，按照会计原则的要求，及时、准确地为各管理部门提供相关的成本会计信息，充分发挥成本会计"算为管用"的职能作用。

分析成本报表要充分利用成本报表提供的各种数据，相互联系地看问题，将定性分析与定量分析相结合，将成本指标的分解与综合相结合；透过现象看本质，目的就是正确评价企业成本工作，挖掘和动员一切节约开支、降低成本的潜力。

案例分析

成本报表编制和分析

江南机械厂是一家有限责任公司。主要生产 1＃车床、2＃铣床两种产品，产品销往全国，该厂注册资金 8 000 万元，全厂职工 300 人。厂内设有 3 个基本生产车间，铸造车间、机械加工车间和装配车间，顺序加工生产产品，各车间均不设半成品库。设有两个辅助生产车间，包括机修车间和配电车间，机修车间负责全厂机器设备的维修，配电车间接受外来电源，负责供给和记录全厂各部门的用电及电器维修。

该厂 20××年 12 月完工产品成本计算单见表 9-11 和表 9-12。

表 9-11　完工产品成本计算单(1)

产品名称：1＃车床　　20××年 12 月 31 日　完工产量：50 台　　金额：元

部门	直接材料	直接人工	其他直接支出	制造费用	产品总成本	完工产量	产品单位成本
铸造车间	115 364	56 664.50	11 738.50	21 264	205 031	50	4 100.62
机械加工车间	105 568.50	94 054.50	6 578	50 392.50	256 593.50	50	5 131.87
装配车间	478 937	68 937	3 511	38 599	589 984	50	11 799.68
合计	699 869.50	219 656	21 827.50	110 255.50	1 051 608.50		21 032.17

表 9-12　完工产品成本计算单(2)

产品名称：2＃铣床　　20××年 12 月 31 日　完工产量：20 台　　金额：元

部门	直接材料	直接人工	其他直接支出	制造费用	产品总成本	完工产量	产品单位成本
铸造车间	14 044.80	13 648.40	2 753.40	4 716.20	35 162.80	20	1 758.14
机械加工车间	21 854.20	16 968.20	1 404	8 571.20	48 797.60	20	2 439.88
装配车间	87 600.40	41 329.20	2 153.40	21 503.20	152 586.20	20	7 629.31
合计	123 499.40	71 945.80	6 310.80	34 790.60	236 546.60		11 827.33

可比产品成本资料见表 9-13 和表 9-14。

表 9-13　1＃车床单位成本表

本年累计产量：540 台　　单位：元

	直接材料	直接人工	制造费用	其他	合计
上年实际平均单位成本	13 600	4 300	2 200	400	20 500
本年计划单位成本	13 990	4 390	2 200	420	21 000
本年实际平均单位成本	14 300	4 500	2 500	700	22 000

表 9-14　2＃铣床单位成本表

本年累计产量：300 台　　单位：元

	直接材料	直接人工	制造费用	其他	合计
上年实际平均单位成本	6 500	3 800	1 900	300	12 500
本年计划单位成本	6 280	3 650	1 800	270	12 000
本年实际平均单位成本	6 200	3 600	1 800	300	11 900

根据以上资料，设计企业需要编制的主要成本报表，并填制完成，进行相应的成本分析。

1) 商品产品成本表

商品产品成本表见表 9-16。

2) 主要产品单位成本表

主要产品单位成本表见表 9-17。

3) 编制商品产品生产成本分析表

将该企业全部商品汇总，将实际成本与计划成本对比，确定每种产品的成本降低情况，详见表 9-15。

表 9-15　商品产品生产成本分析表

金额单位：元

产品名称	计划总成本	实际总成本	降低额	降低率
一、可比产品				
车床	11 340 000	11 880 000	−540 000	4.76%
铣床	3 600 000	3 570 000	30 000	8.33%
二、不可比产品				
全部商品产品成本	14 940 000	15 450 000	−510 000	−3.41%

从表中可以看出，该企业全部商品产品总成本实际比计划增加了 630 000 元，上升了 3.41%，说明企业全部商品成本计划完成得不好。除铣床产品的成本有一定下降外，车床的成本都较计划上升，为此，应进一步分析车床成本上升的原因。

4) 根据资料编制本月的成本项目分析表

车床产品成本项目分析表见表 9-18。

表 9-16　商品产品成本表

20××年 12 月

金额单位：元

产品名称	计量单位	实际产量		单位成本				本月总成本			本年累计总成本		
		本月	本年累计	上年实际平均	本年计划	本月实际	本年实际平均	按上年实际平均单位成本计算	按本年计划单位成本计算	本月实际	按上年实际平均单位成本计算	按本年计划单位成本计算	本年实际
		1	2	3	4	5=9/1	6=12/2	7=1×3	8=1×4	9	10=2×3	11=2×4	12
可比产品合计	台							1 275 000	1 290 000	1 288 155.10	14 820 000	14 940 000	15 450 000
其中：													
车床	台	50	540	20 500	21 000	21 032.17	22 000	1 025 000	1 050 000	1 051 608.50	11 070 000	11 340 000	11 880 000
铣床	台	20	300	12 500	12 000	11 827.33	11 900	250 000	240 000	236 546.60	3 750 000	3 600 000	3 570 000
不可比产品合计													
其中：													
产品成本合计													
补充材料：①可比产品成本降低额−630 000；②可比产品成本降低率−4.25%；③计划成本降低额−510 000；④计划成本降低率−3.41%。													

表 9-17 主要产品单位成本表

金额单位：元

产品名称	计量单位	产量		直接材料				直接人工				制造费用				其他直接支出				单位产品成本			
		本月实际	本年累计实际	上年实际平均	本月计划	本月实际	本年实际平均	上年实际平均	本月计划	本月实际	本年实际平均	上年实际平均	本月计划	本月实际	本年实际平均	上年实际平均	本月计划	本月实际	本年实际平均	上年实际平均	本月计划	本月实际	本年实际平均
1	2	3	4	5	6	7	8	9	10	11	12	13	14	15	16	17	18	19	20	21	22	23	24
车床	台	50	540	13 600	13 990	13 997.39	14 300	4 300	4 390	4 393.12	4 500	2 200	2 200	2 205.11	2 500	400	420	436.55	700	20 500	21 000	21 032.17	22 000
铣床	台	20	300	6 500	6 280	6 174.97	6 200	3 800	3 650	3 597.29	3 600	1 900	1 800	1 739.53	1 800	300	270	315.54	300	12 500	12 000	11 827.33	11 900

表 9-18　车床产品成本项目分析表

金额单位：元

成本项目	商品产品成本		降低指标	
	计划	实际	降低额	降低率
直接材料	13 990	13 997.39	−7.39	−0.05%
直接人工	4 390	4 393.12	−3.12	−0.07%
制造费用	2 200	2 205.11	−5.11	−0.23%
其他直接支出	420	436.55	−16.55	−3.94%
生产成本	21 000	21 032.17	−32.17	−0.15%

从表 9-18 中可以看出，单位成本实际比计划增加了 32.17 元，上升了 0.15%，但从 4 个成本项目中可以看出都有所上升，但金额和比率不大，所以产品成本的上升应该是前 11 个月的生产成本上升造成的。

职业能力训练

一、单项选择题

1. 本年实际产量按上年实际平均单位成本计算的生产总成本，减去本年累计实际总成本，等于(　　)。

　　A．计划成本降低额　　　　B．实际成本降低额
　　C．实际成本降低率　　　　D．计划成本降低率

2．比较分析法只适用于(　　)。

　　A．同质指标的质量对比　　B．不同质指标的质量对比
　　C．同质指标的数量对比　　D．不同质指标的数量对比

3．因素分析法各因素的排列顺序一般是(　　)。

　　A．数量指标在前，质量指标在后
　　B．质量指标在前，数量指标在后
　　C．数量指标在前，也可以在后
　　D．质量指标在前，也可以在后

4．某企业可比产品 A 产品，上年实际总成本为 100 000 元，实际总产量 500 件，本年实际总产量为 600 件，实际总成本为 118 000 元。本年可比产品成本降低额为(　　)元。

　　A．−2 000　　B．2 000　　C．−18 000　　D．18 000

5. 可比产品成本本年与上年相比，如果不是降低而是超支，其超支额和超支率应用(　　)填列。

　　A．负数　　B．正数　　C．红字　　D．蓝字

6．材料费用总额的 3 个因素以可归纳为产品产量、单位产品材料消耗量和材料单价。按照连环替代法分析，3 个因素的先后顺序是(　　)。

　　A．材料单价、单位产品材料消耗量、产品产量
　　B．单位产品材料消耗量、产品产量、材料单价

C．材料单价、产品产量、单位产品材料消耗量
D．产品产量、单位产品材料消耗量、材料单价

7．以下指标属于构成比率指标的是(　　)。
A．销售收入成本率　　B．成本利润率
C．直接人工占产总成本的百分比　　D．单位成本降低率

8．大华公司甲产品计划产量 100 件，计划单位产品材料消耗量 8 千克，材料单价计划 5 元，实际产量 110 件，实际单位产品材料消耗量 7 千克，实际材料单价 6 元，则材料费用超支(　　)元。
A．400　　B．620　　C．－550　　D．770

9．可比产品成本降低额与降低率之间的关系是(　　)。
A．成反比　　B．成正比　　C．同方向变动　　D．无直接关系

10．主要产品单位成本的一般分析，通常首先采用(　　)进行分析。
A．对比分析法　　B．趋势分析法　　C．比率分析法　　D．连环替代法

二、多项选择题

1．企业制造费用明细表应设有(　　)等多个栏目。
A．本年计划　　B．上年同期　　C．上年实际
D．本月实际　　E．本年实际

2．影响可比产品成本的主要因素有(　　)。
A．产品产量　　B．产品品种结构　　C．产品单位成本
D．产品的合格率　　E．产品计划单价

3．大华公司甲产品计划产量 100 件，计划单位产品材料消耗量 8 千克，材料单价计划 5 元，实际产量 110 件，实际单位产品材料消耗量 7 千克，实际材料单价 6 元。材料费用超支 620 元，3 个因素对这一超支额的影响额分别是(　　)。
A．400 元　　B．420 元　　C．－550 元　　D．－770 元

4．某企业甲产品商品产品成本表中，本月实际产量 2 000 件，上年实际平均单位成本 130 元，本年计划单位成本 126 元，本月实际单位成本 123 元，本年实际平均单位成本 125 元，则总成本计算中，按上年实际平均单位成本计算的数额、按计划单位成本计算的数额、按本年实际单位成本计算的数额分别是(　　)元。
A．260 000　　B．252 000　　C．246 000
D．250 000　　E．256 000

5．商品产品成本表可以反映可比产品与不可比产品的(　　)。
A．实际产量　　B．单位成本　　C．本月总成本
D．本年累计总成本　　E．产品价格

6．连环替代法在实际运用过程中，要体现(　　)特点。
A．计算方法的简化性　　B．计算程序的连环性
C．计算结果的假设性　　D．因素替换的顺序性
E．计算程序的复杂性

7．主要产品单位成本表反映的单位成本包括(　　)。
A．本月实际　　B．历史先进水平　　C．本年计划
D．同行业同类产品实际　　E．上年实际平均

8. 比较分析法中的比较方式主要有(　　)。
A. 本期实际数据与本期计划数据比较
B. 本期实际数据与前期实际数据比较
C. 本期实际数据与前期计划数据比较
D. 本期实际数据与本行业实际平均数据或本行业先进企业实际数据比较
E. 本期计划数据与前期计划数据比较

9. 影响产品单位成本中直接人工费用变动的因素有(　　)。
A. 产品生产工人的数量
B. 产品生产工人工资总额
C. 产品生产工人劳动生产率(单位产品工时消耗)
D. 产品生产工人平均工资(小时工资率)
E. 单位产品耗用工时

10. 某企业制造费用项目成本差异资料如下：单位产品生产工时计划 150 小时，实际 160 小时，小时制造费用率计划 0.62 元/小时，实际 0.65 元/小时，单位产品制造费用计划 93 元，实际 104 元。用连环转代法计算工时增加的影响数额及小时制造费用率降低的影响为(　　)。
A. 10 元　　B. 6.2 元　　C. 4.8 元　　D. 0.03 元　　E. 11 元

三、判断题

1. 制造费用明细表与期间费用明细表的编制方法不同。(　　)
2. 在分析各项费用计划执行情况时，应当根据费用超支或节约做出评价。(　　)
3. 制造费用明细表只汇总企业基本生产单位的制造费用，不包括辅助生产单位的制造费用。(　　)
4. 应用连环替代法进行分析，其顺序的确定：先数量因素，后质量因素；先实物因素，后价值量因素。(　　)
5. 主要产品单位成本表的“历史先进水平”栏目，反映单位成本和单位消耗的历史先进水平，根据企业成本最低年度相关资料填列。(　　)
6. 可比产品成本降低额是指可比产品本年实际总成本比上年实际总成本降低的数额。(　　)
7. 本年累计实际产量与本年计划单位成本之积称为按本年实际产量计算的本年累计总成本。(　　)
8. 采用连环替代法，在测定某一因素变动影响时，是以假定其他因素不变为条件的，即在其他因素不变的条件下，确定这一因素变动的影响程度。(　　)
9. 制造费用明细表只需列出“上年同期实际数”及“本年累计实际数”两栏数字。(　　)
10. 所有的成本报表，不论对内、对外都要求计算上绝对准确。(　　)

四、实务训练题

某公司 2005 年 3 月生产甲、乙、丙 3 种产品。有关资料如下。

(1) 3 月产品计划产量：甲 10 件、乙 10 件、丙 4 件。实际产量：甲 8 件、乙 15 件、丙 4 件。经查明，产量变动是生产部门根据市场需求变化进行的调整。

(2) 本月甲、乙产品所耗原材料因价格上涨，新的产品单位成本升高 1 200 元。针对这一情况，车间会同技术部门研究采取了节约措施，收到了显著的效果。

(3) 3 月全部产品生产成本表(按产品种类反映)见表 9-19。

表 9-19 产品生产成本表(按产品种类反映) (2)

单位：××公司　　　　2005 年 3 月

产品名称	实际产量/件	单位成本/元			总成本/元		
		上年实际平均	本年计划	本期实际	按上年实际平均单位成本计算	按本年实际平均单位成本计算	本期实际成本
可比产品：							
甲	8	2 000	2 050	2 030	16 000	16 400	16 240
乙	15	4 000	3 900	3 800	60 000	58 500	5 700
小计	—	—	—	—	76 000	74 900	73 240
不可比产品：							
丙	4		5 700	5 300	—	22 800	21 200
全部产品合计	—	—	—	—		97 700	94 440

补充资料：

(1) 可比产品成本实际降低额 2 760 元(计划降低额为 500 元)。

(2) 可比产品成本降低率 3.63%(计划降低率为 2.5%)。

(3) 产值成本率计划数为 79 元/万元，本月商品产值实际数为 119 540 元。

要求：

(1) 如何分析产品生产成本表(按产品种类反映)？为什么分析？

(2) 根据分析结果，综合题中所给资料，对企业成本工作进行总括评价。

(3) 分析成本应该注意什么问题？

参 考 文 献

[1] 中华人民共和国财政部．企业会计准则[M]．北京：中国财政经济出版社，2006.

[2] 吴丽新，于北方．新编成本会计[M]．4 版．大连：大连理工大学出版社，2009.

[3] 王俊生，黄贤明．成本会计[M]．北京：中国人民大学出版社，2007.

[4] 罗彬．成本会计学[M]．北京：中国出版集团现代教育出版社，2011.

[5] 罗绍德．成本会计学[M]．广州：暨南大学出版社，1997.

[6] 张桂春．成本核算实务[M]．北京：人民邮电出版社，2011.

[7] 余新培．成本会计[M]．北京：中国人民大学出版社，2011.

[8] [美]唐・R・汉森，玛丽安娜・M・莫温．管理会计学[M]．陈良华，等译．北京：中国人民大学出版社，2005.

[9] 于富生，等．成本会计学[M]．4 版．北京：中国人民大学出版社，2006.

北京大学出版社高职高专财经类规划教材书目

财务会计系列

序号	书　名	标准书号	主　编	定价	出版年月
1	统计学基础	978-7-81117-756-5	阮红伟	30	201101 第 2 次印刷
2	统计学原理	978-7-81117-825-8	廖江平	25	201111 第 3 次印刷
3	统计学原理		吴思莹	33（估）	201301
4	统计学原理与实务	978-7-5038-4836-0	姜长文	26	201007 第 5 次印刷
5	实用统计基础与案例	978-7-301-20409-2	黄彬红	35	201204
6	经济学基础	978-7-301-21034-5	陈守强	34	201301
7	经济法实用教程	978-7-81117-675-9	胡卫东	39	201111 第 3 次印刷
8	经济法原理与实务	978-7-5038-4846-9	孙晓平	38	200905 第 3 次印刷
9	财经法规	978-7-81117-885-2	李　萍	35	201202 第 2 次印刷
10	会计基本技能	978-7-5655-0067-1	高东升	26	201211 第 3 次印刷
11	会计基础实训	978-7-301-19964-0	刘春才	29	201201
12	会计基础实务	978-7-301-21145-8	刘素菊等	27	201208
13	企业会计基础	978-7-301-20460-3	徐炳炎	33	201204
14	基础会计	978-7-5655-0062-6	常　美	28	201008
15	基础会计教程	978-7-81117-753-4	侯　颖	30	200907
16	基础会计教程与实训	978-7-5038-4845-2	李　洁	28	201008 第 5 次印刷
17	基础会计教程与实训（第 2 版）	978-7-301-16075-6	李　洁	30	201109
18	基础会计实训教程	978-7-5038-5017-2	王桂梅	20	201106 第 3 次印刷
19	基础会计原理与实务	978-7-5038-4849-0	侯旭华	28	200908 第 3 次印刷
20	财务管理	978-7-5655-0328-3	翟其红	29	201107
21	财务活动管理	978-7-5655-0162-3	石兰东	26	201101
22	财务管理教程与实训	978-7-5038-4837-7	张　红	37	200911 第 3 次印刷
23	财务会计	978-7-5655-0117-3	张双兰	40	201101
24	财务会计（第 2 版）	978-7-81117-975-6	李　哲	32	201003
25	财务会计	978-7-301-20951-6	张严心等	32	201208
26	财务会计实用教程	978-7-5038-5027-1	丁增稳	36	200805
27	财务会计实务		管玲芳	33（估）	201302
28	财务管理	978-7-301-17843-0	林　琳	35	201108
29	Excel 财务管理应用	978-7-5655-0358-0	陈立稳	33	201108
30	中小企业财务管理教程	978-7-301-19936-7	周　兵	28	201201
31	财务管理实务教程		包忠明	32（估）	201303
32	成本会计	978-7-5655-0130-2	陈东领	25	201101
33	成本会计	978-7-81117-592-9	李桂梅	28	201207 第 3 次印刷
34	成本会计实训教程	978-7-81117-542-4	贺英莲	23	201101 第 3 次印刷
35	成本费用核算	978-7-5655-0165-4	王　磊	27	201211 第 2 次印刷
36	成本会计	978-7-301-19409-6	徐亚明	24	201211 第 2 次印刷
37	成本会计实务	978-7-301-19308-2	王书果	36	201108
38	成本会计	978-7-301-21561-6	潘素琼	27	201301
39	审计业务操作	978-7-5655-0171-5	涂申清	30	201101
40	审计业务操作全程实训教程	978-7-5655-0259-0	涂申清	26	201204 第 2 次印刷
41	审计学原理与实务	978-7-5038-4843-8	马西牛	32	201007 第 2 次印刷
42	税务会计实用教程	978-7-5038-4848-3	李克桥	37	200808 第 2 次印刷
43	涉税业务核算	978-7-301-18287-1	周常青	29	201101
44	企业纳税实务	978-7-5655-0188-3	司宇佳	25	201101
45	企业纳税与筹划实务	978-7-301-20193-0	郭武燕	38	201203

序号	书　名	标准书号	主　编	定价	出版年月
46	纳税申报与筹划	978-7-301-20921-9	李英艳等	38	201207
47	企业纳税计算与申报	978-7-301-21327-8	傅凤阳	30	201210
48	会计电算化实用教程	978-7-5038-4853-7	张耀武	28	200802
49	会计电算化实用教程（第 2 版）	978-7-301-09400-6	刘东辉	20	200806
50	电算会计综合实习	978-7-301-21096-3	陈立稳等	38	201208
51	会计电算化项目教程		亓文会	33（估）	201301
52	会计英语	978-7-5038-5012-7	杨　洪	28	200908 第 2 次印刷
53	财经英语阅读	978-7-81117-952-1	朱　琳	29	201101 第 2 次印刷
54	行业特殊业务核算	978-7-301-18204-8	余　浩	30	201101
55	预算会计	978-7-301-20440-5	冯　萍	39	201205

经济贸易系列

序号	书　名	标准书号	主　编	定价	出版年月
1	资产评估	978-7-81117-645-2	董亚红	40	201107 第 2 次印刷
2	国际结算	978-7-81117-842-5	黎国英	25	201207 第 2 次印刷
3	国际结算	978-7-5038-4844-5	徐新伟	32	200907 第 2 次印刷
4	国际贸易结算	978-7-301-20980-6	罗俊勤	31	201207
5	货币银行学	978-7-5038-4838-4	曹　艺	28	201206 第 4 次印刷
6	货币银行学	978-7-301-21181-6	王　菲等	37	201209
7	国际金融基础与实务	978-7-5038-4839-1	冷丽莲	33	200708
8	国际金融	978-7-301-21097-0	张艳清	26	201208
9	国际金融实务		付玉丹	33（估）	
10	国际贸易概论	978-7-81117-841-8	黎国英	28	201204 第 4 次印刷
11	国际贸易理论与实务	978-7-5038-4852-0	程敏然	40	200708
12	国际贸易实务	978-7-301-19393-8	李湘滇	34	201108
13	国际贸易实务操作	978-7-301-19962-6	王言炉	37	201201
14	国际贸易实务	978-7-301-20929-5	夏新燕	30	201208
15	国际贸易实务	978-7-301-20192-3	刘　慧等	25	201203
16	国际贸易实务	978-7-301-16838-7	尚　洁等	26	201208
17	国际商务谈判	978-7-81117-532-5	卞桂英	33	201001 第 2 次印刷
18	国际商务谈判（第 2 版）	978-7-301-19705-9	刘金波	35	201112
19	国际商法实用教程	978-7-5655-0060-2	聂红梅	35	201204 第 2 次印刷
20	进出口贸易实务	978-7-5038-4842-1	周学明	30	200805 第 2 次印刷
21	金融英语	978-7-81117-537-0	刘　娣	24	201009 第 3 次印刷
22	财政基础与实务	978-7-5038-4840-7	才凤玲	34	201001 第 2 次印刷
23	财政与金融	978-7-5038-4856-8	谢利人	37	200808 第 2 次印刷
24	外贸单证	978-7-301-17417-3	程文吉	28	201109
25	新编外贸单证实务	978-7-301-21048-2	柳国华	30	201208
26	国际商务单证	978-7-301-20974-5	刘　慧等	29	201207
27	商务英语学习情境教程	978-7-301-18626-8	孙晓娟	27	201109
28	国际投资	978-7-301-21041-3	高田歌	33	201208
29	商业银行会计实务	78-7-301-21132-8	王启姣	35	201208
30	商业银行经营管理	978-7-301-21294-3	胡良琼等	27	201209
31	保险实务	978-7-301-20952-3	朱丽莎	30	201208
32	国际市场营销项目教程		李湘滇	38（估）	201301
33	报关实务		董章清等	33（估）	201301
34	报关与报检实务		农晓丹	33（估）	201301
35	报检报关业务：认知与操作		姜　维	33（估）	201301
36	外贸英语函电		倪　华	33（估）	201302